常见体育项目体能训练
理论与方法指导

怀 亮◎著

中国水利水电出版社
www.waterpub.com.cn
·北京·

内 容 提 要

本书在对体育项目体能训练的理论进行阐述的基础上,分别对体能训练的科学理论指导、田径体能训练指导、常见大球运动体能训练指导、游泳运动体能训练指导、其他体育项目体能训练指导、体能训练的恢复与测评研究等进行了分析及研究。

本书语言简洁凝练、结构明了、知识点丰富新颖,是一本值得学习研究的著作。

图书在版编目 (CIP) 数据

常见体育项目体能训练理论与方法指导 / 怀亮著
. — 北京:中国水利水电出版社,2017.6(2022.9重印)
ISBN 978-7-5170-5534-1

Ⅰ.①常… Ⅱ.①怀… Ⅲ.①体能－身体训练－研究
Ⅳ.① G808.14

中国版本图书馆 CIP 数据核字(2017)第 150009 号

书　　名	常见体育项目体能训练理论与方法指导 CHANGJIAN TIYU XIANGMU TINENG XUNLIAN LILUN YU FANGFA ZHIDAO
作　　者	怀 亮 著
出版发行	中国水利水电出版社
	(北京市海淀区玉渊潭南路 1 号 D 座　100038)
	网址:www.waterpub.com.cn
	E-mail:sales@waterpub.com.cn
	电话:(010)68367658(营销中心)
经　　售	北京科水图书销售中心(零售)
	电话:(010)88383994、63202643、68545874
	全国各地新华书店和相关出版物销售网点
排　　版	北京亚吉飞数码科技有限公司
印　　刷	天津光之彩印刷有限公司
规　　格	170mm × 240mm　16 开本　19 印张　340 千字
版　　次	2017 年 10 月第 1 版　2022 年 9 月第 2 次印刷
印　　数	2001—3001 册
定　　价	57.00 元

凡购买我社图书,如有缺页、倒页、脱页的,本社营销中心负责调换

前　言

　　不管是何种体育运动项目,对于运动员的体能都会有相应的要求,体能是竞技运动向着更高水平发展的重要载体。体能不仅对于运动员具有重要的意义,其与普通人的身心健康也关系密切。不同形式的体育运动对于人的体能会有不同的要求,在进行运动训练时,运动者应结合自身的专项进行体能训练。运动员通过进行体能训练,能够促进其竞技水平的不断提高,从而取得更好的成绩。对于普通人而言,通过进行体能训练能够促进其形成积极健康的生活方式,推动运动者身心的健康发展。

　　如今,竞技运动的竞争日益激烈,运动员的竞技能力水平也在向着更高的方向发展,这对于体能训练的要求也越来越高。重视科学训练,依靠科学进一步促进训练的优化发展已经成为体育界的基本共识。而现阶段,我国体能训练方面的理论和实践的发展在多方面存在一定的不足,这在一定程度上限制了我国整体体育运动水平的发展。为了促进我国体能训练水平的发展,应积极推广科学训练理论的实践运用,推动体能训练体系的不断发展和完善。正是基于这一原因,作者特撰写了这本《常见体育项目体能训练理论与方法指导》。

　　本书共分为九章,对体能训练的基本理论以及常见体育运动项目的体能训练进行理论和方法指导。具体而言,第一章对体能训练的基本理论进行了概述,并探讨了其现代发展状况;第二章对体能训练的学科基础进行了分析,分别对其生理学基础、生物化学基础和营养学基础进行了分析;第三章对体能训练的科学理论进行了研究,包括体能训练的原则与要求、理念与方法、负荷特点与科学控制、训练计划、运动处方等相关的理论;第四章至第八章对各种运动项目的体能训练进行了具体研究,依次为田径运动、大球运动、小球运动、游泳运动以及其他一些常见运动的体能训练;第九章对体能训练的恢复与测评进行了研究。

　　综观本书,作者对内容进行了精心设计,还在对体能训练的理论进行阐述的基础上对常见运动项目的体能训练进行了指导,这对于体育爱好者和运动员具有切实的实用参考价值。

在撰写本书的过程中作者参考了多位专家学者的著述,在此对其表示感谢。由于水平有限,书中若存在不足和错误之处,恳请读者指正。

作者

2017 年 4 月

目　录

前言

第一章　体能训练概述及发展研究……………………………… 1

　　第一节　体能训练的概念及分类………………………………… 1

　　第二节　体能训练的内容与价值………………………………… 3

　　第三节　体能训练的构成要素及其相互关系…………………… 6

　　第四节　体能训练的基本发展研究……………………………… 9

　　第五节　现代竞技体能训练发展中的热点探析………………… 14

第二章　体能训练的学科基础…………………………………… 22

　　第一节　体能训练的生理学基础………………………………… 22

　　第二节　体能训练的生物化学基础……………………………… 31

　　第三节　体能训练的营养学基础………………………………… 39

第三章　体能训练的科学理论指导……………………………… 53

　　第一节　体能训练的原则及要求………………………………… 53

　　第二节　体能训练的理念与方法………………………………… 61

　　第三节　体能训练负荷的特点及科学控制……………………… 70

　　第四节　体能训练计划的制定…………………………………… 74

　　第五节　体能训练的运动处方…………………………………… 82

第四章　田径体能训练指导……………………………………… 87

　　第一节　走跑类项目体能训练…………………………………… 87

　　第二节　跳跃类项目体能训练…………………………………… 102

　　第三节　投掷类项目体能训练…………………………………… 110

第五章　常见大球运动体能训练指导………………………… 121

　　第一节　常见大球运动项目的特点及体能要求………………… 121

　　第二节　大球运动基础体能训练………………………………… 127

　　第三节　大球运动专项体能训练………………………………… 138

第六章　常见小球运动体能训练指导……………………………… 151
　　第一节　常见小球项目的特点及体能要求……………………… 151
　　第二节　小球运动基础体能训练………………………………… 160
　　第三节　小球运动专项体能训练………………………………… 175

第七章　游泳运动体能训练指导…………………………………… 195
　　第一节　游泳运动概述及游泳运动员的体能特征……………… 195
　　第二节　游泳运动力量素质训练………………………………… 201
　　第三节　游泳运动耐力素质训练………………………………… 218
　　第四节　游泳运动柔韧性训练…………………………………… 220
　　第五节　游泳运动协调能力训练………………………………… 228

第八章　其他体育项目体能训练指导……………………………… 230
　　第一节　健美操运动体能训练…………………………………… 230
　　第二节　格斗运动体能训练……………………………………… 235
　　第三节　冰雪运动体能训练……………………………………… 245

第九章　体能训练的恢复与测评研究……………………………… 261
　　第一节　体能训练后疲劳的恢复措施…………………………… 261
　　第二节　运动损伤的恢复性训练………………………………… 272
　　第三节　体能训练的测试………………………………………… 284
　　第四节　体能训练效果的评价…………………………………… 291

参考文献……………………………………………………………… 297

第一章　体能训练概述及发展研究

当前,体育事业不断发展并且取得了理想的发展成果,这在很大程度上受益于体能训练的发展和推进。从某种意义上来说,体能训练为体育运动的发展奠定了良好的基础,是体育运动发展不可缺少的重要因素。本章主要对体能训练的概念及分类、内容与价值、构成要素及其之间的关系,以及体能训练的基本发展状况进行分析和研究,从而使读者对体能训练有一个初步的概念,为更加深入地了解和认识体能训练,积极参与到体能训练实践奠定坚实的基础。

第一节　体能训练的概念及分类

一、体能训练的概念

关于体能训练的概念,国外和国内存在着一定的差异性。

（一）国外学者对体能训练概念的界定

观点一:体能训练是运动生理、运动生化和医学等有关原理的指导下所进行的提高机体对训练负荷和比赛负荷适应能力的训练。

观点二:体能训练是运用生物力学和专项理论知识所进行的技战术训练。

观点三:体能训练是侧重于心理学、营养学和管理学等原理的应用,使运动员处于最佳竞技状态的训练。

（二）国内学者对体能训练概念的界定

体能训练是旨在发展人体体能的训练,也就是运用科学的运动负荷刺激等手段,促使人的身体形态和技能产生适应性变化,以提高机体适应运动需要的能力的训练。

之前,我国的训练理论界是以"身体(素质)训练"代替"体能训练"的。后来有了"体能训练"一词后,随着其广泛运用,"身体(素质)训练"一词被取代。从某种意义上来说,体能训练的概念要比身体(素质)训练的概念更加广泛。

二、体能训练的分类

通常,可以将体能训练分为两大类,即一般体能训练和专项体能训练。

(一)一般体能训练

以机体各器官系统机能的提高,运动素质的全面发展,身体形态的改善,非专项的运动技术、技能和知识的掌握为主要目的,从而能够在运动中取得理想的成绩或达到某一训练目标打好基础,而进行的一种非专项能力体能训练,就是所谓的一般体能训练。一般体能训练能够使人体的各项机能都得到有效的发展和提升,从而使良好的身体健康得到有效的保证。

一般体能训练是专项体能训练的重要基础和前提,能够为专项运动素质的提高创造必要的条件。

(二)专项体能训练

能够有效发展人体专项素质的训练,即所谓的专项体能训练。专项体能训练是提高专项运动成绩的特殊需要,并直接为创造优异的专项运动成绩服务。

一般体能训练和专项体能训练之间有着一定的联系,但同时也存在着一定的区别(表1-1)。

表1-1　一般体能训练与专项体能训练的区别

	一般体能训练	专项体能训练
任务	(1)提高各器官系统机能,增进身体健康 (2)全面发展运动素质 (3)改善身体形态 (4)掌握非专项的运动技术、技能和知识 (5)为提高运动技术水平创造一定条件	(1)提高与专项有关的器官系统机能 (2)最大限度地发展专项运动素质 (3)塑造专项所需的体型 (4)精确掌握与专项技术、战术有关的知识和技能 (5)促进专项运动成绩和技术水平提高

	一般体能训练	专项体能训练
内容	多种多样的对全面发展运动素质、身体机能有益的身体练习手段，如球类、体操、举重、游戏等	直接发展专项运动素质的练习，以及在动作特点上与专项动作结构相似的练习，或有紧密联系的专门性练习
作用	为专项运动素质的全面发展和专项成绩的提高打好基础	直接提高专项运动素质，促使运动员创造优异的专项运动成绩

第二节　体能训练的内容与价值

一、体能训练的内容

（一）力量素质

当前，力量往往被视为一种单一的素质是不确切的，它应是一种能力的表现。

一般的，根据不同的标准，可以将力量素质分为不同的类型。而从传统意义上来说，可以将其大致分为绝对力量（最大力量）、速度力量和力量耐力。其中，后两种就是几种不同素质综合在一起的能力的表现。

（二）速度素质

人体进行快速运动的能力，就是所谓的速度素质。

通常，可以将速度素质大致分为三种类型，即反应速度、动作速度和移动速度。

（三）耐力素质

运动员克服疲劳的能力，就是所谓的耐力素质。

在运动实践中，为了在训练中对训练的内容有针对性的安排，就需要对耐力素质加以分类。一般的，可以通过不同的方法进行分类。

（1）以运动员运动时能量供应系统为依据，可以将耐力分为两种类型，即无氧耐力与有氧耐力。

（2）以运动训练为依据，可将耐力素质分为一般耐力与专项耐力。

（四）柔韧素质

人体各个不同构造的关节所许可的屈伸动作和动作的活动范围,往往就是柔韧素质的重要表现。它与运动员的力量能力、速度能力和其他运动能力有着较大的差别。

通常,可以将柔韧素质分为一般性柔韧和专门性柔韧两种类型。运动员在进行一般训练时,为适应和保证一般训练顺利进行所需要的柔韧素质,就是所谓的一般性柔韧;专项运动技术所特需的柔韧性,就是所谓的专门性柔韧。专门性柔韧是建立在一般性柔韧基础上的。

二、体能训练的价值

体能训练有着非常重要的作用和价值,具体来说,可以从以下几个方面得到体现。

（一）对身体健康有益

不管进行什么样的运动训练,都必须具备一个重要的前提条件,就是具有一个健康的身体,因此,良好的健康状况是进行系统的运动训练的根本保证。通过体能训练,不仅能使运动员的各个运动器官功能得到有效的提升,还能使中枢神经系统机能得到明显改善;除此之外,体能训练还能使人体生物惰性得到有效的克服,对新陈代谢起到积极的促进作用,进而使机体对外界环境的适应能力和对疾病的抵抗能力得到有效提升。

（二）能使运动能力得到提升

从某种程度上来说,体能训练是使有机体各器官系统功能协调发展,具有完备的从事专项竞技运动能力的过程。不管运动员进行什么样的运动训练,都需要一定的身体运动能力作保证,而且随着运动难度的增加,对体能也会有更高的要求。除此之外,依据技能迁移的原理,运动员在掌握了一定的运动技能后,其学习特定运动技能的能力就会越来越强。可以说,体能训练之所以能够顺利进行,并且取得理想的训练效果,与各种具体的身体训练动作以及这些训练动作的学习和掌握有着不可分割的密切联系,其对于运动员运动项目中的专项技术的深化发展有着非常重要的促进作用。

（三）能使运动素质得到进一步发展

随着竞技运动的不断发展,创造优异成绩、名留青史成为一部分运动员刻苦训练,向人类身体的运动能力的极限发展的主要目的和动力。从某种意义上来说,体能训练的主要目的就是充分发展人体运动能力的潜力,在赛场上创造优异成绩,因此,这就要求一定要将运动员的力量、速度、耐力、柔韧性、灵敏度和协调能力等各种素质得到提升,使专项运动素质得到很大程度的提高,为最大限度地创造优异的专项成绩奠定坚实的基础。

（四）对良好心理品质的培养与建立有帮助

运动员在进行体能训练时,其心理素质也会有所提升,比如,坚韧不拔、坚持不懈、吃苦耐劳等。另外,随着比赛激烈程度的不断提升,要想在比赛中将各种能力充分发挥出来,就要求运动员必须具有良好的心理品质。因为在双方竞技水平相当的比赛中,能够最终决定比赛胜负的,往往是运动员的心理品质。通过体能训练,能够使运动员的心理品质得到进一步的提升,这对最终取得比赛的胜利是非常有利的。

（五）对机体高强度比赛训练的适应性提升有帮助

当前竞技运动的竞争激烈程度不断提升,因此,运动员要想在重大比赛中夺取胜利,大负荷的运动训练是必不可少的,这样,才能够将其体能潜力更好地激发出来,从而使技战术水平在比赛中的运用和发挥得到有力的保证。运动训练已经发展到了一个较高的水平,并且当前高强度、高密度、高速度和大运动量是运动训练的显著特点所在,除此之外,还将现代科技成果广泛应用于训练中,科学、系统地监测训练过程。而这些都要求运动员必须具有强健的体魄,良好的身体机能能力。若没有很好的体能基础,运动员要想完成训练任务,难度是非常大的。

第三节 体能训练的构成要素及其相互关系

一、体能训练的构成要素

体能训练往往是由身体形态、身体机能以及身体素质等几个方面构成的。其中,身体素质包括力量、速度、耐力、柔韧、灵敏等,是体能训练的主要内容,这里就不再赘述。因此,重点对身体形态和身体机能这两个方面的要素加以阐述。

(一)身体形态

1.身体形态的概念

人体外部与内部的形态特征,就是所谓的身体形态。一般的,可以用高度(身高、坐高、足弓高等)、长度(腿长、臂长、手长、头长、颈长、足长)、围度(胸围、臂围、腿围、腰围、臀围等)、宽度(头宽、肩宽、髋宽)和充实度(体重、皮脂厚度等)等指标将人体的外部形态特征反映出来;还可以用心脏纵横径、肌肉的形状与横断面等指标将内部形态反映出来。

从相关的研究中可以发现,环境(自然环境、地理环境)和遗传等因素都会在很大程度上影响着身体形态。从某种意义上来说,对身体形态产生决定性影响的指标有很多,具体见表1-2。

表1-2 身体形态的遗传与环境因素

身体形态	男		女	
	遗传因素	环境因素	遗传因素	环境因素
身高	79%	21%	95%	5%
坐高	85%	15%	85%	15%
体重	50%～63%	37%～50%	42%	58%
去脂体重	87%	13%	78%	22%
头宽	95%	5%	76%	24%
头围	94%	6%	72%	28%
肩宽	78%	22%	78%	22%
胸宽	54%	46%	55%	45%

续表

	男		女	
胸围	50%	50%	50%	50%
腰宽	79%	21%	63%	37%
盆宽	75%	25%	85%	15%
臂长	80%	20%	87%	13%
臂围	65%	35%	60%	40%
腿长	77%	23%	92%	8%
腿围	60%	40%	65%	35%

2. 身体形态的意义

身体形态对于体能训练和运动素质的提升都有着重要的意义,具体来说,可以从以下几个方面得到体现。

(1)身体形态在很大程度上影响着运动成绩的好坏,不同的运动项目本身的特点不同,因此,它们对身体形态的要求也有所不同,对身体素质产生重要的决定性作用是遗传和环境等。因此,这就要求在选材时应从遗传等多因素出发,把具有优越身体形态条件的少年儿童挑选出来。

(2)一个人的生长发育水平、身体机能水平和竞技水平,往往能够从身体形态上得到一定的体现,身体形态对运动素质的发展会产生一定的影响。因此,这就要求采用系统科学的方法对运动员的身体形态进行训练,从而使创造优异专项成绩的需要得到较好的满足。

(3)身体形态的改善也会对运动素质的发展产生重要的影响,因此,这就要求一定要加强身体形态的训练。

(二)身体机能

良好的身体机能是达到高水平体能的重要基础,因此,身体机能水平也是体能训练涉及的一项重要内容。

1. 身体机能的概念

有机体各器官系统的功能,就是所谓的身体机能。其不仅是身体活动能力的基础,同时,某一机能水平也会对运动时所需要的某一方面的能力产生直接的影响。

一般来说,人体生理机能主要包括中枢神经系统、心血管系统、呼吸系统、消化系统、生殖系统、内分泌系统、物质和能量代谢、感官、体温等方面的内容。运动训练中经常涉及的身体机能指标主要有心血管系统中的心率、血压、血红蛋白、心血管系统运动负荷(哈佛台阶试验)、心电图;呼吸系统中的肺活量、呼吸频率、最大摄氧量;肌肉结构中的肌纤维数量、长度、类型;感官功能中的视觉、听觉、平衡机能;高级神经活动类型,血睾酮等。

人的一切正常身体机能都是有遗传,同时又有变异。其中,遗传特征较为显著的有血型、血红蛋白、红白肌纤维比例等。

2. 身体机能的意义

身体机能具有非常重要的作用和意义,具体来说,主要从以下几个方面得到体现。

第一,身体机能的许多指标具有强烈的遗传特征,因此,从遗传学角度选择身体机能突出的儿童少年,是运动员选材需要遵循的一个重要原则和要求。

第二,身体机能的一些指标不仅具有显著的遗传特征,同时,还具有一定的变异性,比如肺活量的遗传性较小,后天训练改变的幅度大,因此,这就要求应该采用科学的训练方法,来对运动员身体机能得到有效提高,为高水平成绩的取得奠定良好的基础。

第三,某一机能水平会对运动时所需要的某一方面能力产生直接的影响。例如,体能主导类耐力性项目对心血管和呼吸系统功能有着非常高的要求;体能主导类速度力量项目对神经系统、骨骼肌肉系统、心血管系统功能有着非常高的要求;技能主导类表现难美性项目对心血管系统、神经系统和视觉、听觉等感官系统功能有着非常高的要求;技能主导类表现准确性项目则要求有良好的中枢神经系统以及高级神经活动类型功能;技能主导类同场对抗项目要求具有良好的中枢神经系统、心血管系统、呼吸系统、高级神经活动类型等。从系统论的角度上来说,人体是一个完整系统,各器官系统功能之间并不是相互独立的,而是相互制约、相互影响的,因此为了使高水平运动训练的需要得到较好的满足,就要求必须使身体机能得到全面的发展和提高。

二、身体形态、身体机能、身体素质之间的关系

先天的遗传因素往往在很大程度上决定着一个人的身体形态、身体机能、身体素质的许多指标,在后天的自然生长发育过程中,这些指标随着年龄增长发生变化。对一般人来说,身体形态和身体机能要想能够适应日常环境和正常生活活动,只要具备正常的功能即可。但是对于运动员来说,运动训练和比赛都对他们的身体形态、身体机能以及身体素质有着非常高的要求,并且还要求他们有超常的运动负荷和极度紧张的心理状态,因此,仅仅使身体形态、身体机能和运动素质维持在一般的水平上是远远不够的,还必须在机体正常的生理范围内将其最大潜力挖掘出来,进而能够达到生理"极限"水平。

从当前的形势来看,现代运动成绩已达到极高水平,因此,要想创造优异成绩,使身体具有适应创造这种高水平成绩的基础是非常重要且必要的。鉴于此,就要求在进行体能训练时,在遗传和人体自然生长发育的基础上,对有机体中的可变异部分给予影响,使之提高,从而与创造高水平成绩的需要相符。

综上所述,在运动训练中通过各种有效方法和手段的运用,全面提高运动员各器官系统机能水平和身体形态,全面发展运动素质,掌握大量运动技术和技能,从而为专项运动素质的充分发展,以及专项运动技术和专项成绩的掌握、改进、提高创造条件,是体能训练的根本任务所在。

充分发展与运动员专项运动成绩密切相关的力量、速度、耐力、柔韧、灵敏等运动素质,从而对运动员身体形态和机能的改善起到积极的促进作用,使运动员的健康水平得到有效提高,为专项运动成绩和技术水平的不断发展奠定良好的基础,是体能训练的基本内容所在。

第四节 体能训练的基本发展研究

一、体能训练发展的现状分析

(一)没有明确的训练目标

对于大多数体能训练的教练员来说,他们本身对体能训练的认识就不够深入,因此,这就导致他们往往为了单纯地完成任务,相关各项运动项目和体育训练的内涵的挖掘以及体能训练真正意义往往被忽视,这就使得没有明确的训练目标。如果体能训练教练员对体能训练的理解存在误区,那么在其引导下,运动员也会出现一些体能训练认知方面的问题,进而导致无法取得理想的训练效果。

（二）经验化内容较多

作为运动员日常训练的一个重要方面,体能训练将训练学作为主要的理论基础,因此,这往往就会导致经验化内容在体能训练过程中所占比重较大。但是,在当前科技快速发展,以及诸多学科的逐步成熟,现代体能训练理论的合理性与科学性也越来越明显。但是,由于我国在开展体能训练过程中对体能训练的理解与认识存在一些偏差,这就导致体能训练理论的经验化现象比较严重。比如,很多人认为所谓的体能就是能跑、有耐力等,这就使得体能训练理论的科学化程度较低,而经验化的程度则相对较高,这就在一定程度上制约着体能训练的发展。

（三）训练方法较单一

当前,体能训练涉及的项目非常多,其中,较为典型的有健美操、跆拳道、武术以及相关球类运动等。一般的,体能训练教练员往往都是与自身的运动经验结合起来开展相关的体能训练活动的,并没有对运动员的体能进行充分的了解,并以此为依据来制定出适宜的训练方法,运动员的主体地位也往往被忽视。单一的训练方法运用于体能训练中,往往不会取得理想的训练成效,对于体能训练的发展也是不利的。

（四）发展结构不均衡

近年来,我国在技巧类、小球类与个体类等竞技项目上有着较为显著的优势。但是,在游泳、自行车、田径、摔跤、柔道、网球等基础体能类与集体球类方面,实力却不甚理想。尤其是基础类竞技项目,其对运动员的要求较高,即需要运动员不断突破人体的科学极限支撑,而集体球类项目则需要运动员具备连续训练与比赛的对抗能力及突出体能。但是实际情况是,我国体育运动员在现代体能训练过程中,往往存在着较多的问题,比如,伤病多、对抗差以及体能弱等,体育基础类项目、集体类项目的标准与要求很难达成。受此影响,现代体育训练发展结构不均衡的现象便出现了,同时,这也对体育训练的长远发展产生了不利的影响。

（五）训练硬件条件有待改善

我国体能训练起步较晚,再加上很多地方和部门对体能训练不够重视,往往将体育方面的经费用于购买专项器材上,而用于体能方面的则少之又少,这就导致体能训练的硬件条件相对欠缺,体能训练实验室以及相关的训练中心严重匮乏,这就严重制约和影响了体能训练的进一步发展。

二、体能训练的发展趋势

现代体能训练的发展趋势主要表现在以下几个方面。

（一）逐渐趋于科学化

在运动员体能训练的过程中,以先进科研成果为指导思想,借助于科学方法来实现体能训练的量化与标准化,进而使体能训练的最终目标得以顺利实现,这就将体能训练的科学化充分体现了出来。要想保证体能训练逐渐趋于科学化,就要通过各种方式来使教练员、辅助人员的专项训练水平与科学文化素养都得到有效的提升,积极采用更为科学高效的训练手段与科学技术,再与先进的、现代化的体育器材有机结合起来,从而为体能训练科学化程度的不断提升创造良好的条件。

（二）逐渐趋于多样化

这里所说的多样化,主要在训练内容上得到体现。当前,往往会用"速度""力量"等指标来对运动员体能训练进行评价,体能训练的实效性往往能够在训练成果上得到反映。一般来说,传统的训练内容上大多有重复训练、持续训练以及游戏训练等多个方面,但是,随着科学技术的发展,使得训练内容越来越丰富,多样化程度也越来越高,相关的计算机智能训练法和电刺激训练法等都在体能训练中得到广泛的运用,这对于运动员体能训练的顺利进行和理想训练效果的取得都是非常有利的。

（三）逐渐趋于专项化

在实际训练过程中按照专项运动成绩的项目特征与决定因素,大力发展与专项运动有关的技战术、身体素质等能力训练,就是所谓的体能训练专项化。由于夺取比赛的胜利是竞技体育的最终目标,因此,体能训练作为辅助竞技能力提升的重要手段,也逐渐以各个竞技项目的竞技性为依据来进行体能训练。因此,体能训练的手段、负荷量、方法等都呈现出显著的专项化发展趋势。

（四）逐渐趋于实战化

不管是什么样的训练,都要运用于实战中进行检验的,这对于体能训练来说也是如此。优秀的运动员对特定专项的体能训练的重视程度要更高一些,其对训练项目与训练内容的针对性、专业化非常重视,在降低身体练习机械程度上增强专项训练力度,这对于体能的训练目的的实现有着非常重要的影响和作用。现代的体能训练过程具有明显的分类和集中特点,为了使运动员的运动水平得到有效的提升,不仅要对训练专项化和肌肉功能等相关特点进行有效的观察,而且还要推进训练方法及训练内容在体能训练教学中有机统一。

（五）逐渐趋于个体化

以运动员的个体特征为主要依据来实施强针对性的体能训练,这就是所谓的个体化体能训练。由于运动员在遗传素质、后天实践、训练经历等方面都会存在着一定的差异性,这就导致即便是运动成绩比较接近的优秀运动员也在竞技能力方面有较大差异。就体能运动素质来讲,每个人的侧重点和未来的发展方向都是不尽相同的,因此,在训练过程中所采取的训练方法、手段等也会有所差别,因为只有有针对性和目的性地进行训练,才能取得理想的训练效果。因此,个体化的体能训练是一种必然的发展趋势。

（六）女子训练逐渐趋于"男性化"

纵观竞技体育的发展,在很多项目上,男子运动项目的设立时间要早于女子,因此,再加上男子本身的体能水平要高于女子,这就使得男子的专项水平要高于女子。当前,随着竞技程度的不断提高,对竞技水平的要求越来越高,因此,往往将男子体能训练的经验运用于女子体能训练当中,并且取得了一定的成效,因此,女子训练逐渐趋于"男性化"在世界范围内都受到重视。

三、体能训练发展过程中应采取的对策

针对体能训练发展中出现的问题,为了更好地促进体能训练的发展,需要采取一些有效的措施来加以应对。具体来说,可以从以下几个方面入手。

（一）加强理论方面的研究

体能训练是对生理功能不同的多个器官系统的专项训练,因此,要想使运动员体能水平得到有效的提升,加强对体能训练理论的研究也是非常有效的一个途径。具体来说,就是可通过各种科学训练方法的应用,来对现代体能训练的发展规律进行深入的研究与总结,对其从动力学的表象逐步向生理学、动力学等本质规律进行转变起到积极的促进作用,对体能训练朝着科学化的方向发展起到积极的引导作用,从而使体能训练质量与成效的持续提升得到有力的保证。

（二）加强对教练员专项能力的培养

当前,很多竞技体育强国的体育队中都配有专业的、高素质的体能训练教练员。但是,我国在这方面却是较为欠缺的,体能训练教练员数量较少,且专业程度较低,没有接受系统的、正规的教育,因而其在很多方面都没有将其应有的作用发挥出来,比如,训练理念与训练方法的择取,对训练负荷量的制定等,并且往往会采用经验化的方式来进行训练,缺乏创新,这就对体能训练的进一步发展产生了制约作用。因此,这就要求通过各种途径和方式来对体能训练教练员进行专业的培养和培训,使体能训练教练员的整体水平与素质得到有效提升,这是非常重要且必要的。

（三）科学应用早期专项训练法

尽管早期的一些专项化体能训练的相关理论有些落后,但是,却并无错误,只不过其在科学把控技术和体能之间的关系,以及训练负荷和训练水平之间的问题等方面存在着一些不协调。因此,为了使体能训练取得最好的成效,就要求将早期专项训练法与运动员的身体条件、发展阶段等实际情况有机结合起来,科学开展现代体能训练。[①]

（四）构建体能训练创新体系

当前,尽管体能训练发展中存在着不足之处,但是,其也取得了一定的发展成效,并且科学化程度越来越高. 鉴于此,为了更好地促进体能训练发展,构建体能训练体系已经成为必然。而与此同时,体能训练体系必须具有一定的创新性,因为"没有创新就没有发展"。具体来说,首先,要在体能训练的制度上有所创新,然后通过对外交流来努力实现自主创新,并且将各个创新环节有机连接起来,从而建立一个科学、系统的体能训练创新体系,为体能训练的进一步发展创造良好的条件。

---

① 李鑫. 现代体能训练的发展趋势与训练对策[J]. 产业与科技论坛,2016,15(24).

第五节　现代竞技体能训练发展中的热点探析

当前,竞技体能训练已经成为体能训练的重要组成部分,有着非常重要的地位和作用。随着竞技体能训练的不断发展,其中存在着一些值得关注的重要理念和发展态势。这里主要对较为重要的几个热点,以及竞技体能训练体系进行深入的剖析和探索。

一、注重"动作"质量———功能力量训练的关键理念

(一)体能训练与体能恢复

当前,竞技体能训练发展对运动员的运动寿命非常重视,因此,其对竞技能力的提高以及运动损伤的避免都有着高度的重视,这也是其非常显著的特点之一。鉴于此,"功能动作"的训练开始在世界范围内受到重视,同时,也逐渐将"动作质量"的地位进行了有效的提升,使其成为影响"竞技能力"优劣的重要因素。

在这方面较为成功的当属中国 2012 年伦敦奥运会的备战训练。其通过对当今世界高水平的美国体能与康复团队的引入,而使不同运动项目的中国国家队的训练效果得到飞速的提升。通过这些高水平体能与康复团队的引入,不仅为中国国家队的训练提供了积极的支持,而且还使运动员的体能训练与体能恢复之间的矛盾和相关问题得到了妥善的解决,除此之外,也进一步冲击了我国竞技训练及其训练理念,这也从某种程度上促使大家对体能训练、运动恢复和动作控制等问题有了更加深入、细致的了解和认识。

(二)功能力量训练的重要性

功能性力量这一训练理念,最早是 20 世纪 80 年代由欧洲一些国家提出的,其主要观点在于,它是人类日常活动和进行竞技运动的基础力量。但是不得不提的是,竞技训练界一直以来都没有重视这种力量,从而导致功能性力量沦落为大众健身和运动康复的领域中。

功能力量开始受到重视,是在 2000 年以后,一些欧美学者开始对这方面加以研究,并且将这个在健身和康复领域中得到广泛应用的训练方法逐渐应用于竞技体育的领域中。这些专家学者对功能力量的研究涉及

很多学科,比如较为主要的有解剖学、力学和神经生理学等,通过不同角度的研究,可以得知功能力量、专项力量和专项技术的重要基础,其有着非常重要的作用和意义。

功能力量训练是一种先进的训练方法,从某种意义上来说,其又不仅仅是一种训练方法,更是一种先进的训练思想和理念。这一训练思想处于核心地位的内容主要包括突出动作质量,并将其贯彻在训练的全过程。

在很长的一段时间内,人们对竞技运动训练质量的构成因素的理解通常为"快速、准确、经济",但是人们却不知道,这三大要素都可以从"动作"上得到充分的体现。换句话来说,如果运动员快速、准确和经济的动作,从某种程度上来说就是具有高质量的"动作链";反之,如果是缓慢、粗糙和浪费的动作,那么,就会导致整个动作序列存在着较大的缺陷,对于理想竞技运动训练的效果的取得是非常不利的。由此可以看出,良好的身体素质往往是借助于动作来发挥出来的,因此可以说,整个运动过程的动力和消耗在很大程度上取决于动作的质量,而这也是精湛运动技术形成的源头。

"动作"的训练并不是已经形成了一个系统。因此,不能够用之前的专项技术动作来强调和重视动作,而是应该将其扩展到对训练过程中各个练习手段的精细化设计和实施上,使大量的以往被忽视或难以把握的一般训练手段在肌肉的募集、协作和控制以及能量供应等方面更加符合力学、生理学和专项特点以及运动员个体条件的需求,以此来使一般能力发展的目的性和针对性得到有效的实现,使其与专项能力形成的契合程度进一步提升,机体运动的效率和经济性也有所提高。从理念的角度来说,动作的训练对很多方面都非常重视,其中,最为主要的有:稳定与非稳定的关系,主动肌、辅助肌和拮抗肌的互动关系,肌肉力量的传递与整合和多维运动的控制与整体效率。从实践的角度来看,其不仅使传统的以"杠铃负重"为主要手段的训练得到了有效的改变,而且还改造和发展了大量原来只运用于康复领域的训练方法,并且在竞技训练中得到直接的运用,由此,一套将损伤预防、康复与竞技能力提高紧密结合的肌肉功能训练方法得以形成。

另外,动作质量的检测和评估方面也能够在一定程度上将对"动作"的重视程度反映出来。因此,星型平衡测试、Y型平衡测试和功能性动作筛查等方法相继出现,这些方法具有非常重要的作用,主要表现在两个方面:一方面,能够对人体运动的稳定、平衡、协调、对称和控制能力进行检测;另一方面,能够对运动员的损伤程度进行筛查和评估。

二、"核心区"的重新定位——核心力量训练的重要创新

（一）核心力量训练创新的背景

从对世界优秀赛艇运动员的用力方面的研究中可以发现，世界优秀赛艇运动员下肢、上肢和躯干对划桨力的贡献率之间有着较大的差别，其中，下肢是最高的，上肢是最低的，躯干部位居中。除此之外，世界优秀赛艇运动员上、下肢和躯干的使用率分别为 75%、95% 和 55%，由此可以看出，即使是世界级运动员躯干力量的利用率仍然较低，也没有将身体上的所有力量都用于拉桨上。因此可以说，躯干力量是赛艇拉桨力的重要来源，同时也是利用率最低的部位，鉴于此，就要求通过各种方式来使躯干肌力量的使用率得到进一步的提升，从而使赛艇运动员的最大运动能力也得到进一步的提高。

人体躯干部位具有产生、传递、整合和调整力量的功能，这些都会在很大程度上影响到竞技运动，但同时，躯干部位又是人体运动的薄弱环节。从相关的一些研究中发现，人体在进行大强度运动时，机体会先将躯干部位的肌肉激活，从而使其能够更好地保护薄弱环节，除此之外，还会以该部位的力量水平为主要依据来对四肢肌肉力量的募集进行反射性的调节和控制，从而更好地衡量人体运动时全身力量的动员和投入。

（二）核心力量训练创新解析

2000 年以来，世界竞技力量训练领域出现了两个非常重要的关键词——核心稳定和核心力量，这两个关键词将功能力量训练的基本思想和方法融合在了一起，并且也将训练重点确定了下来，即躯干部位的稳定性和力量，在竞技运动训练中引入了功能力量，这就在一定程度上为力量训练，尤其是躯干力量训练开拓了一条新路径。

1. 核心力量训练的创新表现

核心力量训练有了一定的创新，具体来说，其主要表现为：突破经典运动解剖学对人体运动环节的定位，对"核心部位"进行重新界定。在很长的一段时间内，人们通常都会将人体分为三个部分，即上肢、躯干和下肢，其中，又可以对躯干进行进一步的细分，腰肌和腹肌就是其中的重要部分。在训练中，由于躯干部位或腰腹部位是连接上、下肢的中间环节，因此，这就要求在不同的训练中都要对该部位力量的发展加以重视，并且将各种类型的腰腹、背肌训练等方式有机结合起来加以运用。需要强调

的是,由于传统意义上的腰部肌群基本都是小块肌肉和深层肌,因此,其肌肉力量的增长就会受到一定的限制,不仅所达到的水平不高,而且与四肢肌肉的匹配程度也非常低。可以说,这种单纯追求腰腹、背肌力量的训练不仅不会取得理想的训练效果,而且往往还会导致运动性损伤等负面效应的产生。鉴于此,就要求人们将髋关节、骨盆和腰椎定义为人体的核心区,将那些起止点附着在该部位的肌肉称作核心肌肉(群),将这些肌肉(群)产生的力量称为核心力量。

2. 核心力量训练的特点

(1)核心稳定

核心力量训练的一个突出的特点就是核心稳定。核心力量训练的创造者们大胆地承认人体的躯干,尤其是腰椎部位是运动员竞技运动时的薄弱环节。究其原因,主要是由于该部位不仅缺乏大肌群的支持,运动时处于无支撑状态,而且其还是机体需要重点保护的运动中枢的所在地。由此可以得出结论,"稳定"是该部位的主要功能,上、下肢力量的传递、整合和控制往往是人体借助于躯干部位的稳定而实现的。

(2)加强臀部肌群的训练

核心力量训练还有一个突出的特点,就是加强臀部肌群的训练,对臀肌在运动中的重要作用非常重视。盆带肌的后群肌肉,就是所谓的臀部肌肉,其中臀大肌、臀中肌和臀小肌都属于臀部肌肉,它们是参与髋关节伸和旋转的主要肌肉。从相关的研究中可以得知,当今世界优秀短跑运动员的技术更趋于以髋和踝关节为主导的用力模式(图1-1)。如果从体能的角度分析,也许可以将这一现象归结于近年对骨盆和髋关节力量训练高度重视的结果。另外,髋关节力量的增强会使膝关节力量的投入有所降低,同时,也使膝关节运动损伤的风险有所降低。人体运动时关节及其周围肌肉的参与度不仅会对运动效率产生一定的影响,同时,还会对运动损伤的风险有所影响,膝关节是下肢三大关节中活动范围最小、损伤率最高的关节。

一般来说,为了能够在有效提高运动效率的同时,也尽可能地避免运动伤害的发生,就可以通过髋关节运动参与度的适当增加,来对人体面积最大、力量最强的臀大肌等盆带肌的力量进行充分的利用,在不降低甚至提高运动效率的前提下,使膝关节及其周围肌肉的运动负担的代偿性减少。

力量训练的创新变化,具有非常重要的作用和影响,这在很多方面都有体现。

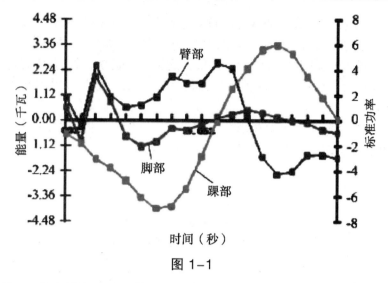

图 1-1

第一，其在结构上有所体现，具体来说，突破了传统的腰腹、背肌训练的局限性，起止于髋关节和骨盆的肌肉（群）（包括臀大肌、股四头肌等）都被纳入到核心力量训练的范围。

第二，其在功能上有所体现，具体来说，使核心力量对竞技运动的影响力得到了大幅度提升，骨盆、髋关节和腰椎肌肉的一体化，使得核心部位对力量的传递、整合和控制能力得到有效增强，除此之外，还使其成为一个对运动具有重要作用的力量来源。

第三，其在方法和手段上有所体现，具体来说，其使得传统的躯干肌训练得到了有效的改变，相关大肌群的参与使得单一腰腹、背肌训练造成的局部负担有所减小，腰部肌肉运动损伤的风险也有所降低。

三、"乳酸阈"和"两极化"训练模式———耐力训练新进展

（一）"乳酸阈"训练模式

有氧训练和无氧训练，对于耐力项目来说有着非常重要的作用和意义，因此，要对耐力训练进行研究，就必须对这两个方面进行研究。20 世纪 70 年代末期，一些相关的专家学者对人体运动时能量代谢从有氧到无氧的转化过程进行了研究，并且得出了这样的结论：该过程是从以血乳酸第一次突增为标志的"有氧阈"开始，达到相应的最大乳酸稳定状态的"无氧阈"结束的。由此可以得知，受试者以在乳酸适应区间的训练强度，在进行无氧阈值附近的训练之后，有氧耐力水平得到了较为显著的提高。

这种后来被称作"乳酸阈模式"的训练逐渐成为统治耐力训练的经典方法（图1-2）。究其原因，主要是由于已超出有氧代谢的训练强度能使对最大耗氧量、乳酸阈或通气阈的刺激得到有效增加，有氧代谢系统也得到最大限度的激活，进而使人体的耐力水平得到有效的提高。

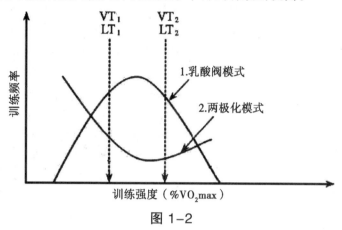

图 1-2

（二）"两极化"训练模式

但是，十几年后，一些研究人员有了新的发现，即赛艇、自行车、马拉松和越野滑雪等项目的世界级高水平运动员并没有进行大量的乳酸阈强度训练（仅占训练负荷的5%左右），而低于乳酸阈的强度约占总训练时间或训练总距离的75%，高于乳酸阈的强度约占15%～20%。[①] 这就是人们所说的"两极化模式"（图1-2）。对于此，研究者的主要观点是，对于训练有素的运动员来说，以乳酸阈强度进行训练可能会产生交感神经过度负荷，但是，这并不能充分刺激获得能力。一般的，对于高水平耐力运动员来说，他们最主要的训练应该是低强度和多样化的，同时还可以辅以少量的高强度训练，这样才能够使对相关基因的高度诱导得到有力的保证，从而使机体线粒体（以及其他相关组织等）、蛋白质的合成增加，能量的供给得到提高，对机体的刺激压力有所减少。

（三）"乳酸阈"和"两极化"训练模式的优劣对比

从总体上来说，乳酸阈模式对于青少年和普通人的耐力训练是具有一定意义的，能使训练者的最大耗氧量水平得到有效提高，耐力水平也会

---

① 陈小平，褚云芳，纪晓楠．竞技体能训练理论与实践热点及启示 [J].体育科学，2014，2（34）.

得到有效的增长。但是,这对于优秀运动员来说,不仅不会使运动员的运动水平和运动能够得到有效的提升,反而会对运动员的耐力水平造成一定的损耗,这与训练的最终目的是不相符的。

另外,这两种模式之间在训练强度的分布上也存在着较大的争论。而从根本上来说,两种模式的争论主要表现在耐力训练的效果上。在很长的一段时间内,受科学研究进步的影响,人们对专项代谢特征的认识越来越全面和深入,最初简单地从运动表象层面上的强调无氧耐酸能力→更多地从生物学层面上的重视有氧基础→认为有氧和无氧的动态平衡才是耐力训练的关键,随着这些观点的不断发展和完善,已经与世界耐力训练领域达成了共识。在这样的背景下,人们又开始进行更深层次和更先进的问题研究,即不同代谢能力的提高方面的问题,从而对耐力素质的训练与提升产生更大的影响。由此可以得知,要严格遵循区别对待的原则,来对待这两种训练模式,从而使准确、快速和有效地提高某种耐力水平的问题得到妥善的解决。

四、高强度训练研究进展与动向

(一)高强度训练的概念界定

强度高、距离(时间)相对短的耐力训练,就是所谓的高强度训练。其中,比较具有代表性的有各种不同距离的高强度间歇训练。其与低强度训练相对应,具体来说,就是指那些强度低、距离(时间)相对长的耐力训练。

(二)高强度训练的研究进程

一直以来,中、长距离耐力项目的训练往往都是围绕着"量"和"强度"这两个要素进行的,比如,"法特莱克"和"间歇训练"训练方法→"乳酸阈"和"两极化"耐力训练模式,这些训练都与训练量和训练强度有着较大的关系,因此,这也使得量和强度及其之间的关系成为耐力训练和科学研究的热点。

时至今日,对于中长耐力项目来说,最为主要的还是中低强度的长距离训练。尽管一些研究者通过相关的研究使有氧能力在中长耐力项目中的重要作用得到进一步的强化,并且提出了600米跑是有氧和无氧各占50%的分界线(图1-3),该结果较以往的研究缩短了有氧50%的距离(以往为800米),但是,这并不影响高强度训练在近年又开始受到广泛关注,且这方面的研究越来越多。

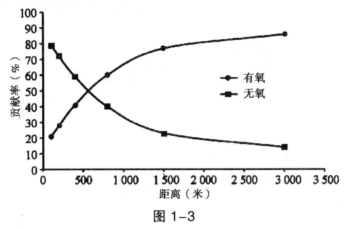

图 1-3

20 世纪 90 年代,高强度训练的问题就已经被一些研究者所涉及。通过大量的研究得知,只是简单地采用增加高强度训练量的方法,高水平运动员已经形成的能力"平台"是不可能得到有效突破的,过量的高强度训练不仅不会在专项水平的提高方面起到积极的影响,而且,还会导致过度疲劳的发生风险进一步增加。由此,高强度训练方式引起了人们的高度关注,并且也导致研究的方向发生了改变,即不同组合的高强度间歇训练成为研究的重要方面。之后,人们在此基础上,进一步减少了高强度训练的总量,高强度训练的时间(2 ~ 8 周)也得到一定的延长,高强度训练的方式有所变换,即由持续训练逐渐变换为间歇训练。

当前,对于高水平运动员来说,存在争议的主要有两个方面:一个是高强度训练的研究,具体来说,其研究时间较短,在很多方面都还不完善,因此,实验的客观性和准确性得不到有效的保证;另一个是高强度训练的训练效果,尽管从一些研究中可以得出,高强度训练能够有效促进部分耐力项目(长跑、自行车)运动员的耐力水平的提高的结论,但是,高强度训练对运动员耐力机能,尤其是最大耗氧量等机能的改善方面仍然争论声不断。因此,将该训练视为运动员,特别是优秀运动员,突破耐力"瓶颈"的有效方法还不能得到社会的公认。

第二章 体能训练的学科基础

体能训练这个课题经过多年来的发展逐渐形成了庞大的知识体系，并且在形成体系的过程中逐步与其他运动学科相结合，形成了学科理论体系。本章将从生理学、生物化学和营养学三个方面去研究体能训练的学科基础。

第一节 体能训练的生理学基础

一、体能训练与肌肉力量

（一）肌肉体积

肌肉体积增加也被称为肌肉肥大。肌肉体积与肌肉力量正相关，因此肌肉体积增加的同时，肌肉力量也会相应增加。一定程度上，影响肌肉体积的因素是多方面的。首先是人类性别间的差异，男女的差异所导致的肌肉体积的差异，可以解释为肌肉力量之间的差异。另外，有研究证明人的肌肉力量和体重也是正相关的，即体重越大，肌肉力量也越大，就是俗话说的"身大力不亏"。研究证实，长期不参加体育锻炼，身体逐渐固定，首先表现出的就是肌肉体积的减小，也就是肌肉萎缩；之后就会出现肌肉力的减弱。

肌肉体积肥大有两个发生机制，分别为急性肌肉体积增大和慢性肌肉体积增大。

急性的肌肉体积增大指肌肉在一次训练过后就表现出肌肉肥大，其中的主要原因为液体在肌肉空隙和细胞间的聚集，急性的肌肉体积增大的持续时间很短，在数小时内就会逐渐消退。

慢性的肌肉体积增大是指肌肉在长期、持续地锻炼中所表现的肥大。在身体肌肉结构的变化中，主要体现为肌纤维横截面积的增大或肌纤维数目的增加。影响纤维横截面积的直接因素为肌原纤维、肌动蛋白、肌浆球蛋白丝、肌浆和相关组织,这五种因素其中一种增加,就能导致纤维横截面积增加。

肌肉萎缩是随着肢体固定而逐渐发生的现象,主要表现就是肌肉体积减小。据相关实验证明,身体在固定保持静止的 6 小时后,体内蛋白质的合成速度就开始减弱,而肌肉力量在固定的一周之内就会以 3%～4%的速度递减。肌肉萎缩的直接结果是肌纤维横截面积的减小、纤维比例下降。加强相关的锻炼可以让萎缩的肌肉重新恢复。

（二）肌肉长度

肌肉长度也决定着肌肉力量的大小。肌肉在收缩时的初长度与肌纤维中每个肌节的长度有关,因此肌节长度可以影响肌纤维收缩的力量。单一肌节处于最适长度时产生的张力最大,过长或过短的肌节长度都不会产生最大张力。

另外,影响肌肉长度的因素既有主动因素也有被动因素。根据完整肌肉长度与肌肉力量的研究表明,一定程度上肌肉的长度越大其产生的张力也越大。

（三）肌纤维的类型

肌纤维的类型也直接影响着肌肉力量。针对收缩速度不同,将骨骼肌纤维分成了三种类别,分别是快肌纤维 A、快肌纤维 B 和慢肌纤维。事实证明,肌纤维与肌肉力量也有着很大的联系,在肌肉的收缩力量和收缩速度上,快肌纤维更优秀;在抗疲劳能力上,慢肌纤维更强。

（四）关节的运动角度

在同一个关节中,根据不同的运动角度,往往会出现肌肉对骨头的牵拉角度不同,所以同一块肌肉根据关节运动角度的不同能产生不同力量。

如图 2-1 所示,在肘关节弯曲到 115° 时,肱二头肌对前臂产生的拉力最大;在 115° 上下时,力量均减小。因此,在发展某个部位的专项力量练习时,相应地要把关节活动角度调整到能发挥其最大力量的角度。

（五）神经控制能力

能决定肌肉力量大小的因素并不都是肌肉内部的因素,在神经控制能力上也能导致肌肉力量的消长。神经控制能力能够进一步控制肌肉内运动单元的募集,而力量的大小在脱离神经控制能力下就不能发生适应性改变。

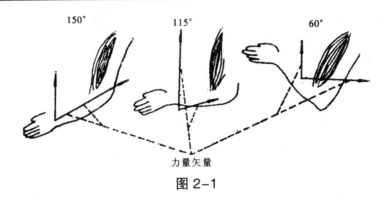

图 2-1

根据相关学者的研究证明,人类机体内神经系统具有抑制机制,它可以有效地防止肌肉过分发力,超出骨骼和相关组织的伸展范围极限。例如,当肌腱和内部关联组织结构超出高尔基腱器的阈值,机体启动自生抑制,相关的运动神经元被抑制。但是,通过力量训练能够抵消或者减少这种机体的自生抑制机制,使得肌肉继续发展,产生更大的肌力。

（六）激素

机体的内分泌也能促进或抵消肌肉力量发展。内分泌系统的主要影响因素是生长激素和睾酮。

生长激素主要是通过激发胰岛素生长因子发挥出生理效应,从而对肌肉力量具有营养作用。临床研究证明,生长激素通过促进蛋白质的合成,能够增加萎缩肌肉的体积,从而改善肌肉力量水平。

睾酮可以刺激肌肉摄取氨基酸,促进肌纤维的生长,进而增加肌肉体积,增加肌肉力量。

（七）性别与年龄

在童年时期,男生和女生之间的力量素质相差无几。随着身体逐渐发育,进入青春期后,性别对于肌肉力量的影响就十分明显,显而易见男孩的力量明显大于女孩。出现这种特征的原因是男生的雄性激素分泌增多。雄性激素能够增大肌肉体积和骨骼体积,肌肉力量自然就会增大。成年女子的平均力量大概是男子的 2/3。

人在成年之前,力量的增速很快,而肌肉体积的增长与肌肉力量的增长正相关。在 20—30 岁之间,人体的肌肉力量发展达到高峰期,在 30 岁过后会逐渐下降。

在力量素质发展的进程中,男子在 25 岁前身体力量一直会上升、发育,所以在这时期都可以进行肌肉训练,而在 30 岁以后出现拐点,身体力量将会开始下降。女子的力量在 20 岁就能达到顶点,因此女子在 20 岁之前一直都可以训练肌肉,并且能练出效果。

二、体能训练与骨骼肌纤维类型

(一)骨骼肌纤维的分类

骨骼肌纤维有以下四种分类标准。

1. 根据色泽和机能划分

直接观察动物的骨骼肌可以发现其肌肉色泽不同。有些肌肉颜色较红,称为红肌;有些肌肉颜色较白,称为白肌。红肌纤维的收缩速度比较慢,所以还可以称为慢肌纤维;白肌纤维的收缩速度较快,可称为快肌纤维。快肌纤维又可以分为两种,分别是快肌纤维 A 和快肌纤维 B。

2. 根据组织化学染色方法划分

通过化学指示剂染色的方法是可以将骨骼肌纤维进行分类的。根据肌纤维 ATP 酶染色方法,可将肌纤维分为 I 型和 II 型,II 型纤维又进一步分为 a、b、c 三种亚型。

I 型纤维的收缩速度慢,相当于慢肌,II 型纤维的收缩速度快,相当于快肌。II 型纤维中又详细分为 3 种不同的快肌,即 II a、II b、II c。这 3 种快肌的速度不尽相同,其中 II a 的相对速度是最慢的,II b 的速度是最快的,II c 的速度则介于 II a 和 II b 之间。

3. 根据代谢特征划分

根据肌纤维的有氧代谢酶和无氧代谢酶活性,可将肌纤维分为慢氧化型、快氧化型和快酵解型。

慢氧化型的收缩速度最慢,肌肉收缩时以有氧代谢供能为主;快氧化型的收缩速度相对来说比较快,同样以有氧供能形式为主;而快酵解型的收缩速度则是最快的,与前两种方式不同,快酵解型在肌肉收缩时以糖无氧代谢供能为主。

4. 根据基因蛋白划分

有人认为,人体的肌纤维类型会随着后天的某些因素而改变,比如年龄增长、骨骼发育、体育训练等,为了探究这个结论是否正确,根据肌肉收缩蛋白中肌凝蛋白重链(Myosinheavychain,MHC)的基因表达,可将肌纤维分为 I a、I c、II a、II ac、II c、II ab 和 II b 七种类型。

（二）不同类型骨骼肌纤维的化学特征

骨骼肌纤维有着不同的类型，其化学特征也不相同。根据进一步的分析和研究，表明不同类型的骨骼肌纤维在肌纤维直径、肌浆网、毛细血管密度、神经支配和线粒体五个方面有着不同的化学特征。

1.肌纤维直径

快肌纤维比慢肌纤维有更粗的直径，更大的体积，这种直观的形态证明快肌纤维具有更大的收缩力量。

2.肌浆网

快肌纤维的肌浆网比慢肌纤维的肌浆网更发达。所以快肌纤维受到外部刺激后向胞浆释放钙离子的速度比慢肌纤维快，兴奋收缩耦联时间短，收缩速度更快。

3.毛细血管密度

慢肌纤维周围分布的毛细血管密度比快肌纤维要大，使得慢肌纤维在工作时血液供应的丰富度更高，更有利于肌细胞和毛细血管的气体交换。

4.神经支配

支配快肌纤维的运动神经元体积大，神经纤维传导速度快，而支配慢肌纤维的运动神经元体积小，传导速度慢。

支配快肌纤维的神经元可以支配 300 ~ 800 条快肌纤维，而支配慢肌纤维的神经元仅能支配 10 ~ 180 条慢肌纤维。

5.线粒体

肌纤维进行氧化代谢的场所就是线粒体。慢肌纤维中的线粒体相较于快肌纤维数量更多，体积更大。

（三）运动时骨骼肌纤维的活动

人体肌肉经过外界刺激后产生收缩的现象时，不是以肌肉整体为单位参与，也不是以肌纤维自己为单位参与，而是以一个神经元及其支配的一组肌纤维为单位参与活动。

在体育运动中，不同运动特点决定着不同类型的肌纤维参与活动。在一些需要力量素质和速度素质、体现出爆发力的动作中，如短跑冲刺、篮球扣篮、足球射门等，基本都是快肌纤维参与工作。而一些耗时较长、考验耐力素质的活动中,如长跑、登山等,慢肌纤维参与主要工作。

　　肌纤维的神经支配是决定不同类型肌纤维参与工作的主要因素。支配快肌纤维的神经纤维的兴奋阈高,当进行瞬时间大强度的运动训练才能引起快肌纤维的收缩;而慢肌纤维的兴奋阈低,一些小强度训练(如准备活动)就可以引起慢肌纤维的收缩。

　　肌肉工作时,肌纤维中糖原的消耗与代谢可以间接反映肌纤维参与收缩的情况。在高强度活动中,快肌纤维中的糖原被大量消耗,而慢肌纤维中的糖原消耗较少,这表明是快肌纤维参与工作;而在强度小的运动中,慢肌纤维中糖原被大量消耗,表明该活动以慢肌纤维参与工作为主。

　　凡事都没有绝对性,在运动时,肌纤维参与工作的规律是相对的,也有其他情况出现。在强度小、持续时间较长的运动中,当慢肌纤维疲劳时,快肌纤维就会接替快肌纤维参与工作,确保肌肉能够运转下去。在进行一些高强度的运动时,随着时间进行,快肌纤维工作质量会逐步下降,慢肌纤维则被动地参与,逐步接替快肌纤进行工作,此时的肌肉力量和工作特征也会发生相应变化。

三、体能训练与心肌

(一)运动对心脏在氧气利用上的影响

　　心肌是一种严格需要氧气进行代谢的组织。心脏的耗氧量很大,除了具有丰富的毛细血管外,在心肌中还有着大量的肌红蛋白。肌红蛋白就像是存储氧气的"仓库",当人体局部处于缺氧状态时,心脏仍然可以获得一些氧气的供应。从冠状动脉与冠状静脉的血液含氧量分析中得知,心脏的氧气摄取率即使在安静时也可达 70% ~ 80%,这比人体整个的氧气摄取率都要高。

　　身体其他组织对于氧气的使用率仅为心肌的 1/4。尽管如此,心肌组织液的氧分压仍比其他组织要低。这说明心脏的耗氧量很大,而血液量相对仍然较低。通过上述数据证明心脏对氧气的需求很高,没有氧气心脏就无法生存。人处于安静的时候,心肌的耗氧量为每百克心肌消耗氧气 7.4 毫升/分钟,冠状血流量为每百克心肌 6.3 毫升/分钟。与其他器官相比,心肌是耗氧量最多的器官之一。

　　在一般情况下,心肌吸氧量相当高,一旦心肌负荷增加,需氧量也随之增高,此时必须通过增加冠状循环血流量来维持。此种情况在心肌缺血、缺氧时尤为明显。影响心肌每分耗氧量的因素主要有:心肌张力、心肌收缩力、心率、体温和心脏活动状况。

运动时，动脉收缩压升高或左室容积增加时，都可使心肌张力增加，使每分耗氧量增加。心肌收缩力强、收缩速度快时耗氧量大。例如肾上腺素可以增加心肌张力和收缩力，从而增加每分耗氧量。心率增加所致的耗氧量增加，主要是由于单位时间里牵拉心室弹性壁的次数增多。此外，每次收缩时的始动机制和制动机制也要消耗一定能量。尽管增加心率、收缩压和每搏输出量都能使心脏做功增加，心输出量增加，但靠增加心率和动脉血压造成的心输出量增加要比靠增加每搏输出量来增加心输出量在能量消耗上更大一些。体温升高，耗氧量增加。常温下，停搏的心脏耗氧量为每百克心肌消耗氧气 2.18 毫升 / 分钟，仅为正常心脏耗氧量的 23%；低温时，停搏的心脏耗氧量为每百克心肌消耗氧气 0.66 毫升 / 分钟，为正常心脏耗氧量的 7%。

（二）运动时心脏的血流量与氧利用率

运动时，心肌需氧量增加仅能靠冠状血流量的增加而成比例地增加。剧烈运动时冠状血流量可增加到安静时水平的 4 ~ 5 倍。它主要通过两种方式，一是运动对冠状动脉的直接促进可增加心脏代谢；二是运动时血压的上升对冠状动脉血流量具有直接影响。

1. 运动对冠状动脉的直接影响

运动对冠状动脉血流量的直接影响主要源自于运动时心肌代谢加强、耗氧量增加而刺激心肌血流量增加。运动中的缺氧就是引起心肌血流量增加的最强烈刺激因素。心肌明显缺氧时，冠状血流量可增加 5 倍。跑步、游泳、球类项目等有氧运动及无氧运动均能提高心肌需氧量并要求心肌血流量明显增加。

运动对冠状动脉血流量的直接影响还有另外一个原因，就是运动时交感神经兴奋，交感神经兴奋继发性引起冠状动脉舒张。近年来实验证明，交感神经兴奋对冠状动脉的直接作用是引起冠状动脉收缩。然而通常刺激交感神经却出现冠状动脉舒张的效应。初期出现的冠状动脉收缩，乃是由于交感神经对冠状动脉的直接作用。而后期出现的冠状动脉舒张则是由于心肌活动加强、代谢加速、代谢产物增多所造成的继发性反应。运动时此种缩血管作用往往被强大的继发性舒血管作用所掩盖。运动时心肌代谢产物增多，产生乳酸、二氧化碳等代谢物、氢离子浓度增加等，都可以促进冠状动脉血管扩张和血流量增加。当运动时心肌代谢加强导致氧分压下降时，心肌的 ATP（三磷酸腺苷）分解为 ADP 和 AMP（一磷酸腺苷），AMP 又通过相关物质的作用,脱去磷酸成为腺苷。腺苷扩散到心肌细胞外,引起周围小动脉扩张、冠状动脉血流量增加。

2. 运动时血压升高对冠状动脉血流量的影响

剧烈运动时,动脉血压进一步升高,而主动脉血压的升高可影响冠状动脉血流量,使大量的血流入冠状动脉。心肌收缩的挤压力给冠状动脉血流影响很大。左室收缩早期,可使冠状动脉阻力增加,但随着左室射血开始,主动脉压升高,冠状动脉压也升高,因此血液比收缩早期迅速。心舒张期,主动脉压虽然降低,但由于心肌不对冠状动脉挤压,阻力小,故血流仍然迅速。在整个心动周期中,心舒张期长于心收缩期,故心舒张期冠状动脉血流量总是大于心收缩期,大约是心收缩期血流量的 2.5 倍。

四、体能训练与神经控制

控制人体运动的神经结构主要有两个,一个是神经中枢,另一个是反射弧。下面概述一下这两个神经结构在运动中的原理。

（一）神经中枢

控制人体运动的神经中枢主要由感觉运动皮质、基底神经节、小脑、脑干与脊髓组成,如图 2-2 所示。其中脊髓是最基本的运动调节中枢。

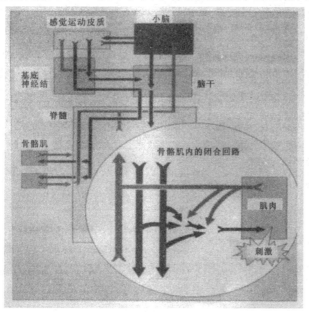

图 2-2

支配随意运动下行通路的神经系统主要是锥体系与锥体外系。锥体系也称皮质脊髓束，曾认为它与所有"随意"肌肉运动的启动和控制有关。组成锥体外系的下行神经元因其起源的区域与终止的部位而得名，如前庭脊髓束起源于小脑前庭核，红核脊髓束起源于中脑的红核，网状脊髓束起源于网状结构。所谓网状结构是指从延髓、脑桥、中脑直到丘脑底部这一脑干中央部分的广大区域，其中神经细胞与神经纤维交织在一起呈网状。锥体外系的神经传导束主要控制人体的姿势与运动协调性。

基底神经节由大量神经元组成，它们与皮质下行神经元联系并与脑干神经元构成联系。尽管基底神经节的确切功能还不清楚，但至少可以肯定它与随意和无意识的运动控制有关。

小脑位于脑干的后侧，依靠复杂的反馈环路发挥作用，监控与协调和运动有关的其他脑区。它接收来自皮质的关于运动的输出信号，同时接收来自肌肉、肌腱、关节、皮肤和视觉、听觉和前庭感觉的感觉信息。小脑影响自皮质到脊髓所有的运动中枢，它提供一种特殊的阻尼作用，否则人体运动会出现急动或震颤。对人体姿势的调整、运动、保持平衡、运动速度的感知和其他与运动有关的反射功能，小脑是主要的比较、评价与整合的运动中枢。实质上小脑对肌肉活动起到细调的作用。

（二）反射弧

如图 2-3 所示，反射弧由感受器、传入神经、中枢、传出神经与效应器五部分组成。

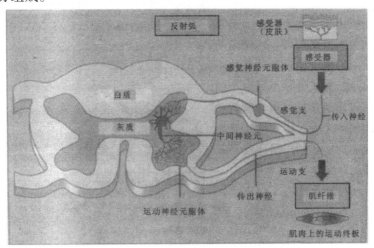

图 2-3

反射弧的工作原理是这样的。传入神经元通过背根将感受器的感觉信息传入脊髓,感觉神经在脊髓内与中间神经元联系,中间神经元作为接力站将信息传递给脊髓。然后前角运动神经元将神经冲动通过前根传递给效应器。

例如,人的手指头触碰到烫的东西,此时神经的疼痛感受器受到刺激,并将信息通过传入神经元传递给脊髓,运动神经元受到激动而产生相应的动作,使手迅速收回。同时信息沿脊髓向上传导至脑感觉区,产生痛觉。

在上述反射活动中的各个水平的感觉信息的输入、处理与运动信息输出的操作,发生在痛觉产生之前,使手离开热的物体。很多肌肉的活动是通过脊髓的反射活动和其他中枢神经系统区域在无意识下完成的。

第二节　体能训练的生物化学基础

一、体能训练的代谢基础

人体的物质和能量代谢是体能训练的核心。根据生物化学的研究,可以把人体能量代谢分成三大系统,即磷酸原供能系统、糖酵解供能系统和有氧氧化供能系统。这三个供能系统在运动时的供能的比重各不相同,供能能力客观决定了人体的运动能力和体能水平。

(一)无氧代谢系统

人体的速度、力量素质具有短时间、大功率输出的特征,其能量供应主要由磷酸原供能系统和糖酵解供能系统保障。上述这两大供能系统被称为无氧代谢系统,即不需要氧气就能进行能量供给。

1. 磷酸原供能系统

在机体的供能代谢中,ATP(三磷酸腺苷)、CP(磷酸肌酸)都通过高能磷酸基团的转移或水解来释放能量,我们通常把 ATP、CP 这种包含高能磷酸基团的物质称为磷酸原。ATP、CP 对能量的分解、释放和再合成的过程则称为磷酸原供能系统,也可以称为 ATP-CP 供能系统。

ATP 本身不能储存能量,而是能量的供体。在运动与代谢的过程中,肌肉内 ATP 分解直接产生能量,这是无氧代谢的核心环节。ATP 水解反应可以为体内需要能量的物质提供能量,实现各种生理过程。

肌肉内，ATP 的分解和 ADP 增加可迅速激活肌酸激酶 CK，CK 催化 CP 分解供能，再合成 ATP，反应方程式如下。

$$ADP + CP \xrightarrow{\text{CK}} ATP + Cr\text{（肌酸）}$$

磷酸原系统是高强度运动的主要能量来源，且供能的最大功率输出极高。磷酸原在肌肉中的储存量很少，在人体开始运动后最早启动，最早进入角色，进行代谢。在跑步时的加速和冲刺，该系统也要发挥重要的供能作用。

2. 糖酵解供能系统

随着运动的进行，体内氧气逐渐被消耗，含氧量越来越低。在氧气供应不足的情况下，骨骼肌中的糖原或者葡萄糖进行酵解反应，生成乳酸，释放能量，合成 ATP，新生成的 ATP 迅速补充运动中消耗掉的 ATP，让机体继续保持运动。这种代谢反应被为糖酵解供能系统。这种糖酵解供能系统的反应发生在细胞质中，进行一连串复杂的酶促反应，简单方程式如下。

$$\text{骨骼肌糖原或葡萄糖} \xrightarrow{\text{糖酵解}} ATP + \text{乳酸}$$

随着运动速率的加快，ATP 和 CP 迅速消耗，糖酵解反应的过程在顷刻间就能进行，当运动持续 30 秒左右，糖原的糖酵解速率就能达到最快，并维持 1 ~ 2 分钟，随后反应速率逐渐降低，在身体上表现为运动强度下降，速度减缓。

磷酸原系统和糖酵解系统供能过程都是无氧代谢，它们构成人体运动无氧代谢供能系统。无氧代谢系统是短时运动能量的主要来源。在进行长时间耐力训练时，虽然运动强度较低，持续时间较长，但最后阶段的加速冲刺时，其能量也由磷酸原及糖酵解提供。

（二）有氧代谢系统

在氧气供应量充足时，糖、脂肪和蛋白质分别进行氧化分解反应，生成水、二氧化碳以及尿素等，并充分释放能量。这种过程称为有氧代谢过程，形成有氧氧化供能系统。

糖、脂肪和蛋白质通过有氧代谢释放出大量能量，可再合成 ATP，为肌肉运动持续供应能量。其中，糖和脂肪是有氧代谢的主要燃料，它们的有氧代谢提供能量的运动，就是有氧运动，这种运动的能力也就是通常说的有氧耐力。

1. 糖的有氧代谢

在有氧运动时,肌糖原或葡萄糖被彻底氧化分解成水和二氧化碳,并释放大量能量,这就是糖的有氧代谢,反应方程式如下。

$$骨骼肌糖原或葡萄糖 \xrightarrow{有氧氧化} ATP + CO_2 + H_2O$$

2. 脂肪的有氧代谢

人体内储存的脂肪作为细胞燃料参与供能时只能进行有氧代谢,因此,通过运动减肥时,只能选择有氧运动。脂肪的氧化过程如下。

$$脂肪 \xrightarrow{有氧氧化} ATP + CO_2 + H_2O$$

3. 蛋白质的有氧代谢

随着运动进行,体内存在着蛋白质降解和氨基酸参与供能的情况。但要注意的是,蛋白质提供的能量是十分有限的,即便糖原被大量消耗后,蛋白质供能也只占总耗能量的 15% ~ 18% 左右;正常情况下,进行一小时的有氧锻炼,蛋白质供能的数量仅占总代谢的 4.4%。因此,不管人体的状态如何,蛋白质的代谢功能都不是人体功能的主要来源,它的分解代谢和合成代谢平衡是维持生命活动的基础。

二、各类体能训练方法的生物化学基础

(一)运动能力与遗传

人体的运动能力可以根据一些生物化学指标得到反映,如骨骼肌中 ATP、CP、肌红蛋白的含量、血红蛋白的含量以及最高血乳酸浓度等。而人体的这些指标具有遗传性,遗传度见表 2-1。

表 2-1 运动能力生化指标的遗传度

生化指标	遗传度
骨骼肌 ATP、CP 含量	60 ~ 89
骨骼肌细胞线粒体数目	70 ~ 92
肌红蛋白含量	60 ~ 85
血红蛋白含量	81 ~ 99
最大乳酸浓度	60 ~ 81
血清睾酮	80

（二）速度训练

根据相关理论,由于人体的速度素质主要取决于磷酸原和糖酵解系统的供能能力,因此,提高速度的培养方法是使磷酸原和糖酵解这两个供能系统发生适宜变化,相互适应与配合,进而达到提高能量供给能力的目的。

提高磷酸原供能能力的训练方法,从其反应规律上来看,要把训练强度加到最大,运动的时间不要超过 10 秒。在进行多组训练时,每组运动后要休息至少 30 秒,完成 10 组运动后,至少要休息 3 分钟。

提高糖酵解系统的训练方法,根据生化理论原则可采取 1 分钟训练 4 分钟休息的训练方法。重复 5 次为一组,每组训练后长时间休息再进行下一组。通过这种方式可以有效地提高糖酵解系统的供能能力。

（三）耐力训练

一个人耐力素质水平较高的原因主要是其有氧系统供给能量的能力高。因此,耐力素质训练方法应该是时间长、距离长但强度不太高的运动。通常采用长跑、长距离游泳、长距离骑车等运动方式,每次训练的时间要在 30 分钟以上。在长距离的运动中,练习者要注意呼吸均匀,把握好强度,避免身体疲劳。

三、训练恢复的生物化学特点

（一）超量恢复

超量恢复描述的是运动过程中及运动后能源物质的消耗和恢复的过程。运动时,体内主要进行的化学反应是伴随着能源物质的分解进行能量消耗,而恢复过程处于次要地位。因此,在运动过程中,能源物质的消耗要多于恢复,表现为体内能源物质越来越少。在运动结束后,身体进入恢复期,能源物质从消耗的过程转变为恢复的过程。在这个过程中,通过合理膳食等方法补充营养,让体内的各项物质恢复到运动前的数值,并可以超过运动前水平。将这种在运动中消耗的能源物质,在运动后恢复到并超过运动前水平的现象称为超量恢复。在一定范围内,运动训练对身体的刺激越大,则超量恢复的程度也越大。

超量恢复阐明了运动时能源物质在消耗和恢复过程中的特点,符合超量恢复的能源物质包括肌糖原、ATP、CP 及蛋白质等。由于不同物质的消耗水平不同,它们的恢复能力也不相同,而运动在持续时间和强度上的差异也对消耗能源物质提出各自的要求。因此,在合理安排运动间歇、运动强度和身体负荷时,应该以对消耗能源规律及能源恢复规律为前提,科学合理地制定出运动训练计划。

（二）体能训练中的间歇

培养速度素质,以爆发力为培养目的体能训练中,在 10 秒全力运动后的间歇时间不要低于 30 秒,60 ~ 90 秒比较适中,以保证磷酸原物质的数量恢复到运动前的一半水平。重复几次后,可安排 2 ~ 3 分钟的休息。训练间歇的例子如下所示。

（1）30 秒以内的全力运动训练,休息间歇应不少于 1 分钟。

（2）1 分钟的全力运动训练,休息间歇应为 4 ~ 5 分钟。

（3）400 米跑训练时,跑完 4 组后应该休息 15 分钟以上。

这样的间歇安排,能让体内能源物质恢复到一定水平,乳酸等代谢产物得到一定的消除,同时又照顾到训练时间的紧凑。通常来说,休息的时间越长,对能源物质的恢复,体内废物的排泄越好,但也不可能在体能训练后进行无休止的休息。

（三）体能训练后的休息

运动结束后,大家往往都觉得浑身酸痛,很不舒服,这是由于体能产生大量乳酸的缘故,所以结束体育活动后第一个要做的事情就是消除体内的乳酸。要想尽快消除酸痛,就要采取积极休息的手段。积极休息并不是完全静下来歇着,而是在训练结束后进行低强度的运动,如可进行慢走等放松性运动,加快体内废物的消除。

如果进行数小时的训练,则要考虑到肌糖原的恢复。在强度大、持续次数多的训练后,肌糖原在 5 ~ 24 小时内可以恢复,并且不受食物中糖含量的影响。但如果进行持续性、日常性的大强度运动训练,肌糖原的恢复时间就需要 48 小时以上,而且还要补充糖分作为辅助手段。否则,肌糖原尚不能恢复到运动前的正常水平。

四、体能训练效果的生物化学评定

（一）运动能力的评价

1.10 秒最大负荷测试法

根据磷酸原代谢系统的供能特点，可以用 10 秒以内最大负荷运动进行测试。如自行车功率计、活动跑台或 30 ~ 60 米跑等。有条件的教师可以在测试时先测定安静时的血乳酸值，然后进行 10 秒内最大负荷运动，记录相应的速度，并测定运动后学生的血乳酸的最大值，得出运动后的血乳酸增值。速度快且血乳酸增值低者，其磷酸原供能能力就比较强。

2.60 秒最大负荷测试法

这是评定最大糖酵解供能能力的方法。这种测试法是让测试者进行 400 米跑，记录成绩。因为 400 米跑属于糖酵解系统供能，所以 400 米的成绩对于人的糖酵解供能能力具有一定说服力。有条件的可在跑台上进行 60 秒跑，记录跑步距离，分别测定运动前的血乳酸值和运动后的血乳酸峰值。如果运动后血乳酸浓度在 14 ~ 18 微摩尔 / 升左右，那么这位运动者体内的糖酵解系统能力就很强；如在 9 ~ 10 微摩尔 / 升以下，那么这位运动者体内的糖酵解系统能力就很一般。在体能训练阶段中，如果运动水平提高了，血乳酸浓度也相应提高了，就是糖酵解供能系统的能力提高，说明体能训练收到了好的效果；如果成绩提高，血乳酸浓度没有显著变化，则说明还有上升空间；如果血乳酸浓度不变或升高，但成绩下降，说明身体机能水平下降，训练效果差。

3. 最大吸氧量测试

最大吸氧量是反映有氧能力的很好的指标。但是最大吸氧量需要借助昂贵的仪器设备，且操作难度大，耗时长。因此，基本是专业的体育机构才有条件进行该项测试。

4.6 分钟亚极量负荷测试法

这种测试方法主要检测氧气转运系统的适应性和专项耐力运动的能力，是评定耐力训练效果和机能状态的方法之一。这种测试能让测试者不必使用全部力气，容易上手。测试时采用亚极量运动负荷，运动时间为 6 分钟，在跑步后测定心率和血乳酸值。经过一个阶段的体能训练后，完成相同亚极量负荷时的血乳酸浓度且心率明显下降，则说明他的有氧代谢能力加强。

5.12 分钟跑测试法

12 分钟跑是测试人的最大有氧能力的测试方法。与其他方法一样，在跑前先测安静时的血乳酸值，然后让测试者进行热身，开始 12 分钟跑。在跑步过程中，不仅要记录测试者 12 分钟跑了多少距离，还要测一下跑的 3 分钟、5 分钟、10 分钟的瞬时血乳酸值，用跑距和血乳酸值进行综合评定。

12 分钟过后，跑的距离越长，跑后血乳酸消除速度快，说明此人有氧代谢能力越强、机能状态越好；跑的距离越短，跑后血乳酸消除速度慢，说明此人有氧代谢能力越差，身体运动水平不高。

（二）身体机能状况的评价

身体机能状态的评价是根据生物化学理论的方法去评价一次训练课或一个训练周期的负荷及其后的恢复状况，根据一个或几个指标来考量锻炼者某一时刻的机能状态。

评定训练课负荷效果的指标主要有血乳酸、血尿素、尿蛋白和尿胆原等。评定训练课的负荷量、负荷强度及恢复情况时，一定要根据训练计划和训练目的选择检测指标，尽可能配合生理学、医学和心理学的理论来进行，得出全面、客观、科学的结论。

1. 血乳酸

乳酸是体内代谢反应的中间产物，它既是糖酵解的产物，又是有氧代谢氧化的产物，通过一定条件的化学反应还能转变为糖。因此，运动时乳酸生成和乳酸清除的代谢变化，成为了解运动时能量代谢特点，把握训练强度的主要指标。正常安静状态时血乳酸浓度在 2 微摩尔 / 升以下。

运动过程中，血乳酸浓度会逐渐上升，浓度的变化程度取决于运动强度。短时间的激烈运动，如 400 米跑后，血乳酸浓度可达到 15 微摩尔 / 升以上；短时间间歇运动时，如 1 分钟高强度练习，最高可达 32 微摩尔 / 升；在长时间耐力运动后血乳酸浓度上升的幅度就比较小。

运动后的血乳酸浓度与训练水平有着密不可分的联系。经常进行速度耐力训练的人，运动方法妥当、运动成绩好，其血乳酸浓度相对来讲比较高；经常进行耐力训练的人，完成相同亚极量运动时，血乳酸浓度越低则水平越高。

2. 尿蛋白

正常人尿液里的蛋白质含量很少，其浓度在 2 毫克 / 升左右，每日排出的总量不超过 150 毫克。运动中，某些人会引起尿液中的蛋白质含量增多。由运动引起蛋白质含量增多的尿，称为运动性蛋白尿。

一提起"蛋白尿"这个词，大家往往想的是一种疾病，但运动性蛋白尿与病理性蛋白尿不同，运动性蛋白尿在运动后能迅速地复原。运动尿中，蛋白质的排出量可作为评定运动负荷强度、评定运动者身体机能状态的指标。在运动后的 15 分钟左右检测尿样，了解运动负荷对人体肾功能的影响。运动强度大，血乳酸值较高，尿蛋白质排出量相应较多。在第二天早上再测定一次，则可评定机体的恢复状态。虽然运动性蛋白尿的差异性很大，但在相同的运动负荷或运动项目时，尿蛋白的排出量是比较稳定的。如果出现尿蛋白增多，往往是身体机能下降的表现。当运动负荷明显提高时，尿蛋白排泄量增多，到次日晨或更长时间都没有下降，这就说明身体机能依旧未恢复到运动前的水平；当运动后尿蛋白增多，4 小时后或次日早上完全恢复到安静时水平，表示运动负荷对身体有很好的效果，机能状态保持良好，能及时恢复。

3. 血红蛋白

血红蛋白俗称血色素，是红细胞的主要成分，主要作用是作为红细胞运输氧气和二氧化碳的载体，维持血液酸碱平衡。所以血红蛋白能直接影响人体的身体机能和运动能力，是有氧代谢能力的重要指标。

正常人每百毫升血液中血红蛋白含量的正常指标，男性为 12 ~ 15 克，女性为 11 ~ 14 克。当持续保持激烈的运动强度或运动者的身体机能下降时，血红蛋白值就会降低，甚至低于正常水平。这种由运动引起的血红蛋白低于正常水平的现象称为运动性贫血，一般在对体能消耗比较大的运动项目中出现。在贫血时，不论是有氧运动还是无氧运动，运动能力都会明显下降。因此，常用早晨安静时血红蛋白值评定运动者身体机能状态，制定之后训练的运动负荷。此外，血红蛋白值在一定程度上可反映体内缺铁程度，是评定运动者营养和健康状况的基本指标。

4. 血尿素

尿素是评定体内蛋白质代谢的主要指标。在正常生理状态下，尿素的生成和排泄处于稳定状态，血尿素浓度保持固定值，安静值约在 4 ~ 6 微摩尔 / 升。职业运动员的血尿素浓度比一般人要高，为 5.5 ~ 7 微摩尔 / 升，原因是运动员体内蛋白质代谢更加旺盛。

血尿素指标可用以评定运动训练的运动负荷。在运动后 30 分钟后，绝大多数出现在 40 ~ 60 分钟左右，体内的血尿素指标开始增加。经过大运动量训练后，血尿素超过 8 微摩尔 / 升，说明运动负荷过大。

在训练或比赛后的第 2 天早上测定血尿素浓度,就能看出运动者的恢复状况,血尿素值达到或接近正常水平的,表示身体代谢恢复到正常,说明身体机能良好,运动强度合适。运动后到了第 3 天早上的血尿素值仍超过正常水平,则表示机体的恢复能力较差,身体机能一般。

在安排训练周期负荷时,血尿素浓度变化基本有三种情况。训练周期中血尿素值不变,说明运动负荷小,未能引起身体的变化;血尿素值在训练周期开始时上升,然后逐渐恢复正常,说明负荷足够大,机体能适应;血尿素值在训练周期中始终升高,说明运动负荷过大,身体还未恢复,这时应注意对运动量的控制,若继续训练则容易造成过度疲劳。

第三节　体能训练的营养学基础

一、营养学概述

（一）营养和营养素的概念

营养是人体通过不断地摄取外界食物,经过体内的消化、吸收、代谢,利用食物中的养分和养料来维持生命活动的全过程。人体的营养摄入是一种全面的生理过程。

为了维持生命活动,人必须从外界摄取食物,食物中可给人体提供能量、构成机体和组织修复以及具有生理调节功能的化学成分称为营养素。营养素是人类维持生命活动和健康最根本的物质,要按照合理的比例均衡摄入。若摄入不均衡不仅会影响人类的身体健康,还会对体能训练产生消极影响。人类发展体能时所需要的营养素归纳起来可分成六大类,即蛋白质、脂肪、糖类、矿物质、维生素和水。

（二）营养素的概念及作用

1. 糖类

糖类是一种多羟基的有机化合物,又称为碳水化合物。糖的来源较为广泛,平常我们吃的粮食,如米饭、面、谷物等都属于糖类。当然,从一些比较甜的饮料、糖果中也可直接合理摄取,从而提高肝糖原、肌糖原的含量储备。一般情况下,一日三餐都能满足机体对糖类的需求,非特殊情况不需要大量补充。

在人体内,糖类最主要的作用是供给能量,且糖类是人体内最广泛、最直接的来源。另外,人体的大脑和红细胞必须依靠血糖供给能量。

通常根据分子结构的大小和在水中溶解度的不同可以将糖类分成单糖、双糖和多糖。平常生活中经常吃到的、感觉味道比较甜的食物就含有单糖或双糖,而多糖在饮食中比较常见的食物是淀粉,而淀粉是粮食的主要物质。下面是这三种糖类的概述。

(1)单糖是糖类中结构最简单的分子,常见的有葡萄糖和果糖。葡萄糖是人体摄入能量的重要成分,果糖则是糖类中非常甜的一个种类,一般存在于水果和蜂蜜中。果糖被身体吸收后,转化为葡萄糖供给机体利用。

(2)双糖的常见物质有蔗糖、乳糖和麦芽糖。蔗糖是一种食用糖,是各家各户厨房中的必备调料。纯净的蔗糖很甜,甜度仅次于果糖,在甘蔗中含量丰富。麦芽糖又称为饴糖,常见于小麦、谷子等粮食作物中。乳糖存在于乳汁中,有甜味,但难溶于水。人类平常食用的奶类和奶类制品就含有乳糖。

(3)多糖没有甜味,且不溶于水。淀粉是多糖,是植物中的主要物质,也是人们膳食的主要成分。

2. 蛋白质

蛋白质是一种生物大分子,是生命活动的基础物质。说得直观点,人体内若没有蛋白质,人就活不下去了,由此可见蛋白质对人体的重要性。蛋白质约占人体总质量的16%～19%,1克蛋白质在体内氧化可以产生约16.7千焦的能量。

人体内的蛋白质有多种类别,其性质、功能都不相同。蛋白质的共同点是都由20多种氨基酸按不同比例组合而成,并在体内不断进行代谢。其中,一部分通过体内的相关反应能够生成,满足体内需要,称为非必需氨基酸;另外约有8种氨基酸体内不能生成,必须通过摄入食物获得,称为必需氨基酸。

有的食物中含有大量的、齐全的人体必需氨基酸,这种食物的营养价值就高,如牛肉、鸡蛋、鱼、乳制品等含有丰富的蛋白质,被称为优质蛋白质;米、面等食物所含的蛋白质为不完全蛋白质,其营养价值相较于前者就低一些。

蛋白质对人体主要有以下三个作用。

(1)保持机体的渗透压和血液中的酸碱平衡。

(2)促进体内各种生理生化反应的进行。

(3)保护和防御功能,提高机体的抗病能力和免疫力。

3. 脂肪

脂肪是脂类中的一种,是人体中一类重要有机物,不溶于水。脂类按来源可分为动物油脂和植物油脂两大类。从化学结构来分,可分为脂肪和类脂。脂肪包括在常温下呈固态的动物脂肪(猪油、羊油等)和常温下呈液态的植物脂肪(花生油、橄榄油等)。

脂肪在人体的营养中占据重要地位。脂肪在人体中主要有下列功能。

（1）供给能量

脂肪是人体能量的主要来源,它能产生巨大的热量。每克脂肪中在体内氧化可以产生 37.6 千焦的能量。

一般来说,运动时间越长,强度越小,机体靠脂肪的氧化提供能量占人体总能量代谢的百分比也就越高。

（2）构成生物膜

生物膜是细胞中各种膜结构的总和,它将细胞和细胞器同外界分开,是保护细胞基本结构的基础。它主要由脂肪、蛋白质和少量糖类组成。脂肪的种类和数量与细胞膜的生物学功能有着密切联系。

（3）供给必脂肪酸

必需脂肪酸是人体不能生成,只能靠食品摄入的一类脂肪酸。必需脂肪酸是人体膜结构的重要结构物质——磷脂的重要成分,必需脂肪酸还是合成前列腺素的前提,与胆固醇的代谢关系密切。

（4）御寒保暖

脂肪是热的不良导体,因此能够阻碍体能热量的流失。当人体处于寒冷环境时,皮下脂肪可以起到保温的作用,保持机体的能量,维护人体运动能力。

（5）促进脂溶性维生素的吸收

顾名思义,脂溶性维生素就是溶解于脂肪之中的维生素,所以脂肪可以使脂溶性维生素被人体吸收。

（6）增加人体的食欲和饱腹感

脂肪不溶于水,很难被胃液消化,因此脂肪含量高的食物往往会在体能停留更长的时间,使得人体的饱腹感加强。此外,脂肪能够增加饭菜的香味,所以在炒菜过程中,要予以特别的注意,尽可能地控制脂肪的使用量。

4. 维生素

维生素是维持人体生命和调节正常机能不可缺少的一类营养素。维生素在身体中是一类调节物质,储存量很少,必须经常从食物中获得。

人体经过体能锻炼后,体内的物质代谢和能量代谢明显增强,维生素的消耗量相对加大,再加上运动时排汗等因素,使血液中的维生素含量减少。当机体缺乏某种维生素时,就会导致代谢中的某些环节失控,影响正常的生理功能,甚至导致维生素缺乏性疾病,影响身体健康。长期缺乏维生素,能使运动能力下降,免疫力下降。可见,补充维生素非常必要,它能提高机体的抗疲劳能力和恢复能力。

（1）水溶性维生素

水溶性维生素的分类情况如表 2-2 所示。

表 2-2　水溶性维生素的分布、生理功能、缺乏症和需要量

名称	别名	主要分布	生理功能	缺乏症	人体需要量
维生素 B_1	硫胺素	谷类、豆类、坚果等,动物心、肝、猪瘦肉及蛋类	糖代谢的关键酶,缺乏会造成糖代谢紊乱。葡萄糖无法彻底分解,造成乳酸堆积;食欲的增进剂,因维生素 B_1 可抑制乙酰胆碱的分解,刺激肠胃蠕动,改善食欲;重体力劳动的补充剂	脚气病、疲乏、食欲差、恶心、忧郁、急躁、沮丧、麻木、心电图异常等	男：1.4 毫克/天 女：1.3 毫克/天
维生素 B_2	核黄素	动物性食物中含量高,其中以肝、肾和心脏为最多;奶类及蛋类;绿叶蔬菜和豆类	许多重要辅酶的组成成分,与生长发育紧密相关,参与细胞的正常生长,如缺乏维生素 B_2 损伤不易恢复;参与铁的代谢,在防治缺铁性贫血中有重要作用	可影响机体对铁的利用;肌肉无力,耐力受损,容易疲劳等;口角炎、皮炎等;影响其他维生素的吸收	男：1.4 毫克/天 女：1.2 毫克/天 运动员：2.5 毫克/天
维生素 B_6	吡哆醇吡哆醛吡哆胺	动物性食物;酵母、麦麸、葵花籽;大豆、坚果、香蕉、动物肝脏、鱼类、瘦肉	促进氨基酸吸收,调节糖原代谢,参与不饱和脂肪酸转化以及胆固醇的合成与转运,调节神经的兴奋度	贫血;DNA 合成受损,减少体内烟酸的合成	18～50 岁：1.2 毫克/天 50 岁以上：1.5 毫克/天

续表

名称	别名	主要分布	生理功能	缺乏症	人体需要量
维生素PP	烟酸	冬菇、香菇、花生等	在糖类、脂肪和蛋白质的代谢过程中起重要作用，最重要的功能是预防和治疗癞皮病	癞皮病，初期表现为疲劳、乏力、记忆力减退；皮炎；急躁、忧虑	成人：14～19毫克/天 运动员：25毫克/天
维生素B$_{12}$	钴胺素	动物内脏，如肝、肾；海鲜，如鱼、虾等；发酵制品，如豆腐乳、黄酱等	促进生长，维持神经组织正常运转，促进红细胞生成	恶性贫血；浑身无力、体重下降、背痛等	成人：2.4微克/天
维生素C	抗坏血酸	新鲜水果和蔬菜，如柠檬、枣、山楂和胡萝卜、辣椒、苦瓜等	治疗贫血，促进伤口愈合，抗氧化剂	坏血症，关节疼痛	成人：50～100毫克/天

（2）脂溶性维生素

脂溶性维生素的分类情况如表2-3所示。

表2-3 脂溶性维生素的分布、生理功能、缺乏症和需要量

名称	别名	主要分布	生理功能	缺乏症	人体需要量
维生素A	视黄醇	动物内脏，如肝脏；蛋类、奶类；蔬菜类，如波菜、胡萝卜、油菜	维护夜视功能；促进生长发育，如有助于细胞的增殖和生长，有助于骨骼、牙齿、头发的生长；增强免疫力，预防皮肤癌的发生等	夜盲症，皮肤干燥，免疫和生殖功能下降	男：800微克/天 女：700微克/天
维生素D	抗佝偻病维生素	动物的脑、肾、肝、皮肤；牛奶和蛋黄中；鱼肝油	促进骨骼生长，促进牙齿正常发育，抗疲劳，调节钙磷代谢等	佝偻病，骨质疏松，免疫力下降	成人：5微克/天 老年人：10微克/天
维生素E	生育酚	麦胚以及麦胚油；植物油，如玉米油、棉籽油、花生油等	抗氧化，延缓衰老；抗动脉粥样硬化；提高免疫力	生殖障碍，肌肉营养不足，神经系统异常，循环系统损伤	成人：10毫克/天

名称	别名	主要分布	生理功能	缺乏症	人体需要量
维生素K	抗出血维生素	绿叶植物,如绿茶、莴笋、菠菜等;牛油、火腿、蛋类等	参与体内凝血酶原子的合成,促进凝血因子I转变为纤维蛋白;呼吸链的主要成分,参与氧化磷酸化过程;增加肌肉弹性	止不住血	青少年:50 ~ 100微克/天成人:70 ~ 140微克/天

5. 矿物质

矿物质,也被称作无机盐,是构成人体组织和维持正常生理活动的重要物质。在人体内,几乎包含了自然界的绝大多数化学元素,其中碳、氢、氧、氮4种元素主要组成蛋白质、脂肪和糖类等有机物,其余各种元素则以无机化合物的形式存于体内。人体内除去碳、氢、氧、氮以外的元素统称为矿物质。人体各组织器官中有60余种化学元素,总量约占体重的5%。

人体中的各种机体组织都含有矿物质。钙、磷、镁是牙齿、骨骼的主要成分;铁是血红蛋白的重要组成元素;磷是核酸分子的主要元素等。同时,矿物质还能保持体内酸碱平衡,保持渗透压和组织正常兴奋性的作用。此外,矿物质还能激活酶的活性,直接促进酶的催化作用,让体内代谢顺利进行。

矿物质具有多种元素,而它们在人体中的含量各不相同。根据在人体的含量的不同,把矿物质分成常量元素和微量元素。每日需要量超过100毫克的元素称为常量元素,低于100毫克的称为微量元素。关于人体矿物质的分类,如表2-4所示。

表2-4　人体内矿物质元素的分类

常量元素	微量元素	可能必需的元素	具有潜在毒性, 不能超标
钠、钾、钙、镁、氯、磷、硫	铁、碘、锌、铜、铬、钴、硒、钼	镍、钒、硅、锰、硼	锡、氟、铅、镉、汞、砷、铝

6. 水

水是生命的源泉,是人赖以生存的物质。在人体内水与糖、蛋白质、脂肪和其他营养素一样,是人体维持生命活动的物质基础,是运动能力的物质基础。水是人体的最大组成部分,约占体重的50% ~ 60%。

但是要注意的是,体内的水分必须保持恒定。缺水若不及时补充,将影响正常生理机能。大量出汗后补充水分的同时,也要补充适量盐分,以补充电解质的丢失。人体内水的构成如图2-4所示。

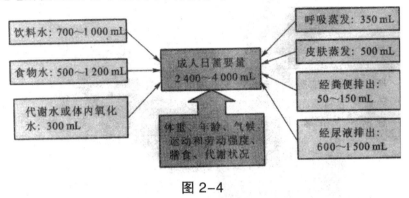

图 2-4

（三）营养膳食的均衡合理

人类的生长和发育离不开营养的摄入,而全面、科学的营养摄入是增强身体质量、完善生理机能的主要物质基础,是构成健康人生条件之一,对体能训练也有一定的积极因素。

1. 膳食平衡

在营养学角度来看,吃得"好",不是大快朵颐,充分满足个人胃口,也不是去高档餐馆享受昂贵的食物,而是做到膳食平衡,保证各类营养素均衡吸收。

膳食平衡是通过多种类食物按合理配比摄入,提供人体所需的热量和营养素,并且保持各类营养素之间的平衡,以便于吸收和利用,达到人体健康的动态过程中的最佳状态。

膳食平衡包括摄入食物的组成与数量的动态平衡、体内对食物的反应与适应、食物被机体的吸收、消化等的平衡。人体需要多种多样的营养物质,任何一种食物都不能满足人体的所有需求,所以通俗点说,各类食物都要吃,才能达到膳食平衡。

2. 膳食宝塔

中国居民平衡膳食宝塔是根据中国居民的膳食结构特点设计出来的。根据平衡膳食的原则与要求,它把所有食物分类,并按类别规定了每天摄入该类食品的质量数,以直观的宝塔形式呈现出来。这种形象而直观的形式方便大家理解,易于实行。平衡膳食宝塔给全民提供了一个比较理想的膳食模式,具体形象如图 2-5 所示。

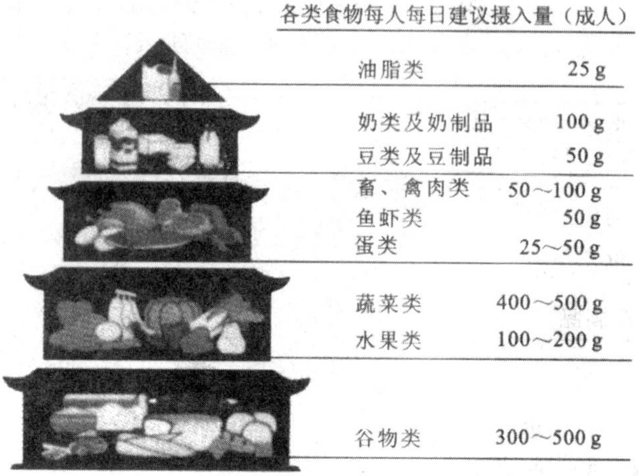

各类食物每人每日建议摄入量（成人）

油脂类	25 g
奶类及奶制品	100 g
豆类及豆制品	50 g
畜、禽肉类	50～100 g
鱼虾类	50 g
蛋类	25～50 g
蔬菜类	400～500 g
水果类	100～200 g
谷物类	300～500 g

图 2-5

如图 2-5 所示,平衡膳食宝塔从下至上一共有 5 层,一共涵盖了人类日常膳食的所有食品种类。根据宝塔的位置和面积,体现出各类食物的重要程度和摄入量的大小,还能看到从下到上的摄入量是越来越少的规律,但重要程度是从下到上越来越重要的规律。

谷物类作为粮食,位居底层,每天应吃 300～500 克;蔬菜和水果占据第 2 层,每天应吃 400～500 克和 100～200 克;畜、禽肉类、鱼虾类和蛋类食品位于第 3 层,每天应吃 125～200 克(畜、禽肉 50～100 克,鱼虾类 50 克,蛋类 25～50 克);奶类和豆类占据第 4 层,每天应吃奶类及奶制品 100 克和豆类及豆制品 50 克;顶层是油脂类,每天最多摄入 25 克。

配合着日常体育锻炼,在摄入能量的时候要牢记平衡膳食宝塔。平衡膳食宝塔主要要求体现在以下四点。

(1)确定个人的食物需要。

(2)在同类食物中每天变着花样摄入(比如今天吃米饭明天吃馒头),这样能调配丰富多样的膳食。

(3)平衡膳食摄入要养成习惯,长期坚持。

(4)根据宝塔中的每日摄入量合理安排一日三餐。

3. 膳食安排

膳食安排的好坏对于人的日常工作、学习都有着重要的影响。根据我国广大地区居民的生活习惯,一日三餐在食物的分配比例上应与工作动状态和作息时间相匹配。一般早餐、晚餐各占30%，午餐占40%为宜，特殊情况可适当调整。一日之计最重要的是早餐，它是白天工作、学习和机体生理活动的主要能量来源。营养丰富的早餐应包括糖类、蛋白质、脂肪，并搭配适量的蔬菜或水果。

目前，有些学生不懂早餐的重要性，吃得很随意，甚至不吃早餐，这会影响整个上午的学习和工作效率。选择适量的富含蛋白质的食物作为早饭较为适宜。按时吃早餐能够保持体内血糖值保持正常与稳定，不会出现困倦的感觉，使人活力充沛，精神饱满。午餐中摄入的能量应占全天的40%，适当增加脂肪和蛋白质的摄入，能够在下午的学习和工作中保持效率。晚餐不宜超过全天食物总能量的30%，做到量少种类多。晚上如果还吃大鱼大肉，摄入过多油脂，增高血液黏稠度，全身的血液流动缓慢，诱发心脑血管疾病，导致肥胖。对于经常熬夜的人群，晚餐可以适当补充能量，但要注意合理饮食，以蔬菜水果为宜，不宜摄入过多的热量。

体能训练也要和饮食规律配合在一起。锻炼与饮食一定要有时间间隔，在吃饭的时候，胃肠道负担较重，因此不能在吃完饭之后立刻进行运动。因此，一般是运动后休息半小时以上才能进食，饭后要休息1.5小时到2.5小时后才能进行运动。

4. 合理膳食的基本要求

合理膳食是保持人体能素质和健康水平的一个重要因素。从营养学观点来看，合理膳食要做到摄入机体所需的一切必备营养素，而且含量适当，不能过多或过少；种类互补，全面满足身体的一般需求和特殊需求，从而达到膳食平衡的目的。要尽量做到主食中品种丰富，稀稠搭配，既有米饭、馒头等一般主食，也要有窝头等粗粮；副食有荤有素，既要有动物性食品和豆制品，也要有较多的蔬菜，在饭后最好要吃一些水果。五谷杂粮供给人体最基本的能量；动物肉类供给动物蛋白，维持各组织器官的发育和流动，保持机体正常运转；水果供给维生素，辅助营养的其他成分；蔬菜可供给矿物质、维生素和食物纤维，是保持身体健康的重要因素。膳食的质和量都能满足人们的生理、工作和体育锻炼对营养的需要，这样才能构成膳食的合理性。合理膳食应达到下列基本要求。

（1）能保证提供给人体所必备的热量和各种营养素，且各种营养素间比例均衡，达到"膳食宝塔"的要求。

（2）烹饪食物时要使用合理方法，减少食物中各种营养素的流失，尽可能地让食品的主要营养都被身体消化吸收。

（3）改善食物的口感，使其在"色、香、味"上具有多样性，这样能促进食欲，满足营养的摄入。

（4）要有合理的饮食计划与饮食规律，一日三餐定时定量。

二、运动与营养

（一）运动与营养的关系

合理的营养摄入和积极的体育锻炼是维持和促进身体健康发展的两个基本因素。以科学合理的营养为身体物质基础，加上积极的体育锻炼为手段，通过身体机能在体力的消耗和恢复的循环往复过程中，能使机体存留更多的能源物质，充分发展身体各器官与系统。体育锻炼获得的身体健康，较之单纯地通过"吃"来获得的健康要有更高的水平。

在体能训练中如果只注重身体运动锻炼而忽视营养的合理摄入，则健身的效果就会降低，甚至会适得其反，对健康造成损害。反过来，只通过一日三餐进行营养的摄入，却不进行体育锻炼，这也难以改善健康状况。只有科学的健身搭配合理的营养，才能达到增强体质、促进健康、提高免疫力等目的。

（二）运动与营养的补充

在体能训练中，能量及各种营养素的消耗要大大高于平常，因此，除了平衡的膳食营养的保障，训练体能的同时还需要特殊的营养补充。

1. 运动与糖的补充

糖是肌肉的最好能源。人体的运动素质与糖的储备有密切关系，中枢神经的能量99%以上来自糖。

（1）运动前的糖原储存

体内糖的储备包括肌糖原、肝糖原和血糖三部分。肌糖原是体内糖储备的最大部分。在训练体能之前适量补充糖可维持血糖水平，能让人达到好的运动状态，保持更高的耐力水平。赛前补充糖类的目的是使体内有充足的肝糖原和肌糖原的储备量。

（2）运动后补糖

运动后4小时到一天内，食物的血糖指数在肌糖原合成率中起主要的作用。在运动结束后，人要尽早摄入50克糖，直到正式吃饭。

在体育活动中，有些学生出现过低血糖的症状。表现轻的人会出现头晕、心跳加快、饥饿感、乏力、面色苍白，出冷汗；表现重的人会出现神志模糊、语言不清、四肢发抖、精神错乱，甚至还会出现昏迷。导致低血糖的原因，主要是由于运动中血糖消耗过多，导致供应不足，机体调节糖代谢的机制紊乱,从而给身体带来不良反应。

低血糖是可以有效预防的。在体育锻炼前不要空腹,按时吃早午饭;在进行体能消耗量大的活动时要及时补充含糖丰富的食物或饮料,如巧克力、"红牛"等。频发低血糖症状的学生要及时去医院,查明原因,对症治疗。

2. 运动与蛋白质的补充

一般来说,经常进行体能训练的学生在蛋白质的需求上要比一般人多。要注意的是,蛋白质摄取要适量。如果吃太多高蛋白食品,不仅对提高身体耐力没有任何好处,反而会影响机体正常的代谢,造成肝肾负担加重,产生疲劳,出现肥胖,降低运动能力。

3. 运动与水的补充

水是人体所有器官和部位进行运转的基础与源泉。缺水不但影响运动能力,往往还会造成运动性损伤和其他疾病。体能消耗中会流失大量水分,需要及时补充,这样才不会伤害身体。

体育活动时,肌肉运动产生大量热量,使皮肤血流量增加,分泌大量汗液,失去大量水分。在高温的环境下踢足球,每小时的汗液丢失量高达2~7升。当脱水量达到体重的1%~2%时,就会损害运动员的体力,影响身体健康和意识。

运动的补水要喝得适量,同时注意水温要合适,不宜太凉。运动前为预防性补水,为了避免在体能消耗中出现脱水的现象,合理的方法是在运动前15~20分钟,喝掉400~700毫升的水或运动饮料,注意要分次摄入,每次喝得不要太多,比如每次喝100~200毫升,分2~4次饮用。

运动中要适量补水,以保持水分的平衡。补水的量取决于出汗量,一般情况下,每小时喝水的总量不宜超过800毫升,每隔15~20分钟补液100~300毫升,或每跑2000~3000补水100~200毫升。

运动后也要充分补水。运动后要注意不能一口气喝下太多的水,要适度饮用。运动后喝多少水要看体重下降了多少,一般是运动前后体重差的150%,如运动前后的体重相差0.5千克,那么补充水量控制在750毫升为宜。

4. 运动与维生素的补充

体育运动促进了人的能量代谢,随着身体主要能量的消耗,某些维生素的需要量就会增加。参加中等强度以上的体能训练,要重视多种维生素的补充,促进身体及时恢复,延缓身体疲劳,从而保证身体健康,提高体能水平。

通常,在合理膳食的情况下不需要补充维生素,但是在长时间进行高强度大运动量的训练、减肥、饮食不规律等特殊情况下,则需要补充维生素,但在补充维生素时应注意供给量建议,避免补充过量,导致副作用。

5. 运动与微量元素的补充

体能训练中人体所需的微量元素主要有铁、锌、铜、锰、铬、硒、氟等。其中缺铁和缺锌对身体的影响比较大。

（1）运动与补铁

在体内,铁的最大作用是运输氧。如果铁量不足,机体会出现缺铁性或营养性贫血。因此,铁极大地影响着人体的运动能力,缺铁能直接导致机体降低输氧能力。

运动中流汗,消耗大量体能,丢失了大量铁。运动中的血液循环加快,加之运动导致铁的吸收率降低,使食物所供应的铁得不到充分的利用。

铁主要来源于肉类、蛋类、蔬菜、谷类、水果、海带等。动物性铁易溶解,其中的一种结合铁,被称为血红素铁。血红素铁可以直接吸收入小肠黏膜,因此是补铁的最好来源。

（2）运动与补锌

锌是多种催化酶的组成元素之一。锌的影响程度取决于机体的适应能力或运动量的大小。当运动量过大时,血液中的锌含量下降,在排尿中也流失了大量的锌。此外,运动还会降低锌的吸收与利用,引起体内锌的重新分布,这些都是影响人体锌量平衡的重要原因。

锌的摄入主要来源于动物性食物,尤其是肉类。谷类是植物性食物中含锌量较高的。

（三）运动项目与营养补充的特点

不同的运动项目具有不同的营养要求与营养补充特点。下面从 4 个方面加以阐述。

1. 耐力项目的营养特点

耐力项目,如中长跑、长距离骑车、远距离游泳等项目,具有运动时间长、能量消耗大、没有间歇时间、以有氧代谢供能为主的特点。经常进行耐力锻炼的人,补充营养要注意以下几点。

（1）能量补充

在吃饭的时候摄入的能力首先要保证身体的运动需求,否则能量供应短缺会直接导致运动能力下降。蛋白质的来源是最丰富的,如供给乳制品、牛、羊肉等富含蛋白氨基酸的食物。体能训练中脂肪的利用和转换率有一定的提高,故在膳食中脂肪的摄入量可以略微提高一些,可占总能量的30%～35%,碳水化合物应占总能量的60%以上。

（2）水的补充

高强度运动中大量出汗,容易发生脱水。运动前、中、后适量补液有利于维持人体内环境稳定。在夏天训练时天气较热,还应补充适量的盐水。

（3）铁和钙营养的补充

耐力训练中会导致缺铁性贫血,故应提供含铁丰富的食物。青少年在身体的成长和发育中钙的作用是很重要的,所以要同时注意补充钙。

2. 力量项目的营养特点

力量运动项目对力量素质和速度素质都有着较高的要求,如短跑、短距离游泳、足球、投掷项目等。从事力量项目的运动员往往体重也比较大,运动中要求加大肌肉力量、提高神经肌肉的协调性,要求短时间内集中爆发。运动具有强度大、缺氧、运动有间歇以及无氧供能等特点。

经常从事力量项目的人,要考虑优质蛋白质,蛋白质的热量应占总热量的15%,同时还要注意增加蔬菜、水果的摄入量,以提高体内的碱储备。

3. 灵敏、技巧项目的营养特点

体操、击剑、跳水和小球项目的运动员在训练中保持精神高度紧张,动作呈现出非周期性和多变性,对动作的协调性、速率和技巧性要求较高。为了能够完成这些高难度动作,教练员要求运动员控制体重,减少营养的摄入。因此,其摄入量要比其他项目的运动员要低。

为保证神经活动的需要,要摄入充足的蛋白质,减少脂肪,并增加维生素 B 族、维生素 A、维生素 C、维生素 E、钙、磷等营养的摄入,以提高神经的应激水平。此外,乒乓球、击剑等项目对视力要求很高,应保证维生素 A 的合理供给。

4. 集体项目的营养特点

集体项目一般都是球类项目,如篮球、排球、足球等,全面要求运动员的各项素质。在集体项目中,力量、耐力、灵敏、速度都能得到体现,同时集体性运动的比赛时间长,体能消耗大,技术动作灵活多变,能量消耗高。其膳食供给应根据不同球员的运动量大小,保证充足的能量,膳食的营养也要涵盖人类必备的六大营养素。

团队项目运动员的营养补充是在剧烈运动前的 3～4 小时大量补充碳水化合物。在训练和比赛前,应每隔 20 分钟补充 150 毫升的水。为了加速糖原储备的恢复,应注意补充维生素 B_1、维生素 C、维生素 A 和钙盐、钾盐、磷等微量元素。

(四)不同比赛时期营养补充的特点

运动员在比赛前比较亢奋,处于精神高度兴奋的应激状态。这种状态导致内脏血流量减少,消化机能下降,可能会出现食欲不振、腹痛等现象。这就会对营养物质的摄取带来不良影响,出现肠胃功能紊乱、低血糖、肌肉痉挛等现象,直接影响运动与比赛。因此,赛前的几天内要注意合理饮食、不乱吃东西、保护肠胃、保护身体正常的消化与吸收,注意食品的卫生与安全。增加机体糖原储备,可适量选择高蛋白食品,奶类和奶制品的每日摄入量不少于 500 克。每日可摄取蔬菜 500～750 克、水果 500～600 克,避免油炸、麻辣等刺激性食品。同时,要喝足够的水。

研究发现,运动前 2～4 小时内食用含糖量丰富的食品可显著地增加肌糖原、肝糖原的含量,可推迟运动疲劳的发生、增加肌肉的功率输出。在比赛前补充糖分、一定量的水及低脂肪的食物能够疏通肠胃管道,减少肠胃不适,维持血糖水平,促进机体水合和提高糖原储备。

通常赛前所选择的食物应能提供 500～1 000 千卡的能量,其中糖要占总能量的 65%～70%。赛前 1 小时左右可进食少量的糖,如水果糖、鲜榨果汁或新鲜水果。在赛前 15～30 分钟内可摄取含糖、电解质的运动饮料。

赛后,根据比赛的强度和节奏,以及下次运动的时间进行膳食的选择。运动员在运动后要及时补糖,摄取足够的水分、蔬菜、水果或含糖、矿物质、维生素和抗氧化剂的运动饮料,以及奶类及奶制品和豆类及豆制品。

第三章　体能训练的科学理论指导

体能训练是一个系统复杂的过程,这一过程受多种因素的影响和制约,要想获得良好的训练效果就必须遵循科学的体能训练原则与要求,并充分了解体能训练的科学理念与方法,结合自身的具体情况和客观条件以及运动训练的基本规律确定和控制体能训练过程中的运动负荷,由此制定科学有效的训练计划和运动处方,以确保整个体能训练过程都在科学化、系统化、有计划的条件下进行。本章就主要对上述几方面问题进行深入解析,以便为运动者科学认识体能训练规律与特点、科学参与体能训练提供理论指导。

第一节　体能训练的原则及要求

一、体能训练的原则

（一）激励性原则

良好的体能训练效果的获得,不仅需要科学训练理论指导和教练员或指导员的训练科学安排,还需要参与训练的运动者的积极配合,并全身心投入到体能训练中去。体能训练是一项长期的工作。在这一过程中,运动者需要长期不断进行艰苦训练,不断突破自我。体能训练的长期性和艰苦性决定了在进行体能训练时应不断激励运动者参与体能训练和运动比赛的动机,使得其为了相应的目标和理想不断努力训练。

运动者是体能训练的参与者,是体能训练的主体,在体能训练期间,必须重充分调动运动者的训练积极性,使运动者在参与运动训练的过程中,要有一个比较明确的目标,使其主动参与到运动训练之中来,并进行积极的训练思考,这就是激励性原则的基本要求。

具体来说,体能训练实践中遵循激励性原则应注意以下几点。

（1）思想观念方面，树立良好的价值观，加强体能训练的目的性教育。注重运动者主体性的发挥，使得其积极参与到训练计划的制定、训练管理中去。

（2）训练方法方面，通过采用多种手段来促进运动者参与体能训练的积极性和主动性，从而使得体能训练取得更好的效果。

（3）制度与发展需要方面，既要具有严格的制定规定，又要能够满足运动者的合理需要。

（4）教练员方面，教练员或指导员在体能训练中发挥着重要的指导和宏观调控作用，因此，教练员或指导员应严于律己，以身作则，言行一致，为运动者树立良好的榜样。

（二）全面性原则

要进一步加强身体素质的训练，从而使身体得到正常的发育，生理机能得到有效的提升，进而保证身体素质的全面发展。

体能训练涉及运动者体能素质的各个方面，同时，现代各项体育运动项目对运动者的体能素质要求越来越高，因此，在体能训练过程中，应注重运动者各方面体能素质的综合、全面发展。

具体来说，体能训练科学遵循全面性原则应注意以下几点。

（1）合理安排各项素质训练内容和比例。重视构成运动者的体能的力量、速度、耐力、柔韧、灵敏、弹跳等多个素质的训练。

（2）合理安排一般素质训练与专项素质训练的内容与比例。以运动者水平、年龄、项目特点和不同的训练阶段为主要依据来将两者的比重确定下来。通常来说，初学者和训练水平较低者，一般训练的比重应大些；而随着训练水平的不断提高，专项训练的比重随之增大。

（3）合理选用体能训练的方法与手段。体能训练的方法和手段应更加科学化、多样化、综合化、全面化，并运用一些新的技术手段。

（4）体能素质训练内容与方法应与运动者身心特点相符，并且能够使运动者在不同形式的训练中灵活掌握。

（三）系统性原则

体能训练是一项长期的过程，要想使身体训练和技术训练水平都得到有效的提高，就必须持续不间断地进行科学、系统的训练，因此，在体能训练中应进行长期规划，按照人体发展规律和体能训练规律，有步骤地开展体能训练。因此，在体能训练中，应坚持系统控制原则，对各方面进行监控。从系统的整体发展入手，协调好系统内各个要素之间的关系，从而使要素和系统得到协同发展,使"整体大于要素之和"。

具体来说,体能训练中遵循系统性原则应做好以下几点。

(1)在系统训练中,保证所有训练课之间的连续。要将各个训练组织形式之间紧密衔接起来。从选材到训练计划的确定,都应以体能训练的系统性和连续性为原则。

(2)合理安排训练的内容和手段。遵循由易到难、由浅入深、由已知到未知的规律来选择和安排训练的内容和手段。

(3)在体能训练前,应制定科学的训练计划。

(4)为确保运动者积极投入训练,应建立和强化正确的训练动机。

(5)建立健全体能训练的多级训练体制。

(四)周期性原则

体能训练是一个系统的过程,需要经历一个漫长的过程,不能一蹴而就、一步到位,通常情况下,需要不断地进行周期性的反复训练,来不断强化、巩固提高体能训练效果。

体能训练中,贯彻周期性原则要做到以下几点。

(1)根据具体的训练任务、训练要求,以及训练阶段的不同将整个的训练过程划分为几个运动周期循环地进行。

(2)根据训练对象的特点和任务,来合理地安排训练周期。

(3)后一周期应在前一周期的基础上提高,使每个周期都能在前一周期的基础上有所提高,并起到"承上启下"的作用。以保持良好的训练效果和创造运动成绩。

(4)确保不同训练阶段之间的联系。在每一个周期或不同的训练阶段中,都有着各自的训练任务、训练内容与负荷量、训练手段与方法,它们彼此之间既相互独立又相互衔接。

(5)把握好每个小周期的训练,并对不适之处及时地纠正。

(五)循序渐进原则

体能训练需长期坚持,运动者的各项体能素质的提高是长期训练的结果,而且需要经历一个由量变到质变的过程。因此,在体能训练过程中,必须要遵循循序渐进的原则。

体能训练中遵循循序渐进原则应注意以下几点。

(1)要以动作技能形成规律、生理机能负荷规律以及人体对事物的认识规律作为依据,按照从简到繁、从易到难、从小到大、从低级到高级的顺序来逐步进行。

（2）体能训练过程中，切忌盲目、急于求成，否则就很难获得理想的训练效果，有可能会导致运动损伤的出现，不利于运动者的身体健康和之后的体能素质健康发展。

（六）持续训练原则

在体能训练中，运动者有机体的各组织系统机能的加强和完善，以及运动技战术水平的形成与提高，都是机体反复工作参与的强化。

此外，根据生物界"用进废退"规律和个体的学习认知和运动形成规律来看，人的身体素质提高、人体机能改善和人体结构改善都有着制约作用。如果不坚持持续性训练，则之前的获得的训练效果会逐渐消退。因此，坚持进行持续性训练是运动者参与体能训练的一项基本原则。

体能训练中，遵循持续训练原则，应做到以下几点。

（1）体能训练前制定好科学的训练计划，保持训练的持续性。

（2）针对多种内容的体能训练，应合理安排各部分、各阶段的训练任务，保证各项训练内容不间断。

（七）区别对待原则

体能训练中，不同的运动者之间存在客观的个体差异，因此，对于运动者来说，体能训练不能一概而论，别人的体能训练计划指导下的体能训练能收到良好的训练效果，直接拿过来未必适用。体能训练应因人而异，区别对待，符合运动者的自身条件和训练阶段。

体能训练表明，实施区别对待原则能够使运动者的积极性得到充分的调动，更好地培养优秀运动者。

具体来说，体能训练中落实区别对待原则应做到以下几点。

（1）区别对待原则必须在训练计划中体现出来，并在整个的运动训练过程中进行贯彻，以使整个训练安排符合运动者自身的特点，做到有的放矢。

（2）教练员或指导员应充分地观察、了解和掌握运动者的详细情况，在现代训练中区别对待，做到对症下药，扬长避短，有针对性地提高运动者的薄弱环节，促进其体能素质的快速提高。

（八）全面与专项相结合原则

全面与专项相结合的原则，具体是指，体能训练要在身体素质全面发展的基础上来使专项素质水平和专项运动能力也得到进一步的提升。

运动者从事体能训练，目的就是为了提高自己的体能素质，为更好地从事体育运动训练奠定基础,因此,在体能训练过程中,不仅要重视体能训练的全面性,还要与专项运动结合起来,了解运动专项对不同体能素质发展的要求,从而在全面体能训练的基础上,着重提升专项体能素质。

高水平运动者一般参照少、精、最优化的原则来选用专项练习手段。在比赛中表现出良好的专项成绩是其体能训练的主要目的。

（九）训练与比赛相结合原则

对于运动员来说,参与体能训练是为提高运动技能、运动能力奠定基础的,其最终目的是提高实战能力,并在运动比赛中获得优异的成绩。因此,运动员的体能训练还应与比赛充分结合。

比赛是训练的目的,也是提高训练效果的关键性方法,通过在比赛中的表现,运动员可以发现自己的不足之处,从而能够更加有针对性地开展训练活动,能够进一步明确哪些是重点训练内容。

具体来说,在运动训练过程中,运动员体能训练的每个训练周期的训练内容应是与比赛密切相关的内容,这样能够提高运动者的专项训练水平,也有助于增强运动员比赛的自信心,在获得良好的运动比赛成绩后,进而能更好地投入训练中,形成良性循环。

（十）及时调整原则

体能训练是一个动态变化的过程,其受多种因素的影响,包括运动者自身、外部条件,训练发展等,因此,可以说,运动训练并非一成不变,应根据运动者的训练效果和身体状况及时调整。

如果运动者在训练时感觉身体状况欠佳,有炎症或出现疲劳症状时,应立即停止训练,不要勉强。究其原因,当机体状况不好时,机体的中枢神经对身体的控制能力就会大大下降,有机体对外界环境的适应能力和有机体的协调关系也会出现失调现象,如果仍然勉强坚持训练,不仅不利于健身,反而会给身体健康带来不良影响。

当然,需要特别提出的是,应注意区分疲劳程度、运动伤病。如果在训练过程中只是出现轻微的疲劳症状,可以采取休息、调整负荷、缩短训练时间等方法调节缓冲。如果是病理性疼痛或病变,应及时停止训练并就医。

二、体能训练的要求

（一）注意与体能训练相关的各因素的协调

体能训练是一个复杂、系统的过程,这一过程受多种因素的影响。包括运动者自身的因素、教练员或指导员因素,还有客观训练条件和环境因素。这些因素在体能训练过程中,都应该充分考虑、妥善安排。

体能训练过程极其复杂,包含很多环节,而且各个环节之间都有很密切的联系,任何一个环节都会对其他环节造成一定程度的影响。

首先,应充分考虑与体能训练相关的人员因素。有人简单地认为,体能训练只要充分考虑体能训练即可,体能训练只与运动者和教练员有关。这些理解与认识都是片面和狭义的。实际上,体能训练不仅与教练员和运动者有关,还与科研人员、管理人员、医务人员、后勤人员、营养专家等相关人员密切相关。在体能训练中,任何一个人和环节的安排不当都有可能影响训练结果。

其次,应充分考虑与体能训练相关的训练因素。运动者的体能训练主要包括身体素质、技战术、心理、智力等方面的训练,此外,运动者选材、运动者管理、思想教育以及训练恢复等也是体能训练的主要内容。

最后,应充分考虑与体能训练相关的非训练因素。在系统与科学培养运动者的整个过程中,既要考虑有哪些因素直接影响运动者的运动成绩,又要考虑哪些非训练因素会对运动者的体能训练效果和体能素质发展造成间接性的影响,在对这两方面因素进行分析的基础上来科学调控运动者的训练过程,才能使运动者不断获得良好的训练效果。

(二)科学控制体能训练的运动负荷

结合运动训练的机体适应原理,运动者参与体能训练,通常都会经历这样一个系统的过程,即刺激→适应→再刺激→再适应,具体来说,体能训练的目的是提高运动员的身体素质水平,这一目的主要是通过运动员在运动训练过程中不断承受和适应训练负荷来实现的,通过机体的不断适应来提高机体的运动能力和对外界(运动负荷)的适应能力。

体能训练时,一定的训练负荷会引起人体的适应性变化。如果负荷合适,会使得人体出现生物适应,向着良好的方向发展;如果负荷过大,则会引起人体的劣变。那么,对于机体的训练适应,如何才能把握好一个适应的"度",是运动者和指导员或教练员应该充分考虑的问题。

在体能训练实践中,随着刺激的不断加大,运动者机体的适应能力也会不断增强,适应能力的提高能够直接促进训练水平的提高。在安排训练负荷的过程中要特别注意负荷强度,训练负荷强度的提高对运动者专项能力的增强有直接的影响。

此外,对于运动员来讲,其参与的具体运动项目不同、训练目的不同、训练的阶段不同(如训练初期、专项体能提高期、比赛期等),具体的体能训练的运动负荷应有所区别。从训练角度而言,要想培养运动者的运动能力和比赛能力,就要安排与比赛相接近的训练负荷,安排高强度的训练负荷,只有这样,才能使运动者在训练过程中获得最具稳定性的专项技术能力。因此,通常情况下,高水平的运动员都会采取高强度的训练负荷来参与专项训练,而且该负荷强度与专项比赛中的比赛负荷是相接近的。高水平运动者的身体素质水平较高,技战术能力也很强,体能训练负荷安排应有助于运动者在比赛中将自己的专项能力和比赛能力充分发挥出来。

（三）突出运动项目训练的专项特点

突出运动项目训练的专项特点是针对运动员的高水平的体能训练而言的。

从运动训练的能量转换视角来讲,运动者只有具备了专项素质,才能形成一定的动能,而且该动能也才能向足够高的势能转化。

从运动专项的体能训练要求来讲,只有采用与该项运动相符合的训练方式,才能更好地实现和提高该项运动的水平。不同体育运动项目在动作方法和动作的具体要求方面都是非常专业的。这就要求运动者和教练员或指导员在制定具体的体能训练计划的过程中,要充分考虑和遵循运动者的竞技能力、能量代谢和运动负荷、比赛等的相关规律来安排具体的训练内容。

从运动训练的实际效果来看,运动实践表明,运动者只靠一般训练很难取得优异的运动成绩,必须将专门训练高度重视起来。如果不以专项为核心安排训练内容,运动者即使花再多的时间训练,进行再大运动量的训练也无济于事,只有有机结合专项,才能使运动者在训练过程中具备与专项相符的身体素质,才能为其提高专项技能、运动能力奠定良好的素质基础。

因此,对于专业运动员来讲,在体能训练过程中,一定要在专项的基础上安排训练手段和方法,不管是锻炼身体素质,还是提高田径技术,都要采取专项训练的手段,这是运动员取得优秀比赛成绩的重要保证。

（四）重视体能训练期间的科学恢复

在体能训练过程中,应合理施加运动负荷,积极消除运动者出现的运动疲劳。这有助于为运动者之后更好地投入训练奠定良好的身心基础。

在体能训练过程中,重视科学身心恢复非常重要,疲劳的长期积累,不仅不会给运动者的体能训练效果带来良好的促进作用,还很有可能会造成人体出现相应的运动伤害。

人体体能训练的过程就是不断接受运动负荷刺激,产生一定的疲劳,然后进行恢复、超量恢复,然后再进行训练刺激的过程。应合理安排负荷,积极促进疲劳恢复。

在体能训练中,坚持合理安排负荷与恢复原则应注意以下几方面问题。

（1）在开展体能训练时,教练员首先应对运动负荷及其相关理论具有科学的认识。

（2）应对运动负荷进行科学安排,逐步增大,并不断探索人体的生理极限。

（3）重复性训练时,要掌握好两次练习间隔的时间,一般通过测定心率的方法来进行控制,运动后心率达到 140 ~ 170 次 / 分钟,应等到心率恢复到 100 ~ 120 次 / 分钟时再进行下一次训练。

（4）体能训练后,应注意运动者的积极恢复,同时,应注意积极休息的手段的多样化,以调动运动者的再次训练的积极性。

（5）应积极完善相应的疲劳检测体系,对运动者疲劳程度进行判断,确定合适的负荷量和负荷强度。

（6）做好体能训练期间的医务监督工作,以保证运动者在身心健康的基础上参与体能训练。

（五）加强运动者体能训练理论学习

体能训练理论的学习有助于指导运动者科学参与体能训练,提高训练过程的科学性。

一方面,运动者的体能训练理论知识学习有助于其了解、正确认识、全面掌握体能训练规律。通过前文分析,已经充分认识到,人体机能和各项生理活动具有一定的规律,在体能训练过程中,必须遵循这一规律,才能够促进训练效果的实现。在体能训练过程中,应坚持合理安排负荷与恢复原则,符合人体体能训练的基本规律。而如果运动者不了解这些规律,则无法进行科学训练,因此,应加强运动者对相关体能训练理论的学习。

另一方面,运动者的体能训练理论知识学习有助于其深入理解体能训练的规律和特点,从而科学参与体能训练。就我国职业运动员来讲,在传统的体能训练中,只注重身体素质、技战术能力发展,而忽视了运动员的理论知识学习。由于文化知识的欠缺,也在一定程度上造成了运动员在运动训练中不能很好地认识训练的规律和特点,有时候不理解教练员或指导员的特殊安排,甚至由此产生参与训练的抗拒心理,这些都表现了需要增强运动者体能训练理论学习的重要性和必要性。理论学习对运动者科学训练具有重要的指导意义。

第二节　体能训练的理念与方法

一、体能训练的理念

新时期,随着体能训练研究的日益深入,关于体能训练的一些新的观点和理念被不断提出,并在体能训练实践中得到了充分的实践检验和运用。这里重点对以下几个先进体能训练理念进行系统分析。

（一）教育性运动训练理念

1. 教育性运动训练理念内涵

教育性运动训练理念主张重视运动者的文化教育和素质培养。

科学的体能运动训练中,要促进运动者的体能发展,更应该重视在此基础上的运动者本身的发展。换句话说,体能训练,不仅要重视运动者的相关训练技能的掌握,同时也要重视运动者在文化教育和素质上的培养。

2. 教育性运动训练理念的理论依据

（1）文化教育关乎运动者的健康发展

运动训练实践活动的顺利进行通常要依赖于运动训练参与者(包括教练员或指导员和运动员)的密切配合,才能最终实现,达到目的。从这一点上可以了解到,教练与和运动员这两个运动训练中的主体的知识水平决定与制约着竞技运动的发展。

运动训练中人的因素的影响作用,说明了人的知识、能力、经验等直接决定运动训练效果。而人的文化素质对人的体能训练具有根本性的影响作用。如果运动者不具备相应的文化知识,则不能科学指导体能训练实践,也就不会促进自身体能的有效、可持续发展和自身的健康发展。

在过去的运动训练中,正是因为运动者在训练的过程缺乏主体性发挥,同时也缺乏培养运动者的文化素质,这就造成了运动训练人才培养方面出现了很多不科学的现象。这使得运动训练的发展在很大程度上受到制约,并且导致体育运动出现滞缓。

（2）文化教育关乎运动者的全面发展

体能训练是运动者运动能力培养的一个重要方面。在整个体能训练系统中，个体的体能发展受多种因素的影响，运动者整体素质和水平的提高，很大程度上与其自身的文化素质教育水平有关。现代的体育运动的较量，往往取决于体能、技能、心智能力等几大因素。在某些条件下，心智能力要比体能、技能更加重要，尤其是随着运动者年龄的增长，这方面表现得更为明显。

因此，体能训练不是狭义上的只针对身体的训练，还包括与体能训练密切相关的心理训练、智能发展。这就充分说明了在体能训练过程中，加强运动者理论知识学习的重要性，也是教育性运动训练理论的基本要求。

（二）技术实践性训练理念

1. 技术实践性训练理念的内涵

训练要符合运动的一般规律。在体育运动中，运动者本身具有双重性，他们是技术主体的同时又是技术的客体。对于运动员来说，体能训练不是最终目的，通过体能训练提高运动技能的专项水平，进而创造优秀的运动和比赛成绩才是体能训练的终极目标。

2. 技术实践性训练理念的理论依据

体能与技能之间具有密切的关系，运动者能够更加全面、深入地了解技术性训练理念，对其有针对性地计划、安排体能训练具有重要指导作用。

（1）训练应与技能发展客观规律相符

技术实践性，即求真。所谓的求真，就是在运动训练的过程中，要以运动的本质特点和规律为主要依据，对训练进行科学的指导，力争做到结合实际，并且与事物的客观规律相符合。具体来说，运动者的技术应用应符合运动规律和项目的本质特征及规律。

（2）训练应从实际出发，注重实效性

体能训练是一个系统和科学的过程，训练不应是盲目的，应是有计划、有目的、有针对性的。训练应以符合运动者的专项技能发展和提高实战为主，从实际出发和结合实战训练。

（三）人文操作性训练理念

1. 人文操作性训练理念的内涵

人文操作性理念的内涵主要体现在以下四个方面：强调关注运动者

的尊严与独立性、关注运动者的思想与道德、关注运动者的权利、关注运动者生存状况与前途命运。

2.人文操作性理念的理论依据

人文操作性训练理念的理论基础同样是多方面的。为了能够更加全面、深入地了解教育性训练理念,理论基础可分为以下三个方面。

（1）人的主体性是人文的重点

体育运动中,人是"技术"的实施者,这就明确了人的主体性以及人与技术的关系。在运动训练中强调人文操作,能够摆脱体育运动训练的功利化,从而强调运动者本身对训练的热爱、专一、投入。

而运动训练实践也充分表明,在包括体能训练的体育运动训练过程中,人的潜能的发挥需要人内部动机的调动,培养人性,挖掘人的潜能,需要运动者自身的责任感、态度、信念等的充分提高。

（2）人的思想信念对行为的指导

从人文主义、感知经验主义的角度上来说,人之所以能够有行为,主要是因为有人的感知或信念体系的指导。因此,在体能训练期间,对人的训练行为的制约,应将重点放在对人的思想和观念的影响方面。

就体能训练的现代持续不断发展来说,体能训练方法、手段的变革正是源于对体能训练的思想观念的转变。

（3）运动训练科学性与人文性的统一

训练应遵循客观规律,也应尊重个人的健康发展需求。实现二者的有机结合,如此才能培养出高素质的运动者和运动员。

具体来说,体能训练,不仅要符合科学规律,还要在追求竞技水平提高的过程中符合人的价值规律,体现人文特征,实现科学性与人文特征的结合、统一,促进体育运动价值与人的社会价值实现的统一。

（四）竞技运动国际化理念

当前,各竞技体育运动项目均呈现出多元化的发展趋势。究其原因,主要是一些国家的高水平运动者参加的国际比赛较多,而且愿意回自己的国家效力,从而提高了这些球员所在国家的比赛水平。这些优秀球员在回国后,将国际上一些科学的训练理念、创新性的一些训练方法与手段带回国,促使自己在该项目的运动竞技水平的提高。各国的教练员之间也不断创造互相学习与研讨的机会,在自己的运动队中引入其他国家一些先进的训练理念与科学的训练方法,从而促进世界竞技体育运动整体向前发展。

国际化的竞技理念要求教练员要不断提高自己的教学与训练能力，在指导包括体能训练在内的运动训练时，应具有前瞻性、创新性。

在现代体能训练中，教练员或指导员、运动员以及训练参与的其他工作人员，应善于学习新的国际先进训练理念，在运动训练中，时刻把握最新的体能训练发展动态、竞技体育运动发展最新科研成果，并将其充分运用到现代化的体能训练中去，做到与国际竞技体育运动发展接轨，体现出竞技体育运动的时代发展特征，促进体能训练的科学性与创新性发展。

二、体能训练的方法

（一）持续训练法

1. 持续训练法的概念

所谓持续训练法，指采用一个较为稳定的训练强度，不能过大，在一段比较长的时间里所进行的连续不间歇练习的方法。

2. 持续训练法的分类

持续训练法具体包括三个类型，根据持续训练法所包含的各个类型，每一个类型都有其各自不同的特点，具体如下。

（1）短时间持续训练：负荷强度一般心率控制在170次/分钟左右，并且每次持续练习的时间一般在5～10分钟。

（2）中时间持续训练：负荷强度总体来看并不大，所持续的时间会更长一些，主要的供能方式是有氧代谢系统供能，每次练习负荷持续时间在10分钟以上，心率控制在160次/分钟。

（3）长时间持续训练：整个训练过程中，负荷强度也是高低交错，通常要将心率控制在160～130次/分钟之间。

3. 持续训练法的优点

持续训练法的优点在于以下两个方面。

首先，持续训练法可以通过长时间低负荷的刺激使运动员产生稳定的机体适应，有助于机体各器官及系统的适应性变化。

其次，持续训练法可有效提高运动员的有氧代谢系统供能能力，为运动员的无氧代谢能力及无氧工作强度的提高奠定良好的基础。

（二）重复训练法

1. 重复训练法的概念

重复训练法，具体是指在不对运动负荷以及相关动作的结构加以改变的前提下，根据相关的要求进行不断反复练习，并且在次与次或组与组之间留出一些间歇时间以便促使机体得到基本恢复的一种训练方法。

2. 重复训练法的分类

按训练间歇方式，重复训练法可以分为连续重复训练法和间歇训练法。重复次数不同，体能训练效果不同。

根据训练时间的长短，重复训练方法可分为短时间、中时间和长时间重复训练方法。各训练法的主要特点如下。

（1）短时间重复训练：每次练习机体所承受训练负荷的时间都非常短，约30秒内，训练负荷强度大。

（2）中时间重复训练：每次练习机体所承受的负荷时间相对延长，一般在30秒～2分钟，训练负荷强度比较大。

（3）长时间重复训练：每次机体承受训练符合的时间要保持在2～5分钟之间，负荷强度随负荷时间的延长而呈现负相关性，训练过程中，机体的供能方式采用有氧和无氧混合供能。

3. 重复训练法的优点

重复训练法有利于运动者机体产生较高的适应机制，有利于发展和提高机体机能。

（三）间歇训练法

1. 间歇训练法的概念

间歇训练是指重复练习之间按严格规定的间歇时间休息后再进行练习的方法。该训练方法在每次练习结束之后，都对间歇时间做出了严格规定，并采用积极性的休息，同时要在机体尚未得到完全恢复的前提下立即开始下一次（组）练习。

间歇训练法包括四个方面的基本要素：每次练习的时间和距离；练习重复的次数和组数；每次练习的负荷强度；每次练习的间歇时间。

2. 间歇训练法的分类

通常，将间歇训练法分为三种基本类型，分别是高强度、强化性和发展性的间歇训练方法。

（1）高强度间歇训练：每次机体所承受训练负荷时间在40秒以内，训练负荷比较大，心率可每分钟190次；组间间歇时间不充分，在机体心率下降到120次/分钟时开始下一次训练。

（2）强化性间歇训练：每次机体承受训练负荷的时间在100～300秒，负荷强度比赛强度低一些，大约低10%～5%，心率控制在170次/分钟或180次/分钟便可，一次负荷后机体在间歇内心率下降到120次/分钟时便开始下一次或组的训练。

（3）发展性间歇训练：每次机体所承受的负荷时间在5分钟以上，心率在160次/分钟左右，间歇时间内，心率下降到120次/分钟时便开始下一次或组的训练。

3. 间歇训练法的优点

（1）能有效地提高呼吸机能，提高机体糖酵解能力和耐乳酸能力。

（2）在练习期间及中间间歇期间均能使运动者的心率保持在最佳范围之内，有助于改善运动者的心泵功能。

（四）变换训练法

1. 变换训练法的概念

所谓变换训练法，具体是指在具体的练习中，通过从速度、负重量、时间等方面来对练习的运动负荷加以有目的的变化，如变换动作、训练条件、训练环境、训练时间、训练内容等。

2. 变换训练法的分类

（1）变换负荷：对负荷进行变换，通过降低相应的负荷来促使运动者能够更好地对运动技术进行学习和掌握，通过提高负荷强度以及练习密度，能够促使机体对比赛进行适应的需要得到满足。

（2）变换内容：对训练内容进行变化，内容既可以是固定组合，也可以是变异组合，使运动员的不同运动素质得到系统训练和协调发展。

（3）变换形式：对训练路径、气氛、训练环境、练习形式和训练时间等进行变换。通过以上这些形式变换，能够很好地将各种技术有效地衔接和串联起来，使运动者具有更好地参与训练的热情，进一步促使训练的质量得到提高。

3. 变换训练法的优点

（1）训练的具体要素等变化了，对机体的影响也必然随之而变化，进而使机体产生各种适应性变化。可改善运动者中枢神经系统的协调性和机体调节的灵活性,从而提高运动者承受不同运动负荷的能力。

(2)采用变换训练法能够避免体能训练的枯燥、单调,能够在一定程度上调动运动者参与体能训练的积极性。

(五)循环训练法

1. 循环训练法的概念

循环训练法,是训练过程的循环,具体是将训练的具体任务作为主要依据,首先设置成一系列的练习站或练习点,然后要求运动者根据事先设定好的路线和顺序,逐步来完成每一站或每一点所规定的练习,周而复始训练。

2. 循环训练法的分类

根据不同训练之间的运动负荷特征,可以将循环训练法分为以下类型。

(1)循环重复训练:将各种练习设置成一个个练习站,所采用的练习顺序与比赛的特点相符合,练习动作也是规范、熟练的,而针对站与站、组与组之间的间歇时间无特殊的规定。

(2)循环间歇训练:按照间歇训练法的要求对各个连续站的间歇时间做出特殊规定,各站时间在 30 秒以上,间歇时间不充分的,目的在于使运动员机体在不完全恢复的状况下进行下次练习。

(3)循环持续训练:在训练中各个训练站点之间不安排间歇时间,用较长时间(至少 8 分钟)进行连续练习。

3. 循环训练法的优点

(1)有助于消除枯燥感,机体肌肉的局部负担不重,不易疲劳,能调动运动员的积极性。

(2)有利于增强运动员的肌力、增强心肺机能、发展身体素质。

(3)可因人而异地区别对待和解决负荷量问题,避免运动者过度紧张状况的出现。

(六)比赛训练法

1. 比赛训练法的概念

比赛训练法,就是通过比赛进行训练,是在与真实比赛条件相接近的情况下,根据比赛的具体规则和方式安排训练。

2. 比赛训练法的分类

根据比赛性质,可将比赛训练法分为以下几类。

(1)教学性比赛。在体育教学规律或原理的指导下,以训练条件为基础通过组织专项比赛的基本或部分规则开展训练。该方法能够使训练对象参与训练的激情得到激发,促使训练的负荷强度得到提高,并使训练对象的心理压力得到适当减小,以保证其能够将所具有的运动水平得到正常发挥。

(2)模拟性比赛。最接近比赛实践的一种比赛训练方法,主要是通过对真实比赛环境(包括对手状况、教练员、场地环境、观众情况等)的模拟,营造真实的比赛环境,在此环境中安排运动员比赛。

(3)检查性比赛。在模拟或真实的比赛条件下安排运动员比赛,目的在于检验运动员在赛前的训练质量。

(4)适应性比赛。在正式比赛的环境下进行。目的在于使运动员尽快适应重大比赛环境。

3. 比赛训练法的优点

(1)结合实战提高运动员的技术、战术、身体训练水平和心理素质。

(2)调动运动员训练和比赛积极性的有效手段,激发运动员的斗志,促进运动员积极向上、克服困难,创造优异成绩,在比赛中获得自信,进而更有激情地投入下次训练当中去。

(七)生物反馈训练

1. 生物反馈训练的概念

通过借助于现代高科技仪器,来对训练对象的生理机能进行检测,并将所获得结果反馈给训练对象,促使其进行反复练习,掌握对自己的生理机能进行有效调节的训练方法。

2. 生物反馈训练的优点

生物反馈训练方法能够更好地促使训练对象的运动感知能力得到提高,并形成相应的动作技能,对技术动作进行校正,对训练对象的情况进行有效调节,消除其紧张的情绪和心理状态,并对训练对象有机体的各个器官系统机能进行有效改善。

(八)高原训练法

现代体能训练中,高原训练法逐渐受到人们的重视。高原训练是一种在特殊环境条件下开展的强化训练,能够对人体形成合适的刺激,促进人体机能储备的提高。

研究表明,在高原低压缺氧环境下,在体能训练过程中,会使得人体发生相应的抗缺氧生理反应,进而引起运动者对训练的适应和产生相应的生理变化。例如,促进人体血红蛋白含量和心血管系统功能的增强,提高人体运动时氧的利用率和肌肉的耐酸能力。

关于高原训练的海拔高度的选择,高原训练中,海拔高度会对其训练的效果产生重要的影响。因此,在进行高原训练时,应重视科学的海拔的选择。澳大利亚学者认为,运动员高原训练中生理适应的最佳高度为海拔 2 300 米,如果低于这个高度,就很难保证运动员获得足够的高原适应能力。一般来说,往往会选择中等海拔高度的地方展开训练,一般海拔在 1 800 ~ 2 300 米,国内外很多教练员大都采用这一海拔进行高原训练。如果海拔过低,空气含氧量相对较为充足,对人体的刺激不大,达不到相应的要求,训练效果不明显;如果海拔过高,则空气含氧量较为缺乏,不利于体能训练的开展。我国云南昆明海埂足球训练基地就在中等海拔高度。

关于高原训练的持续时间的控制,不同学者具有不同的观点,一般认为,20 ~ 25 天是进行高原训练的最佳持续时间,高原训练持续时间的最低极限至少要达到 21 天。

（九）综合训练法

综合训练法,具体是指把上述各种运动训练方法综合起来,合理安排运动训练过程,或者在一组训练中安排各种技术训练、灵敏训练、力量训练等多种内容的训练方法。

在训练实践中,以上的各种训练方法并不是单一的存在和使用的,因此,需要通过综合训练来灵活地调节运动者的训练负荷与休息,使其更圆满地达到训练要求,从而有效地发展运动者的运动素质。

第三节　体能训练负荷的特点及科学控制

一、体能训练负荷的特点

（一）训练负荷的应激性

应激是体能训练过程中，运动者的有机体对运动训练过程中的各种负荷的生理反应，具体来说，就是在特定的体能负荷的前提下，生物体为适应当前负荷所形成的调动生态各组织、机构积极参与工作的生理、心理变化，这种应激可以反映体能训练者的基本运动素质能力和运动基础。

体能训练的过程，就是运动者有机体对负荷的应激和适应过程，人体对运动负荷的适应能力的不断提高主要是通过各种运动应激刺激（主要是运动负荷）作用于运动者的有机体，在有机体适应运动负荷的过程中，没有相应的应激，就不会促进有机体运动适应能力的不断提高，也就不可能实现有机体对负荷的应激水平的不断提高，也就不会实现既定的体能训练效果。

由此来看，有机体对训练负荷的应激是训练的重要前提，并贯穿在体能训练的整个过程之中。

（二）训练负荷的极限性

体能训练是一项艰苦的工作，其原因就在于，身体需要不断地适应新的、大的运动负荷，来提高运动者机体对训练负荷的适应力。

体能训练过程中，人体运动能力的提高是人体适应能力的提高，训练要求最大限度地发挥人体机能的潜力。只有能承受高水平的负荷的能力才能达到高水平的体能素质水平。

训练者体能素质的不断提高实际就是运动员对负荷强度的承受能力，在运动者机体可承受的范围内，承受负荷强度的能力越高，体能素质就越强、运动成绩就越好，反之就越差。也就是说，训练中运动者如果不能承担大负荷乃至极限负荷的训练，就不可能改善和提高运动素质水平。

运动训练实践表明，在完成极限负荷时，要求机体充分发掘自身最大潜力，使相关的各器官系统机能达到最高水平。与无训练者相比，优秀运动者的生理功能水平高（表3-1），机能潜力大，表现出非凡的运动能力和对极限负荷的适应能力。

需要特别指出的是,在体能训练中,训练负荷的增加不是没有界限的,要根据机能适应规律,科学地加大负荷直至最大负荷。

表 3-1　训练效果生理指标评定值(以长跑为例)

测试组	最大摄氧量(毫升/分钟)	每搏输入量(毫升/搏)	心率(次/分钟)	动静脉氧差(毫升/分钟)	氧脉搏(毫升/搏)
无训练者	3276	120	195	140	16.8
长跑运动员	4473	156	185	155	24.2

二、体能训练负荷的科学控制

(一)运动负荷的本质

科学控制体能训练中的运动负荷,有助于良好体能训练效果的获得,要想科学控制训练中的运动负荷,就必须首先了解运动负荷的本质。

运动负荷是以身体练习为基本手段对有机体施加的训练刺激,机体对运动负荷的刺激反应包括生理和心理两个方面,运动负荷主要指生理负荷,在生理负荷刺激下,机体的各器官系统的机能状态产生相应的变化,主要表现为耐受、疲劳、恢复、超量恢复和消退等机能变化(图 3-1)。

体能训练过程中,运动负荷越大,刺激强度则越大,机体的反应也越大。

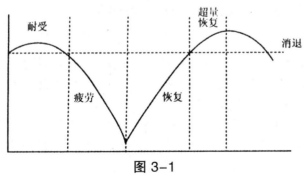

图 3-1

(二)训练负荷指标测评

1. 脉搏

脉搏是表现人体运动状态的重要生理指标,一般的,正常成年人在安静状态下的脉搏大约是为 70 次 / 分钟,脉搏 60 ~ 100 次 / 分。低于最低限度(60 次 / 分钟)和高于最高限度(100 次 / 分钟)的情况也属于正常,前者称为窦性心动过缓,后者称为窦性心动过速。

体能训练实践表明,训练会对人体功能产生一系列的变化,但及时进行最大运动负荷也应在 2 ~ 3 天内恢复。检查身体是否恢复,最简单的方法就是测量晨脉和血压。若运动负荷适宜,晨脉变化不超过正常的 3 ~ 4 次 / 分钟。

2. 心率

心率是心脏每分钟搏动的次数,指心脏周期性机械活动的频率,以次 / 分表示。安静状态下,正常健康成人的安静心率为 60 ~ 90 次 / 分钟。运动员的安静心率一般为 45 ~ 80 次 / 分钟。

有专家认为,心率达到本人最高心率的 65% ~ 85% 时,运动负荷最合理,训练效果也最佳,计算公式如下。

最大运动心率 = 220 − 心率

合理运动负荷上限 = 最大运动心率 × 85%

合理运动负荷下限 = 最大运动心率 × 65%

例如,以一名 20 岁的运动员为例,其最大运动心率为:

220-20 = 200 次 / 分

其合理的运动负荷上限为 200 × 85%=170 次 / 分钟

其合理的运动负荷下限为 200 × 65%=130 次 / 分钟

通过计算可知,这名训练者在运动训练过程中,心率范围应保持在 130 ~ 170 次 / 分钟,才能获得最佳的训练效果。

3. 血压

血压,是体循环动脉血压的简称,可分为收缩压和舒张压,是反映运动者技能状态及疲劳程度的重要指标。一般来说,正常成人的血压的变化幅度应在 10 毫米汞柱以内。

体能训练期间,如果运动者在训练后的几日内,脉搏和血压持续地上升,则说明运动负荷偏大,容易产生过度疲劳。应对当前的体能训练中的运动负荷进行适当的调整(减少负荷量、降低负荷强度)。

4. 心电图

心电图是记录心肌发生电激动的图形,临床上通常会采用这一方法检查心脏疾病。通过心电图检测,可以对运动员的机能状况进行了解。

体能训练期间,如果发现运动者心电图中有窦性心动过缓的特征,则说明运动量和运动负荷过大,即训练过度。

（三）训练负荷的一般科学控制方法

了解了体能训练中,运动负荷的本质和负荷测评之后,就可以清楚把握运动者在体能训练过程中的具体负荷情况,根据运动者的负荷反映的实际情况,可有针对性地对负荷进行科学调控。

首先,科学控制运动负荷,应遵从体能负荷的基本程序,一般来说,无论是哪个阶段,何种水平的体能训练,其训练过程基本结构实际上是由运动者分析、训练目标确定、训练方案设计、训练实施、训练监督、训练效果评定等基本因素组成。其中,每项基本因素又包括多个子因素,教练员或指导员应掌握某一训练内容方面的具体"工艺"手段,掌握科学控制运动训练进程的"工程"方法,确保训练过程的顺利进行,即在整个训练过程中,运动者对训练负荷的适应是合理的,能够保证整个训练过程的顺利完成。

其次,应针对体能训练过程中,运动者不适应的情况及时观察,并有针对性地指出调控方法。当前,运动训练负荷控制理论为运动训练过程的科学控制提供了具有重大意义的应用手段。其中,应用较为广泛的主要有模式训练法、程序训练法、模拟训练法和人—机辅助训练法,这些方法都可以作为体能训练中对运动负荷进行科学调控的具体控制方法。

（四）特殊群体的体能负荷科学控制

1. 青少年体能训练负荷的科学控制

从人体生长发育和发展的客观规律来看,青少年的身体各方面机能和系统尚未发育成熟。因此,对运动训练负荷的控制应与成人、运动员等的运动训练负荷有所区别。

具体来说,青少年的体能训练中,训练负荷重量要轻些,运动量要小些,要稍低于成年人,运动训练时间不宜过长。

2. 女性月经期训练负荷的科学调控

研究表明,女性在月经期间从事合理的运动训练是有益的。实践证实,科学的经期训练可以改善女性机能状态,改善生殖器官的血液供应,并能对子宫有按摩作用,利于经血排除和减轻不适。因此,女性在月经期间是可以参与运动训练的,但应合理控制训练负荷,以免造成身体不适。

女性运动者在月经期间的运动训练负荷科学安排与调控应注意以下几点。

（1）月经来潮前，一般在月经前一周开始，要逐渐减少运动负荷。

（2）月经期内，要维持相对较小的运动负荷。

（3）月经后期，要逐渐增大运动负荷，月经后一周达到相对最大的负荷，并维持一段时间后进入正常的体能训练。

第四节　体能训练计划的制定

一、体能训练计划制定的依据

（一）体能训练的训练目标

体能训练的训练目标是体能训练计划制定的最基本的依据。

训练计划的制定必须要有一个明确的训练目标，如果没有训练目标，则计划的制定是不具有可参考与实施性的。因此，在制定训练计划之前，一定要首先明确体能训练的训练目标，在制定体能训练计划时，要对这些体能训练目标加以充分考虑，根据训练目标合理安排计划的各项内容。

（二）人体发展的客观规律

人是参与体能训练的主体，训练计划的科学制定旨在促进人的各项体能素质的提高。因此，训练计划制定应围绕"人"开展，计划内容应符合人体发展的客观规律。

人体发展的客观规律是训练计划制定的基本依据，它对运动训练效果能够产生明显的影响。只有对这一规律加以合理掌握，在体能训练中就能够制定出符合运动训练实际的训练计划，由此科学制定的训练计划有助于促使运动者的训练效果的提高。

（三）体能训练的训练规律

所有事物都具有其各自的发展规律，体能训练中，人有其自身的生长发育等客观规律，运动训练本身也具有客观规律的存在，训练计划制定应充分考虑这些客观规律。

1. 体能发展的周期性

众所周知，体能训练需要持续进行才能收到良好的训练效果，这是因为体能素质的发展有一个适应、渐变和发展的过程，这一过程并不会因训练者的主观意识而改变。

具体来说,在体能训练中,运动者身体素质的发展和运动能力的提升,会体现出非常明显的周期性特点,其整个发展过程主要分为三个阶段,形成、保持和消失。因此,在制定体能训练计划的过程中,要注意结合这些规律来对各个阶段的训练内容和训练负荷加以合理安排,从而更好地有助于运动者一般和专项体能素质的获得与不断发展。

2. 运动负荷的基本规律

运动负荷科学安排是运动训练良好效果获得的重要基础,运动负荷对人体的客观影响也具有一定的规律性特征。体能训练期间,根据在承受相应负荷时人体的有限性和无限性规律以及各个能量物质和竞技能力在承受各个不同训练负荷之后的不同时间的恢复规律,来对训练负荷安排的节奏进行合理的控制,从而确保大负荷训练得到科学实施,如此才能有效提高运动者的运动负荷的能力,才能促进其体能素质的持续提高。

3. 运动专项训练规律

前文已经提到,体能训练应与专项特点相适应,而不同的运动专项对体能素质要求不同,不同专项技术中体能素质的实现和表现方式也不同,体能训练计划的科学制定应充分考虑运动者所从事的专项特征的要求和一般规律。

体能训练过程中,只有采用与该项运动相符合的训练方式,才能更好地实现和提高该项运动的水平。不同体育项目在动作方法和动作的具体要求方面都是非常专业的。因此,在制定具体的体能训练计划的过程中,要充分考虑和遵循身体运动基础、技术、能量代谢和运动负荷、比赛等的相关规律来对具体的训练内容的要求,进而合理安排。

(四)运动者的实际情况

不同运动者之间的客观差异性决定了体能训练计划应与运动者的实际情况相符,应因人而异。

体能训练计划的制定过程中,对运动者的具体实际状态和个人特点加以考虑。运动者通常将这些主观依据作为参与相关训练活动的出发点,同时这些也是进一步提高运动者运动能力的基础。

一方面,要以运动者的个人特点作为基础,使制定的训练计划具有有效性和可接受性。只有如此,才能使运动者的个体化训练需求得到最大程度的满足,才有助于促使体能训练的效果的最大化。

另一方面,训练计划的制定要与运动者的具体实际状态相符,与个人特点的稳定性相比,运动者的实际状态(训练态度、进度、发展程度等)更加多变。这就要求在制定以促使运动者体能发展、运动能力等具体变化了的因素为依据科学制定与调整训练计划。

(五)客观训练环境与条件

体能训练是一个复杂、动态变化的过程,它受到很多因素的影响。其中,客观训练环境与条件是影响体能训练的重要因素,因此,在制定训练计划过程中,应充分考虑这些外因,并据此制定相应的训练计划。

体能训练客观训练环境与条件能够为运动者参与体能训练活动提供必要的物质基础,主要包括运动器材、运动场地、气温、运动设备、仪器、训练地点、人力、经费等。

就体能训练的整个过程来说,外部环境与条件是所有体育运动训练所必须具备的重要因素,它能够为各类体育运动训练提供适宜的平台和场所,是体能训练所不能缺少的重要组成部分。

对于运动者来说,在不同的训练条件下进行训练,所获得的训练效果也存在较大的不同。这就要求我们在对体能训练计划加以制定的过程中,要将日常训练中所使用的训练器材和场地以及正式比赛中的主客观条件作为重要的参考依据,加以充分考虑。

二、体能训练计划制定的原则

(一)目的性原则

训练应有目的性,目的性原则是体能训练计划制定的基本原则。具体来说,在开始训练之前,要明确此次体能训练的目的,只有使目的得到明确,才能使运动者更加积极、自觉地参与练习,这样能够促使运动者更加自觉地参与并坚持训练参与和付出,以获得更为理想的训练效果。

(二)全面性原则

体能素质包括多个素质构成要素,体能训练应有助于运动者各项体能素质的全面发展,训练计划制定应体现出体能素质训练的全面性。

此外,人体各项体能素质的发展具有一定的相关性,对于人的身体素质和各个机能来说,两者之间是相互促进、相互依存、彼此联系的,正因如此,所制定的体能训练计划具有全面性和系统性,以更好地促使人体得到全面发展。

（三）针对性原则

针对性是体能训练计划制定的一个重要原则之一,具体来说,应针对不同的训练目标、训练者、训练环境与条件等制定训练计划。因为只有体能训练计划具有针对性,才能使用科学的训练方法和训练理论来对训练者进行科学指导,促使预期训练目标和效果的实现。

体能训练计划的针对性要求按照事先制定好的科学的训练计划来进行训练,这样才能更好地促使运动者的体能素质的发展。

就运动者个体差异来说,由于理解能力和身体素质方面存在一定的差异,这就使得运动者的训练计划要根据其个人特点进行制定,如同医生给病人开药方要根据病人的具体病理和病情制定一样,体能训练计划的制定也要具有针对性、因人而异。

（四）科学性原则

科学性原则是体能训练计划制定的基础性原则,这对于训练计划来说是一个非常基本的要求。

训练实践表明,只有采用科学的训练以及合理营养,再加上良好的生活习惯,才能更好地、顺利地实现所设定的训练目标,也才能达到提高人的身体素质、增强体质。

而如果训练计划的制定不科学,不仅不会促进运动者体能素质的发展,还有可能对运动者的身心造成伤害。

（五）操作性原则

体能训练计划对训练实践具有指导作用,训练计划应具有操作性,否则再美好的计划都只会成为空谈。

在制定体能训练计划时,遵循可操作性原则,具体要求计划制定者既要对运动者的生理和心理特点加以充分考虑,同时也要注重相关环境因素,从而更好地确保训练计划得到更好实施。具体应做到以下几点。

（1）训练时间合适。制定训练计划,必须要确保运动者能够在固定的时间内参与训练,要考虑运动者的训练时间问题。

（2）训练符合个人特点。例如,对于业余训练者来说,其训练计划要适当增加一些趣味性,同时也要严格对训练时间加以控制。如果训练时间过长,就会造成业余训练者体能不足,甚至透支,在训练中很容易出现伤病情况。

（3）科学安排训练进程,训练量要按照从小到大的顺序进行安排,技术动作也要先从简单的开始,然后逐步增加难度,在对基础动作进行掌握并熟练的基础上,再不断增加难度。

（4）充分考虑客观外因。场地能够为训练的顺利实施提供重要保证,这就需要训练计划制定者在制定计划时要考虑场地、器材、天气、气候等因素。

（六）实效性原则

体能训练计划要与运动者当前的各个方面特点和实际情况相符合,从而促使其能够通过参与相应的运动训练,切实提高体能素质。这就是体能训练计划制定的实效性原则。

（七）调整性原则

体能训练是一个动态变化过程,而训练计划制定在训练实践开始之前,计划只是一种预期,不可能考虑到未来体能训练实践中的所有情况和照顾到所有可变化因素,因此,训练计划应留有余地,可调整。

具体来说,其训练计划并不是始终不变化的。而是随着运动者能力水平的不断提高,训练计划也要做出适当的调整。要根据相关人员所反馈的信息来对训练计划进行调整。

运动者在参与体能训练实践时,随着训练的深入,整个训练是一个从量变的不断积累,转变为质变的过程,身体能够在此过程中对负荷进行不断适应,当人体在训练过程中接收到相应的训练刺激之后,便会在生理方面产生相应的适应性变化,在对单个动作进行逐步掌握之后,当积累到一定的程度,运动者的自身能力便会得到相应的提升,身体机能便能够得到进一步发展。计划应根据运动者的发展情况予以调整,使之始终符合运动者当前状态。

三、各项体能训练计划的具体制定

（一）体能训练多年计划的制定

多年训练计划的训练目标关系到运动员的整个成材过程,因此应统筹安排、整体规划。

1. 多年训练计划的任务

促进运动者身体素质发展,使之具备参与各运动专项的专项素质能力得到充分发展与全面提高。

2. 多年训练计划的内容

多年训练计划的内容应包括以下几个方面。

（1）训练目的。

（2）各个年度的具体训练任务。

（3）训练对象的基本情况。全面、系统分析运动员基础情况，以为具体多年训练计划的制定提供必需的信息和依据。

（4）要根据多年训练的任务来对各个年度的训练任务加以确定，在确定过程中，要对运动员的生长发育和年龄特点加以考虑。

（5）各个年度运动训练负荷的具体安排以及身体和技术训练的安排。

（6）训练任务完成的相关措施及注意事项。

3. 多年训练计划的阶段划分

（1）全面训练阶段（8—12岁）：培养儿童对相关运动的兴趣，促进发育，增强体质，发展基本运动素质，学习多种活动技能。

（2）基础训练阶段（13—14岁）：全面发展身体素质，促进发育，打好运动素质基础。

（3）初级训练阶段（15—17岁）：进一步全面发展各专项身体素质，提高专项素质，进行初期专项训练。

（4）专项提高阶段（18—19岁）：继续加强全面身体训练，同时注重进一步提高专项素质。

（5）高级专项训练阶段（20岁以上）：强化各专项素质和专项能力，充分挖掘潜力，促进运动者身体素质的最大化发展。

在各阶段的训练中，科学控制一般训练、专项训练比例，随着训练的深入，一般训练的比例应该逐渐减少，专项训练训练的比例应逐渐提高（表3-2）。

表3-2　运动训练计划各阶段训练内容比例

	一般身体训练	专项身体训练
基础训练阶段	60%	20%
初级训练阶段	40%	30%
专项训练阶段	30%	35%
高级训练阶段	20%	40%

（二）体能训练年度计划的制定

1. 年度训练计划的任务

年度的训练计划的总任务是通过本年度的训练安排提高运动者的体能素质，使之达到能从事专项运动训练的基本身体素质指标。

2. 年度训练计划周期安排

（1）单周期：全年训练安排一个完整的大周期，准备期、基础阶段、提高期的时间几乎相当，一般在 4 ~ 6 个月。

（2）双周期：全年训练按两个完整的大周期组织实施，它包含准备时期、比赛时期、过渡时期各两个，是一种常用的年度安排模式。就目前全年训练计划的类型来看，双周期全年训练计划较为常用。

（3）多周期：全年训练计划的周期为 3 个或以上，通常来说，这种多周期运动训练需要运动员利用3 ~ 4 个月的时间有效提高实战比赛能力。当前，3 周期的训练模式在训练实践中较少使用。

3. 年度训练计划表的编排

年度训练计划可用文字叙述，亦可用图表表述，一般来说，后者应用较为广泛，以运动员为例，具体如表 3-3 所示。

表 3-3　年度训练总体规划表

项目：	运动员：		性别：		年龄：		训练年限：
训练任务：							
类别		运动员现实状态		年度训练的目标			
素质							
时期		准备期		比赛期		过渡期	
负荷变化总趋势							
主要手段及负荷要求							
恢复措施							
检查评定							

（三）体能训练周计划的制定

1.周训练计划的任务

结合不同训练周的训练目标,目标不同,任务不同。

（1）基本训练周,通过科学安排负荷引起新的生物适应现象,促进运动者体能素质的进一步发展与提高。

（2）比赛周:使运动员在比赛前和比赛中达到最佳竞技状态。并进行最后的调整训练和参加比赛、创造优异成绩奠定基础。

（3）恢复周:通过训练内容调整及负荷量的降低促进运动者积极性休息。

2.周训练计划的内容

周训练计划的内容主要包括确定具体的训练任务、训练时间和训练次数以及各个训练课的具体任务,根据各个训练课选择相应的训练方法和训练手段,确定训练强度和运动量等。

3.周训练计划表的编排

周训练计划安排用表见表3-4。

表3-4　周训练计划安排

时间：　　年　　月　　日 ~　　年　　月　　日			周次：	
训练阶段：			训练类型：	
主要任务：				
星期	任务	内容手段	负荷	恢复措施
周一				
周二				
周三				
周四				
周五				
小结				

（四）体能训练课时计划的制定

1.体能训练课的任务

依据周训练计划中所规定的具体的训练任务和确定的训练方法等,

同时结合运动者当日的身体和心理技能情况、器材和场地、气候条件等具体实际来确定具体的训练课的目标与任务。

2. 体能训练课的结构

（1）准备部分：通过丰富的训练手段与内容，提高运动者的训练积极性，使运动者进入良好的训练状态，调动生理机能，从安静状态逐步进入运动状态，并为之后的一系列训练奠定良好的基础。

（2）基本部分：结合具体的训练项目、运动者体能发展的阶段，科学安排本次体能训练课的内容，并合理安排一般和专项运动素质的比例。具体的课的内容差异较大，作为周、年度、阶段训练的组成部分，训练课应承上启下，为总的训练目标和任务的实现服务。

（3）结束部分：通过训练活动的开展促进运动者身心的积极性休息，使运动者从运动状态逐渐过渡到安静状态。

3. 课训练计划表的编排

课训练计划安排用表见表 3-5 所示。

表 3-5　课训练计划安排

训练课的总任务：					
阶段	训练手段	训练时间	负荷量、强度	组织形式	场地器材
准备活动					
基本练习					
恢复措施					
小结					

第五节　体能训练的运动处方

一、运动处方的概念

所谓运动处方，具体是指针对个人的身体状况而制定的一种科学的、定量化的周期性锻炼计划。

参照运动处方的概念，体能训练的运动处方，可以理解为，其是根据对运动者所测试的实验数据，按其身体健康状况、体力情况、训练目的，用处方的形式制定的运动者的体能训练的具体指导性方案。

二、运动处方的要素

（一）运动目的

运动处方的运动目的即根据运动者的身体情况确定目标,通常来说,运动处方的直接目的是发展体能素质,增强体质,提高运动效率;间接目标是发展与运动专项相符的体能素质,提高运动竞技能力。

（二）运动处方内容

体能训练的运动处方应涉及运动者的各项体能素质的发展,因此,在具体的运动种类方面应包括力量、速度、耐力、柔韧、灵敏、弹跳等内容,这里重点分析以下几项内容。

1. 力量素质训练

运动者的力量素质训练,包括最大力量、爆发力、抗阻力量素质的训练。其中,抗阻力量训练是以增强力量、改变形体为主的运动,通常借助于各种运动训练器材,如哑铃、壶铃、杠铃、弹簧、橡皮筋等进行的多种形式的健身器械运动,以发展和提高力量素质。

2. 速度素质训练

运动者的速度素质训练,具体可通过各种起跑、跑的练习进行,针对身体各部分的动作速度,可以结合具体的运动专项技术动作练习进行。

3. 耐力素质训练

运动者的有氧耐力素质的训练。有氧耐力素质训练,训练的目的在于改善和提高人体的有氧工作能力及机体的耐受力。这类训练内容有多种形式的步行走(漫步、散步、竞走等)、各种形式的跑步(慢跑、健身跑、走跑交替、跑步机上跑步等)、骑自行车、健身操、健美操、武术以及多种形式的体育舞蹈和各种球类运动等。

4. 柔韧素质训练

运动者的柔韧素质训练,目的在于改善运动者的身体柔韧性。这类训练内容主要有健美操、韵律操、医疗器械体操以及各种形式的养生气功等。

（三）运动强度与运动量

运动强度是指人体运动中单位时间移动的距离或速度。运动量是指运动者体能训练负荷的运动的大小。运动强度的科学安排直接关系到运动处方是否科学有效。适宜的运动量与运动强度是制定和执行运动处方的关键。

体能训练中,通常用靶心率来控制运动负荷强度是最简单易行的方法。一般来说,确定靶心率的方法有两种:取最大心率(220 — 年龄)的70% ~ 85%;或取负荷强度50% ~ 70%最大吸氧量时的心率。

体能训练中,多采用生理强度来测定运动者的运动量。运动量的大小判断具体如下。

（1）小强度的运动量:运动者的心率约在120次/分钟。

（2）中等强度的运动量:运动者的心率约在150次/分钟。

（3）大强度或极限强度的运动量:运动者的心率约在180 ~ 200次/分钟。

对于一般体能训练运动者而言(非运动员),运动负荷强度和运动负荷量以中等运动强度为主。

（四）运动时间

运动时间是指持续参与体能训练的时间。

体能训练的运动处方中,运动时间应综合考虑运动目的、运动项目、运动强度、运动量、运动者自身情况后决定。

（五）运动次数

运动次数是指运动者每周参与体育锻炼的次数(运动频度)。运动次数与运动效果具有密切的关系。

对于一般正常人来说,每周参与体能训练的次数为3 ~ 4次或隔日锻炼为佳。如能每日都坚持体能训练最好,但并不是说运动次数越多越好,应与运动者的实际情况相符,确保下次训练开始时身体处于积极的状态,不能在过度疲劳的情况下持续开展体能训练。

对于运动员来说,运动次数可稍微多些,但也应与运动员的训练目的、专项特点、比赛安排等相结合。

三、体能训练运动处方的制定

（一）制定程序

制定运动处方的基本程序如图 3-2 所示。其中,运动者病史及健康、运动情况调查是制定体能训练的运动处方的第一步,这是制定运动处方的重要前提,在制定运动处方的过程中,应充分考虑体力、性别和年龄等因素。

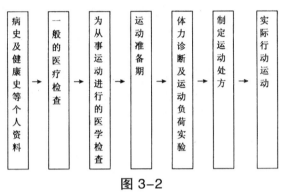

图 3-2

（二）重点要素安排

1. 运动强度

运动强度是执行运动处方的主要措施之一。运动强度的制定可参考与运动者体能训练效果相关的各种生理指标,如运动时的心率、吸氧量占最大吸氧量的百分比等(表 3-6)。

表 3-6 常用体能训练运动强度指标

强度	占最大吸氧量的百分比	心率（次·分钟）				
		20—29 岁	30—39 岁	40—49 岁	50—59 岁	60 岁以上
较大	80 ~ 70	165 ~ 150	160 ~ 145	150 ~ 140	145 ~ 135	135 ~ 125
较小	60 ~ 50	135 ~ 125	135 ~ 120	130 ~ 115	125 ~ 110	120 ~ 110
小	40	110	110	105	100	100

2. 运动时间

在体能训练的运动处方制定过程中,运动强度和运动时间是决定运动负荷的两个重要因素,运动强度确定后,可结合运动强度来进一步确定运动时间。

一般来说,运动强度与运动时间二者呈反比例关系,即运动强度大时,训练时间应较短;相反,运动强度小时,训练时间可稍长一些。

3. 运动频度

运动频度即每日或每周运动的次数。一般每日或隔日运动一次,一般体能训练者的运动处方制定,每周应参与 3 次体能训练。

（三）运动处方的监控

运动处方制定好之后,对于运动者来说,并没有真正完成工作,还应对运动者的运动处方实施过程中的运动安全、卫生、医务等工作进行必要的提示和指导。

科学的处方监督工作有助于确保运动处方各项内容的顺利进行,同时在保证运动者身心健康的基础上,有效提高和促进其体能发展。具体的监督工作可由运动者和医务工作者共同执行完成。

1. 自我监督

运动处方实施过程中,运动者通过自主观察健康状况和身体功能状态,来判断运动处方的内容、进度是否科学有效和适宜。具体来说,观察的内容应包括主观感觉（心情、睡眠、食欲、排汗量等）和简单的客观检查（运动后脉搏、晨起脉搏、体重、运动效果等）。

2. 医务监督

专业运动员,以及有较严重疾病的患者的体能训练的运动处方实施,必须在有医生指导或有医务监督的条件下进行。例如,专业运动员的运动处方实施应避免职业性运动伤病的出现,运动训练过程中应加强预防并在伤病出现后及时就医处理;心脏病人实施运动处方时,应具有心电监测条件和抢救条件。

第四章 田径体能训练指导

田径运动是涉及人的多种基础性运动能力的项目,其体能和技能训练的方法也经常被引用于其他项目的运动训练之中。田径运动对运动者的体能素质具有较高的要求,不同的田径运动项目对运动者的体能要求不同。本章主要对不同田径运动项目的体能训练进行了研究。

第一节 走跑类项目体能训练

一、竞走运动体能训练

(一)竞走力量素质训练

1. 直膝训练

(1)直膝大步走:左腿直膝向前迈步,以足踵滚动着地至前脚掌。当身体重心前移超过支撑点的垂直部位时开始后蹬。在后蹬即将结束瞬间,右腿直膝向前迈步,两腿交替前进。在脚着地至离地之前,膝关节不能弯曲;髋沿身体纵轴转动,两臂自然前后摆动。

(2)体前屈直膝大步走:上体前屈与地面平行,左腿直膝向前迈步,以足踵滚动着地至前脚掌。当身体重心前移超过支撑点的垂直部位时开始后蹬。在后蹬即将结束瞬间,右腿直膝向前迈步,两腿交替前进。在脚着地至离地之前,膝关节不能弯曲;髋沿身体纵轴转动,两手协同分别触足内侧。

2. 下肢训练

(1)踝屈伸跳:双腿直膝跳起后足尖翘起,反复练习。双腿直膝跳起和落地。

(2)沙地竞走:在沙地中进行一定距离或规定时间的竞走。两臂自然配合摆动,着地瞬间保持直膝;脚跟着地后迅速滚动至前脚掌,充分后蹬。

3.髋部训练

(1)髋左右上下动:站在30厘米的高台上,一条腿支撑,另一条腿悬空。悬空腿屈膝上提,使该侧髋高于支撑腿一侧的髋。然后下垂到最低点,低于支撑腿一侧的髋。两腿交替进行训练。

(2)原地转髋跳:原地跳起,在空中快速左右转动髋部。保证髋的水平转动,逐步提高跳起的高度和转髋的次数。

(二)速度素质训练

(1)越野跑:越野跑1小时,跑的速度可以适当变化,心率控制在150~170次/分钟左右。

(2)下坡走:下坡走60米练习15组;"蛇"形走60米练习20组;标志高频走100米练习10组。

(3)前交叉步走:前交叉步走80米练习10组;间歇走200米练习10组;重复走800米练习3组,10米跑练习3组。

(4)小步高频走:小步高频走60米练习10组;"8"字竞走15分钟(直径约6米);上下坡竞走20组;弯道竞走20组,"S"形竞走10组(每隔3~5米做一个标志物),100米为1组,共进行3组;变频变速竞走20圈,每隔50米放一个标志物,练习者进行变换频率与速度,竞走400米练习6组。

(5)体前屈竞走:体前屈竞走15分钟,沿直线走60米练习10组。

(6)沙衣负重走:沙衣负重走5000米;竞走1200米练习5组。

(7)仰卧交叉摆腿:仰卧交叉摆腿送髋20分钟;行进间转髋交叉竞走20分钟;100米练习6组。

(8)胫骨前肌练习:胫骨前肌练习100次练习10组。

(9)正反向圆周竞走:正反向圆周竞走,直径为10米的圆,走时随着身体重心的变化,调整动作的幅度和转髋方向。

(10)竞走专项训练:竞走4000米练习3组,间歇3分钟;1200米练习2组;2000米练习3组,间歇5分钟;匀增速走5000米,再慢跑400米,然后走400米练习6~10组,间歇3分钟。

(三)耐力素质

(1)水中大步走或快走:选择一个水池,深度在30~40厘米之间,进行大步走或快速走的练习,每组练习走 100 ~ 150 步或 200 ~ 300 米,组间间歇 5 分钟,共练习 4 ~ 5 组。训练强度控制在 50% ~ 55%。

（2）大步走或交叉步走:在场地、公路或其他自然环境中,进行大步快走或交叉步走的练习,也可在练习过程中进行几种走交替练习。每组练习走 1000 米左右,组间间歇 3 ~ 4 分钟,共练习 4 ~ 6 组,训练强度控制在 40% ~ 50%。

（3）定时走:训练环境选择同上,要求按规定时间做自然走或者稍快些自然走。练习半个小时左右,训练强度控制在 40% ~ 50%。

（4）沙地竞走:选择在海滩沙地上进行竞走的练习,每组走 500 ~ 1000 米,组间间歇 3 分钟,共练习 4 ~ 5 组,训练强度控制在 55% ~ 60%。

（5）沙地负重走或连续走:选择沙地作为训练环境,进行负重（杠铃杆或背人）走或徒手快走的练习。训练过程中负重走每组 200 米,徒手快走每组 400 ~ 800 米,组间间歇 3 分钟,共练习 5 ~ 7 组。心率控制在 160 次 / 分钟以下,训练强度控制在 45% ~ 60%。

（6）竞走追逐:两人在跑道上前后站立,两人之间保持 10 米的距离,听口令开始进行竞走的练习,要求后者追赶前者,要按照竞走技术标准的要求进行练习。要求练习过程中均不能犯规,每组走 400 ~ 600 米,每组结束后放松慢跑 2 分钟,共练习 4 ~ 6 组,训练强度控制在 50% ~ 60%。

二、短距离跑项目体能训练

（一）力量训练

短距离跑运动最为关键的就是速度,而力量则是速度的基础。进行体能训练时,应注重力量素质的训练,这是其重要的体能基础。短跑运动有其独特之处,其起跑阶段和其后的加速主要依靠最大肌肉力量和爆发力。在途中跑时主要依靠肌肉的爆发力。而在最后冲刺时,需要依靠肌肉耐力。在进行力量训练时,应注重符合短跑运动肌肉力量的要求。对于短跑运动而言,下肢力量训练是其最为重要的方面之一,但是上肢力量和腰腹力量的训练也不能忽视。下面对一些常用的力量训练方法进行分析。

1. 上肢力量

（1）徒手最快频率摆臂练习,10 ~ 15 秒为 1 组,共进行 5 ~ 6 组。

（2）引体向上练习,15 ~ 20 次为 1 组,共进行 5 ~ 6 组。

（3）双杠曲臂伸练习，15～20 次为 1 组，共进行 5～6 组。

（4）靠墙倒立练习，30～60 秒为 1 组，共进行 3～4 组。

（5）倒立走 15～20 米为 1 组，共进行 4～5 组。

（6）快速立卧撑练习，20～30 次为 1 组，共进行 5～6 组。

（7）爬杆或爬绳练习，每次爬 10～15 米高，共进行 4～5 组。

（8）进行手持器械摆臂练习。手持器械 1～1.5 千克，进行最快频率摆臂练习，8～10 秒为 1 组，进行 5～6 组；手持器械 2～2.5 千克，进行两手侧平举上下摆臂（两手直臂前后绕环）练习，15～20 次为 1 组，共进行 5～6 组；手持器械 5～10 千克，进行快速上举（提拉），10～20 次为 1 组，共进行 5～6 组。

（9）快速平推杠铃 10～15 千克，15～20 次为 1 组，共进行 5～6 组。

（10）快速提拉杠铃 30～40 千克，10～15 次为 1 组，共进行 5～6 组。

（11）快速卧推杠铃 30～40 千克，高翻杠铃 50～70 千克等练习，5～10 次为 1 组，共进行 5～6 组。

（12）快速挺举杠铃 25～30 千克，快速抓举杠铃 20～25 千克等练习，15～20 次为 1 组，共进行 4～5 组。

（13）直臂快速后拉橡皮筋，直臂快速前拉橡皮筋，橡皮筋牵引快速摆臂，直臂快速内曲牵引橡皮筋等练习，20～30 次为 1 组，共进行 5～6 组。

2. 腰腹力量

（1）仰卧起坐，斜板仰卧起坐或侧起等练习，30～40 次为 1 组，共进行 5～6 组。

（2）仰卧（左、右）侧起练习，20～30 次为 1 组，共进行 5～6 组。

（3）悬垂举腿，悬垂直腿绕环等练习，10～20 次为 1 组，共进行 3～4 组（直膝举平，速度快）。

（4）仰卧两头起，俯卧背翘等练习，10～15 次为 1 组，共进行 4～5 组（幅度大，速度快）。

（5）仰卧快速屈腿练习 15～20 次为 1 组，共进行 4～6 组（上体固定，双腿直膝，可同时或交替前举。

3. 下肢力量

（1）原地高抬腿 20～30 秒为 1 组，共进行 4～5 组。

（2）原地纵跳摸高 30～50 次为 1 组，共进行 4～5 组（提肩、拔腰、顶头，速度快）。

（3）立定跳远、立定三级跳远、立定十级跳远各进行 10～15 次。

（4）蛙跳 10～20 级为 1 组，共进行 4～6 组（腾空高，步幅大）。

（5）单腿上下台阶跳,双腿上下台阶跳,斜上斜下台阶跳等练习, 10～20级为1组,共进行4～6组。

（6）单足跳20～50米为1组,共进行3～4组(腾空高,步幅大)。

（7）双足交换跳50～80米为1组,共进行3～4组(腾空高,步幅大)。

（8）单腿或双腿跳深(高50～80厘米)10～15次为1组,共进行4～6组。

（9）台阶双腿交换蹬伸跳(高40～50厘米)30～40次为1组,共进行4～6组(提肩、拔腰、顶头、腿蹬伸,重心高,双臂同时摆动协调配合)。

（10）绑沙护腿(或穿沙背心)原地纵跳摸高20～30次为1组,共进行4～5组(提肩、拔腰、顶头)。

（11）绑负2～3千克沙护腿立定跳远、立定三级跳远、立定十级跳远各进行10～15次。

（12）绑负2～3千克沙护腿,进行单足跳,双足交换跳等练习, 20～50米为1组,共进行3～4组。

（13）背负4～6千克沙背心,进行台阶跳,蛙跳等练习,10～20级为1组,共进行4～6组。

（14）背负4～6千克沙背心快速直膝跳30秒为1组,共进行3～4组(踝关节发力,双臂同时摆动协调配合,速度快)。

（15）脚拉橡皮筋快速屈膝前摆,脚拉橡皮筋快速直膝前摆,脚拉橡皮筋快速直膝后摆等练习,20～30次为1组,共进行每条腿4～6组(髋和大腿发力,速度快)。

（16）肩负60～80千克杠铃练习(深蹲、半蹲、1/3蹲)4～6次为1组,共进行4～5组(慢蹲快起可提踵)。

（17）肩负10～20千克杠铃高抬腿跑30～50米为1组,共进行4～5组(腿抬平,重心高,速度快)。

（18）绑负2～3千克沙护腿加速跑30～50米为1组,共进行4～5组。

（19）拖重物10～20千克(轮胎、壶铃或铁球)加速跑30～80米为1组,共进行4～5组。

（20）橡皮筋牵引平跑30～80米为1组,共进行4～5组(同伴帮助拉橡皮筋)。

（21）橡皮筋牵引上坡跑30～50米为1组,共进行4～5组(同伴帮助拉橡皮筋)。

（22）负重10～15千克上坡跑,60～80米为1组,共进行4～6组。

（二）速度训练

对于短跑运动而言,运动员所需要的速度素质训练包括反应速度、加速度和最高速度。发展速度素质最为重要的是对肌肉力量和肌肉收缩速率进行训练和发展。其训练方法如下。

1. 提高反应速度和加速跑能力的练习

（1）原地快踏步跑 10 秒＋加速跑 20 ~ 30 米为 1 组,共进行 3 ~ 5 组(上体放松,前脚掌着地,频率快)。

（2）原地快速高抬腿 10 秒＋加速跑 20 ~ 30 米为 1 组,共进行 3 ~ 5 组。

（3）听信号快速摆臂 10 秒为 1 组,共进行 3 ~ 5 组。

（4）听信号快速转身跑 10 ~ 20 米,5 ~ 10 次为 1 组,共进行 3 ~ 5 组。

（5）听信号仰卧快速高抬腿,仰卧快速车轮跑等练习,5 ~ 10 次为 1 组,共进行 3 ~ 5 组。

（6）听信号变方向跑 10 ~ 20 米:5 ~ 10 次为 1 组,共进行 3 ~ 5 组。

（7）连续对号追逐跑 100 ~ 150 米为 1 组,共进行 3 ~ 5 组。

（8）快频率碎步跑 30 ~ 40 米为 1 组,共进行 3 ~ 4 组。

（9）听信号蹲踞式起跑 10 ~ 20 米为 1 组,共进行 5 ~ 6 组。

（10）进行加速跑,让距跑,追赶跑等练习,30 ~ 60 米为 1 组,共进行 3 ~ 5 组。

（11）上坡高抬腿 10 米＋上坡加速跑 20 ~ 30 米为 1 组,共进行 3 ~ 5 组。

（12）蹲踞式起跑＋起跑后的加速跑 30 ~ 60 米为 1 组,共进行 5 ~ 6 组。

（13）节奏跑 40 ~ 60 米为 1 组,共进行 5 ~ 6 组。

（14）放松大步跑 60 ~ 120 米为 1 组,共进行 4 ~ 6 组(重心高,富有弹性,全身放松)。

（15）沙地让距跑,沙地追赶跑等练习,50 ~ 80 米为 1 组,共进行 3 ~ 5 组。

（16）水中高抬腿跑 30 ~ 40 米为 1 组,共进行 5 ~ 6 组(水深齐膝关节)。

（17）水中车轮跑 30 ~ 40 米为 1 组,共进行 5 ~ 6 组(水深齐膝关节)。

2. 提高最大速度跑能力的练习

（1）短距离组合跑(20 米＋40 米＋60 米＋80 米＋100 米＋80 米＋

60米＋40米＋20米),共进行2～3组。

(2)短距离组合跑(30米＋60米＋80米＋120米＋80米＋60米＋30米),共进行2～3组。

(3)牵引变速跑80～120米(20米快速跑＋20米慢速跑＋20米快速跑＋……),共进行3～4组。

(4)上坡反复跑40～60米为1组,共进行4～6组。

(5)负重快跑30～60米为1组,共进行6～8组(重量因人而异)。

(6)行进间计时跑100米为1组,共进行4～6组。

(三)速度耐力训练

速度耐力对于短跑运动员具有重要的意义。速度耐力较高,则运动员能够以较高速度跑完全程。表4-1显示了2008年北京奥运会上,博尔特的100米短跑成绩分析。由表可知,博尔特能够保持其最高速度到最后10米,而在最后阶段,他明显故意放慢了自己的脚步,由此可知其保持最高速度能力之强。

表4-1　博尔特2008年奥运会100米短跑中的分段成绩

距离（米）	用时（秒）	间隔时间（秒）	速度（千米/时）
10	1.85	1.85	19.4
20	2.87	1.02	35.3
30	3.78	0.91	39.6
40	4.65	0.87	41.4
50	5.50	0.85	42.4
60	6.32	0.82	43.9
70	7.14	0.82	43.9
80	7.96	0.82	43.9
90	8.79	0.83	43.4
100	9.69	0.90	40.0

速度耐力训练时,应注重不断提高无氧糖酵解代谢能力和肌体抗酸能力,以及加强神经系统抗疲劳能力。速度耐力训练常采用的方法与手段如下。

(1)不同距离、不同强度的间歇跑(表4-2)。

表4-2 不同距离、不同强度的间歇跑训练

距离/米	强度/%	间歇跑次数	练习组数	间歇跑休息时间/分钟	组建休息时间/分钟	每次开始练习心率/（次/分钟）
60	90～95	4～6	4～6	0.5～1	3～5	120
100	85～90	5～6	3～4	1～1.5	6～8	120
150	80～90	4～5	3～4	2～3	7～9	120
200	80～90	3～5	3～4	2～4	8～12	120
300	80～90	2～4	2～3	2～5	10～15	120
600	75～85	2～3	2～4	4～6	15～18	120

（2）短距离变速跑（60米快速跑＋60米慢速跑＋60米快速跑＋60米慢速跑）6～8次为1组，共进行2～3组。

（3）较短距离变速跑（100米快速跑＋100米慢速跑＋100米快速跑＋100米慢速跑）3～4次为1组，共进行2～3组。

（4）不同距离变速跑（200米快速跑＋100米慢速跑＋100米冲刺跑）3～4次为1组，共进行2～3组。

（5）不同距离变速跑（500米快速跑＋200米慢速跑＋80米冲刺跑）3～4次为1组，共进行1～2组。

（6）不同距离组合跑（100米＋200米＋300米＋400米＋500米），共进行2～3组。

（7）反复跑250～300米为1组，共进行3～5组。

（8）长距离反复跑450～600米为1组，共进行3～5组。

（9）较长距离的蛙跳80～120米为1组，共进行3～4组。

（10）较长距离的后蹬跑150～300米为1组，共进行3～4组。

（四）柔韧性和运动协调能力训练

短距离跑运动员的柔韧素质主要是下肢、腰背、肩带等部位的柔韧性，通过柔韧性练习，能够使得动作更准确、协调。进行柔韧性和运动协调能力训练的主要方法与手段如下。

（1）做压肩、转肩、拉肩等各种练习各进行10～20次。

（2）半背弓桥、全背弓桥10～20次为1组，共进行3～4组。

（3）弓箭步左右转体走20～30米为1组，共进行3～5组。

（4）跪撑坐慢后倒练习，进行10～20次（双腿并拢，脚背绷直）。

（5）坐地屈膝双脚内收练习，共进行10～20次（双手抱脚用力向内

上拉）。

（6）靠物（肋木）正压腿、侧压腿、后压腿等练习，各进行 10 ~ 20 次。

（7）仰卧，肩肘倒立，直腿前后、左右分腿摆动 10 ~ 20 次为 1 组，共进行 2 ~ 3 组（幅度大，速度快）。

（8）仰卧，肩肘倒立，左右转髋 10 ~ 20 次为 1 组，共进行 2 ~ 3 组。

（9）手扶肋木，单腿左右连续绕过栏架 10 ~ 20 次为 1 组，共进行 2 ~ 3 组。

（10）俯卧双手拉踝关节成"反弓"练习 10 ~ 20 次。

（11）行进中正踢腿、侧踢腿练习，各进行 10 ~ 20 次（直腿，幅度大）。

三、中长距离跑项目体能训练

（一）身体素质训练

中长距离跑运动员的身体练习应全面、系统，根据训练水平和项目的不同，进行专门训练。其身体素质训练方法如下。

（1）利用短跑的部分柔韧性训练方法与手段进行柔韧性训练。

（2）利用短跑的部分运动协调能力训练方法与手段进行运动协调能力训练。

（3）各种攀爬（攀岩、攀绳、爬杆等）练习各 20 ~ 30 次。

（4）肋木悬垂举腿绕环 20 ~ 30 次为 1 组，共进行 2 ~ 3 组（双腿同时上举，幅度大）。

（5）手持器械 1 ~ 1.5 千克，最快频率摆臂 8 ~ 10 秒为 1 组，进行 5 ~ 6 组。

（6）俯卧撑推手击掌 10 ~ 20 次为 1 组，共进行 4 ~ 5 组。

（7）前抛实心球（或铅球），后抛实心球（或铅球）等练习，20 ~ 30 次。

（8）各种轻重量的杠铃负荷（前屈、侧屈、转体等）练习各 20 ~ 30 次为 1 组，共进行 3 ~ 5 组。

（9）各种轻重量的杠铃负荷（平推、卧推、提拉、挺举、抓举、弯举、上推等）练习各 20 ~ 30 次为 1 组，共进行 3 ~ 5 组。

（10）仰卧起坐 80 ~ 100 个为 1 组，共进行 2 ~ 3 组。

（11）仰卧两头起 50 ~ 80 个为 1 组，共进行 2 ~ 3 组。

（12）俯卧两头起 30 ~ 60 个为 1 组，共进行 2 ~ 3 组。

（13）肋木悬垂举腿 30 ~ 60 次为 1 组，共进行 2 ~ 3 组（双腿同时或交替上举，幅度大）。

（14）跨步跳,后蹬跑等练习,200～300米为1组,共进行4～5组（步幅大,腾空高）。

（15）二十级蛙跳,进行4～5组。

（16）反复跳深（高低—高—低……）练习20～30次为1组,共进行4～6组。

（17）各种轻重量的杠铃负荷（深蹲跳、半蹲跳、交换跳、弓箭步跳等）练习各20～30次为1组,共进行3～5组。

（18）30～100米跑的专门练习（加速跑、起跑、"蛇"形跑、行进间跑等）各进行3～5组。

（19）上下台阶反复跑100～200米为1组,共进行3～5组。

（二）一般耐力训练

一般耐力是中长跑专项耐力的重要基础。通过进行一般耐力训练,能够促进运动员内脏功能和有氧代谢能力的增强,对于其意志品质的培养也具有积极的意义。一般耐力训练时,要随着训练水平的提高而逐渐提高训练大强度和训练量。其训练方法如下。

（1）匀速跑60～80米+加速跑20～40米为1组,共进行6～8组。

（2）中等速度反复跑100～200米为1组,共进行6～8组。

（3）匀速跑600～1 200米。

（4）变速跑800～1 200米（直道快、弯道慢）。

（5）加速跑100～150米为1组,共进行6～8组。

（6）重复跑200～300米为1组,共进行6～8组。

（7）反复跑400～600米为1组,共进行3～4组。

（8）规定距离跑1 000～2 000米。

（9）梯形跑（200米＋400米＋600米＋800米＋600米＋400米＋200米）练习,共进行3～4组。

（10）梯形跑（400米＋600米＋800米＋1 000米＋800米＋600米＋400米）练习,共进行3～4组。

（11）越野跑10～20千米。

（12）沙滩跑10～20千米。

（13）水中跑30～60分钟。

（三）专项耐力训练

专项耐力对于长跑运动尤为重要。专项耐力训练与一般耐力训练主要在训练的距离、时间、间歇时间、重复次数等方面不同。不同项目的训练手段不同。一般专项耐力的训练方法有持续跑、间歇跑、重复跑、法特莱克跑、变速跑、等距离跑、超等距离跑、较长距离的大强度越野跑、计时跑等。

（1）持续跑训练（表4-3）。持续跑训练需要在长时间内没有间歇地练习跑。根据训练需要来调整训练的相关环节。

表4-3　持续跑训练参照表

练习目的	持续时间/分钟	强度	心率（次/分钟）
调整、恢复体力	30 ~ 50	低强度	120 ~ 150
提高有氧耐力	50 ~ 90	中低强度	150 ~ 180
提高承受大负荷能力	90 ~ 120	低、中等强度	120 ~ 150 ~ 180
提高力量耐力	不能再做为止	低、中等强度	120 ~ 150 ~ 180

（2）间歇跑训练。即要求运动员在未得到完全恢复的情况下进行下一次训练的方法，其一般将心率恢复到120 ~ 130次/分钟的时间作为间歇时间。这一训练可参考表4-4所示。运动水平不同，间歇时间不同。各个不同专项的不同段落间歇跑的间歇时间见表4-5。

表4-4　不同类型的间歇跑练习参考

练习目的	练习时间	练习强度	间歇时间	重复次数
提高有氧耐力	8 ~ 15分钟	低强度	长	较少
提高无氧耐力	8秒 ~ 2分钟	最高强度或高强度	短	多
提高混合耐力	2 ~ 8分钟	中等强度	中	中
提高专项耐力	8秒 ~ 15分钟	高强度	短、中、长	少、中、多
提高力量耐力	8秒 ~ 15分钟	中等强度	短、中、长	多

表4-5　不同段落间歇跑的间歇时间参考

跑的距离 ＼ 专项间歇时间	800米	1500米	3000米	5000米
100米	30 ~ 30秒	30 ~ 35秒	20 ~ 25秒	15 ~ 20秒
200米	1 ~ 1.5分钟	45 ~ 60秒	45 ~ 50秒	30 ~ 45秒
300米	2 ~ 3分钟	1.5 ~ 2.5分钟	1 ~ 2分钟	1 ~ 1.5分钟
400米	3 ~ 4分钟	2 ~ 3分钟	1.5 ~ 2.5分钟	1.5 ~ 2分钟

跑的距离 \ 专项间歇时间	800 米	1500 米	3000 米	5000 米
500 米		2.5 ~ 3.5 分钟	2 ~ 3 分钟	1.5 ~ 2.5 分钟
600 米		4 ~ 5 分钟	3 ~ 4 分钟	2 ~ 3 分钟
1 000 米			5 ~ 7 分钟	4 ~ 6 分钟
1 200 米				7 ~ 9 分钟

（3）重复跑训练。重复跑训练是按照制定好的强度进行训练的方法。重复跑练习各个练习段落一般短于专项距离,如 800 米运动员可进行 400 ~ 600 米为主的训练;当采用超长距离训练时,其超过的距离也不宜过长,一般超过几百米即可。重复跑训练时,一般每组进行 4 ~ 5 次练习,组间休息 10 ~ 20 分钟,进行多组练习。

（4）越野跑训练。在野外环境下进行一定速度的持续跑训练,给心肺以更大的负荷。

四、跨栏跑运动体能训练

（一）力量训练

跨栏跑运动不仅要求运动员具有良好的腿部力量,对其腰、腹、背部肌肉力量也有较高要求。在跨栏跑运动员进行力量训练时,既要重视发展伸肌群力量,又要重视发展屈肌群力量。常采用的方法与手段如下。

1. 下肢力量

（1）立定三级、五级、十级跳各进行 15 ~ 20 次。

（2）10 ~ 15 级跨跳练习,进行 4 ~ 6 组。

（3）跨步跳 60 ~ 80 米为 1 组,共进行 3 ~ 5 组(步幅大,腾空高)。

（4）蛙跳 20 ~ 30 米为 1 组,共进行 3 ~ 5 组(步幅大,腾空高)。

（5）20 ~ 30 级双脚上下台阶跳,进行 4 ~ 6 组。

（6）双腿连续跳栏架 5 ~ 10 栏(栏高 50 ~ 80 厘米),3 ~ 5 次为 1 组,共进行 3 ~ 4 组。

（7）单腿连续跳栏架 5 ~ 10 栏(栏高 50 厘米),3 ~ 5 次为 1 组,共进行 3 ~ 4 组。

（8）单腿跳深（高40～60厘米），双腿跳深（高50～80厘米）等训练，10～15次为1组，共进行4～6组。

（9）双腿交换跳80～120米为1组，共进行5～6组（腾空高，膝触胸）。

（10）原地收腹跳，行进间收腹跳等练习，30～50次为1组，进行4～5组（腾空高，双膝触胸）。

（11）原地前后分腿跳30～50次为1组，共进行4～5组（腾空高，步幅大）。

（12）绑沙护腿（或穿沙背心）原地分腿跳30～50次为1组，共进行4～5组（腾空高，双手摸脚尖）。

（13）绑沙护腿（或穿沙背心）原地收腹跳20～30次为1组，共进行4～5组（腾空高，双膝触胸）。

（14）绑负2～3千克沙护腿（或穿沙背心）跨步跳30～60米为1组，共进行3～4组。

（15）绑负2～3千克沙护腿（或穿沙背心）后蹬跑40～80米为1组，共进行3～4组。

（16）绑负2～3千克沙护腿单足跳20～50米为1组，共进行3～4组（腾空高，膝触胸）。

（17）绑负2～3千克沙护腿双足交换跳40～60米为1组，共进行3～4组（腾空高，膝触胸）。

（18）背负4～6千克沙背心，进行10～20级双腿台阶跳，10～20级单腿台阶跳，10～20级蛙跳，左右横跨屈伸跳等练习，每项练习进行4～6组。

（19）进行肩负10～15千克杠铃弓箭步交换跳，肩负20～30千克杠铃原地直体跳等练习，10～15次为1组，进行5～6组。

（20）肩负20～30千克杠铃弓箭步走20～30米为1组，共进行5～6组（步幅大，前绷后弓）。

（21）手持5～10千克壶铃台阶蹬伸跳（台阶高50厘米左右）15～30米为1组，共进行5～6组。

（22）手持10～20千克壶铃半蹲跳20～40米为1组，共进行5～6组（速度快）。

（23）负杠铃（深蹲、半蹲、1/3蹲）60～80千克，4～6次为1组，共进行5～7组。

（24）进行脚拉橡皮筋摆动腿快速攻摆，脚拉橡皮筋起跨腿快速提拉，俯卧脚拉橡皮筋快速屈小腿等练习，20～30次为1组，共进行4～6组。

2. 上肢力量

（1）进行双杠支撑摆动,双杠曲臂伸,引体向上,俯卧撑击掌,立卧撑等练习,20 ~ 30 次为 1 组,共进行 4 ~ 6 组。

（2）进行爬杆、爬绳练习,10 ~ 15 米高,进行 4 ~ 5 次。

（3）进行直臂快速前拉橡皮筋,橡皮筋牵引快速摆臂等练习,20 ~ 30 次为 1 组,共进行 5 ~ 6 组。

3. 腰腹力量

（1）仰卧两头起 10 ~ 15 次为 1 组,共进行 4 ~ 5 组（速度快,双手摸脚尖）。

（2）俯卧转体背翘 10 ~ 15 次为 1 组,共进行 4 ~ 5 组（双手抱头,左右转体,速度快）。

（3）仰卧快速屈腿 15 ~ 20 次为 1 组,共进行 4 ~ 6 组（上体固定,双腿直膝,可同时或交替前举。同伴帮助推脚尖,以加快速度）。

（4）仰卧侧起 20 ~ 30 次为 1 组,共进行 5 ~ 6 组（双手抱头,固定下肢,速度快）。

（5）仰卧左右快速转动起 20 ~ 30 次为 1 组,共进行 5 ~ 6 组（双手抱头,固定下肢,速度快）。

（6）俯卧双手抱头做背翘练习 20 ~ 30 次为 1 组,共进行 4 ~ 6 组（固定下肢、速度快）。

（7）仰卧快速前后、左右分腿 15 ~ 20 次为 1 组,共进行 4 ~ 6 组（上体固定,双腿直膝,速度快）。

（8）负重 40 ~ 60 千克,进行体前屈,左右转体等练习,15 ~ 20 次为 1 组,共进行 5 ~ 6 组。

（二）速度训练

跨栏跑运动对于速度训练主要是为了提高运动员过栏动作速度以及栏间跑速度,并发展其两者相结合的能力。速度训练的手段和方法如下。

（1）放松大步跑 60 ~ 80 米为 1 组,共进行 4 ~ 6 组。

（2）行进间计时跑 60 ~ 80 米为 1 组,共进行 4 ~ 6 组。

（3）加速跑 40 ~ 60 米为 1 组,共进行 3 ~ 5 组。

（4）高抬腿跑 40 ~ 60 米为 1 组,共进行 3 ~ 5 组。

（5）踩标志点跑 60 ~ 80 米为 1 组,共进行 4 ~ 6 组。

（6）栏间三步摆动腿栏侧过栏,每组 5 ~ 10 栏,共进行 4 ~ 6 组。

（7）扶肋木或墙壁快速支撑高抬腿跑 20 ~ 30 秒为 1 组,共进行 4 ~ 6

组(速度快、腿蹬伸)。

(8)面对墙壁做快速摆动腿攻栏动作 20 ～ 30 次为 1 组,共进行 4 ～ 6 组。

(9)站于栏侧(栏架横放或竖放)做栏上起跨腿快速提拉着地动作 20 ～ 30 次为 1 组,共进行 4 ～ 6 组。

(10)栏间三步起跨腿栏侧过栏,每组 5 ～ 10 栏,共进行 4 ～ 6 组。

(11)站立式或蹲踞式起跑过第一栏,练习 10 ～ 15 次。

(12)缩短栏间距,降低栏架高度跨 5 ～ 10 栏,共进行 4 ～ 6 组。

(13)上坡跨 3 ～ 6 栏,共进行 4 ～ 6 组。

(三)速度耐力训练

跨栏跑的速度耐力训练与短距离跑的速度耐力训练相似,但是其也有自身的特点。其训练方法如下。

(1)重复跑 80 ～ 120 米为 1 组,共进行 3 ～ 5 组。

(2)较短距离变速跑(100 米快速跑＋100 米慢速跑＋100 米快速跑＋100 米慢速跑)练习,3 ～ 4 次为 1 组,共进行 2 ～ 3 组。

(3)不同距离变速跑(200 米快速跑＋100 米慢速跑＋100 米冲刺跑)练习,3 ～ 4 次为 1 组,共进行 2 ～ 3 组。

(4)不同距离变速跑(300 米快速跑＋200 米慢速跑＋80 米冲刺跑)练习,3 ～ 4 次为 1 组,共进行 1 ～ 2 组。

(5)不同距离组合跑(150 米＋100 米＋60 米＋100 米＋150 米)练习,共进行 2 ～ 3 组。

(6)不同距离组合跑(60 米＋100 米＋150 米＋100 米＋60 米)练习,共进行 2 ～ 3 组。

(7)加速跑 30 ～ 50 米＋跨 3 ～ 5 栏练习,进行 4 ～ 6 组。

(8)跨 10 ～ 12 栏＋30 ～ 50 米平跑练习,进行 3 ～ 5 组。

(9)跨 5 ～ 8 栏＋30 ～ 50 米平跑＋跨 4 ～ 6 栏练习,共进行 3 ～ 5 组。

(10)不同距离变速跑(300 米快速跑＋200 米慢速跑＋200 米冲刺跑)练习,3 ～ 4 次为 1 组,共进行 2 ～ 3 组。

(11)不同距离组合跑(400 米＋300 米＋200 米＋200 米＋300 米＋400 米)练习,共进行 2 ～ 3 组。

(12)反复 400 米全程跨栏跑练习,进行 3 ～ 5 组。

(13)100 米平跑＋200 米跨栏跑(过 5 个栏)练习,进行 3 ～ 5 组。

(14)200 米跨栏跑(过 5 个栏)＋300 米平跑练习,进行 3 ～ 5 组。

(15)300 米跨栏跑(过 8 个栏)＋100 米平跑练习,进行 3 ～ 5 组。

（16）400米跨栏跑（过 10 个栏）＋ 100 米平跑练习,共进行 3 ～ 5 组。

（四）柔韧性训练

柔韧性对跨栏运动员有着特殊的意义,特别是下肢、髋关节、腰腹等的伸展性和灵活性对过栏技术尤为重要。在进行柔韧性训练时,应针对项目特点,选择在动作结构上相似的柔韧性练习。

（1）结合力量练习改造肌肉伸展性的练习。进行前后抛实心球,坐姿负重体前屈,负重大幅度弓箭步交换跳,高单杠悬垂大幅度摆动等练习。

（2）结合过栏技术发展柔韧性。进行跨栏步坐姿两人拉手前、后、左、右倒体,面向肋木或墙壁反复起跨腿提拉,摆动腿栏侧过三重栏架（摆在一起）攻栏等练习。

（3）原地前、后、左、右压腿或摆腿。

（4）行进间的前、后、左、右压腿或摆腿。

（5）进行各种踢腿练习（向前踢、向内交叉踢、向外顺步踢、向内绕环踢、向外绕环踢等）。

（6）双手支撑大幅度摆腿、压腿、劈叉、下腰。

第二节　跳跃类项目体能训练

一、跳远运动体能训练

（一）力量训练

跳远运动的力量训练注重力量与速度的结合,其主要是训练腿部的支撑力量和爆发力,以及下肢和腰腹的协调用力。跳远运动员的力量训练方法如下。

1. 上肢力量

（1）徒手跳远摆臂 10 ～ 20 次为 1 组,共进行 5 ～ 6 组。

（2）手持 1 ～ 1.5 千克哑铃等重物跳远摆臂 10 ～ 20 次为 1 组,共进行 5 ～ 6 组。

（3）立卧撑 20 ～ 30 次为 1 组,共进行 5 ～ 6 组（速度快,起身站立时跳起）。

（4）引体向上 20 ~ 30 个为 1 组,共进行 5 ~ 6 组。

（5）双杠屈臂伸 20 ~ 30 个为 1 组,共进行 5 ~ 6 组。

（6）手持器械 2 ~ 3 千克,两手直臂前后绕环 15 ~ 20 次为 1 组,共进行 5 ~ 6 组。

（7）手持器械 5 ~ 10 千克,进行快速上举,快速提拉等练习, 10 ~ 20 次为 1 组,共进行 5 ~ 6 组。

（8）快速平推 10 ~ 15 千克杠铃,15 ~ 20 次为 1 组,共进行 5 ~ 6 组(下肢协调配合,双腿左右或前后开立跳跃)。

（9）快速提拉 30 ~ 40 千克杠铃,10 ~ 15 次为 1 组,共进行 5 ~ 6 组(提拉至胸,杠铃不落地)。

2. 腰腹力量

（1）进行双杠支撑摆腿,双杠支撑举腿等练习,20 ~ 30 次为 1 组,共进行 5 ~ 6 组。

（2）肩负 10 ~ 20 千克杠铃,进行体侧屈,体前屈,左右转体等运动, 15 ~ 20 次为 1 组,共进行 3 ~ 5 组。

（3）仰卧两头起 50 ~ 100 个为 1 组,共进行 2 ~ 3 组(直膝举腿,手摸脚尖)。

（4）背负 5 ~ 10 千克沙背心,原地收腹跳 20 ~ 30 次为 1 组,共进行 3 ~ 4 组(腾空高,双膝触胸)。

（5）原地分腿跳 30 ~ 50 次为 1 组,共进行 4 ~ 5 组。

（6）负重 40 ~ 60 千克,进行体前屈,左右转体等练习,15 ~ 20 次为 1 组,共进行 5 ~ 6 组。

3. 下肢力量

（1）进行仰卧屈膝脚拉橡皮筋,俯卧脚拉橡皮筋后屈小腿等练习, 20 ~ 30 次为 1 组,共进行 3 ~ 5 组(速度快,单脚或双脚同时拉)。

（2）仰卧脚蹬 20 ~ 30 千克杠铃,20 ~ 30 次为 1 组,共进行 3 ~ 5 组(单脚或双脚同时蹬)。

（3）蹲跳(踝关节发力)20 ~ 30 米为 1 组,共进行 3 ~ 5 组。

（4）脚拉橡皮筋屈伸踝关节 20 ~ 30 次为 1 组,共进行 3 ~ 5 组。

（5）站立直腿脚拉橡皮筋 20 ~ 30 次为 1 组,共进行 3 ~ 5 组(快速中完成)。

（6）台阶跳 20 ~ 40 级为 1 组,共进行 5 ~ 6 组。

（7）沙坑单足收腹跳 20 ~ 30 次为 1 组,共进行 3 ~ 5 组(高腾空,膝触胸)。

（8）绑沙护腿沙坑单足收腹跳 15 ～ 20 次为 1 组,共进行 3 ～ 5 组(高腾空,膝触胸)。

（9）穿沙背心沙坑单足收腹跳 20 ～ 30 次为 1 组,共进行 3 ～ 5 组(高腾空,膝触胸)。

（10）沙坑直膝纵跳 50 ～ 100 次为 1 组,共进行 4 ～ 5 组(踝关节发力)。

（11）穿沙背心、绑沙护腿沙坑直膝纵跳 50 ～ 100 次为 1 组,共进行 4 ～ 5 组(踝关节发力)。

（12）绑沙护腿台阶屈伸交换跳(高 50 ～ 80 厘米)15 ～ 20 次为 1 组,共进行 3 ～ 4 组。

（13）肩负 100 ～ 120 千克杠铃提踵起 10 ～ 20 次为 1 组,共进行 3 ～ 5 组。

（14）肩负 20 ～ 30 千克杠铃深蹲跳起 10 ～ 15 次为 1 组,共进行 3 ～ 5 组(强调蹲起的速度)。

（15）跑跳结合练习。50 米跑＋20 米跨步跳＋50 米跑＋20 米跨步跳,进行 2 ～ 3 组。

（16）双腿绑沙护腿连续腾空步 15 ～ 20 次为 1 组,共进行 3 ～ 5 组。

（二）速度训练

跳远运动员进行速度训练时,必须结合跳远的技术特点来进行训练。跳远运动员速度训练常采用的方法与手段如下。

（1）高抬腿跑 20 ～ 30 米＋加速跑 20 ～ 30 米,共进行 4 ～ 5 组。

（2）加速跑 20 ～ 30 米＋高抬腿跑 20 ～ 30 米,共进行 4 ～ 5 组。

（3）高抬腿跑 20 ～ 30 米＋后蹬跑 30 ～ 50 米组,共进行 4 ～ 5 组。

（4）下坡高抬腿跑 20 ～ 30 米＋下坡加速跑 20 ～ 30 米,共进行 4 ～ 5 组。

（5）反复跑 40 ～ 60 米为 1 组,共进行 5 ～ 8 组。

（6）变速跑 80 ～ 120 米(20 米快速跑＋20 米慢速跑＋20 米快速跑＋…),进行 6 ～ 8 组。

（7）大步幅弹性垫步跑 40 ～ 60 米为 1 组,共进行 6 ～ 8 组。

（8）并列同步加速跑 40 ～ 60 米为 1 组,共进行 6 ～ 8 组。

（三）柔韧性、协调性训练

（1）有支撑的前后、左右直腿振摆练习,10 ～ 20 次(幅度大)。

（2）各种穿绕杆、跨障碍跑练习,10 ～ 20 次。

（3）双杠上的各种支撑、回环练习30～60分钟(掌握平衡)。

（4）体操垫上连续做鱼跃前滚翻、后滚翻、头手倒立、前手翻等技巧练习60分钟以上。

（5）仰卧,肩肘倒立,双腿做绕环运动10～20次为1组,共进行2～3组(幅度大,速度快)。

（6）俯卧双手拉踝关节成"反弓"练习,10～20次。

二、跳高运动体能训练

（一）力量训练

提高运动的力量训练主要以动力性练习和退让性练习为主,还要重视对提高肌肉用力转换速度的训练,使速度和力量密切结合。常采用的方法与手段如下。

1. 上肢力量

（1）手持1～1.5千克哑铃等重物进行跳高摆臂10～20次为1组,共进行5～6组。

（2）器械体操(如单杠、双杠、吊环练习等)练习,20～30次。

（3）徒手快频率的摆臂8～10秒为1组,共进行5～6次。

（4）手持器械1～1.5千克以最快频率摆臂8～10秒为1组,共进行5～6次(站姿或坐姿)。

（5）俯卧撑推手击掌10～20次为1组,共进行4～5组。

（6）进行前抛实心球(或铅球),后抛实心球(或铅球)练习,20～30次。

（7）各种轻重量的杠铃负荷(平推、卧推、提拉、挺举、抓举、弯举、上推等)练习,20～30次为1组,进行3～5组。

（8）手持器械2～3千克,两手直臂前后绕环15～20次为1组,共进行5～6组。

2. 下肢力量

（1）摆动腿绑沙护腿进行跳高摆腿练习10～20次为1组,共进行5～6组。

（2）摆动腿拉橡皮筋进行跳高摆腿练习10～20次为1组,共进行5～6组。

（3）绑沙护腿进行不同距离的助跑起跳练习各10～20次为1组,

共进行 2 ~ 3 组。

（4）穿沙背心进行不同距离的助跑起跳练习各 10 ~ 20 次为 1 组，共进行 2 ~ 3 组。

（5）穿沙背心连续蛙跳 20 ~ 30 米为 1 组，共进行 3 ~ 5 组。

（6）双腿交换跳 60 ~ 80 米为 1 组，共进行 3 ~ 4 组（高腾空，膝触胸）。

（7）绑沙护腿双腿交换跳 60 ~ 80 米为 1 组，共进行 3 ~ 4 组（高腾空，膝触胸）。

（8）快速小步幅单足跳 20 ~ 30 米为 1 组，共进行 3 ~ 5 组。

（9）快速小步幅跨步跳 20 ~ 30 米为 1 组，共进行 3 ~ 5 组。

（10）肩负 5 ~ 10 千克杠铃弓箭步交换跳 15 ~ 20 次为 1 组，共进行 4 ~ 5 组（步幅大，交换速度快）。

（11）单腿或双腿跳深练习（高 50 ~ 80 厘米），进行 10 ~ 15 次。

（12）穿沙背心单腿或双腿跳深练习（高 50 ~ 80 厘米），进行 10 ~ 15 次。

（13）肩负 100 ~ 120 千克杠铃提踵起 10 ~ 20 次为 1 组，共进行 3 ~ 5 组。

（14）肩负 60 ~ 80 千克杠铃深蹲起 10 ~ 15 次为 1 组，共进行 3 ~ 5 组。

（15）肩负 40 ~ 60 千克杠铃半蹲跳起 10 ~ 15 次为 1 组，共进行 3 ~ 5 组。

（16）肩负 20 ~ 30 千克杠铃快速直膝跳 10 秒为 1 组，共进行 6 ~ 10 次。

3. 腰腹力量

（1）仰卧（左、右）侧起 20 ~ 30 次为 1 组，共进行 5 ~ 6 组（双手抱头，速度快）。

（2）肩负 40 ~ 60 千克杠铃左右转体 10 ~ 15 次为 1 组，共进行 3 ~ 5 组。

（3）仰卧起坐抛接实心球 3 ~ 5 千克，30 ~ 40 次为 1 组，共进行 5 ~ 6 组。

（4）仰卧两头起 10 ~ 15 次为 1 组，共进行 4 ~ 5 组（幅度大，速度快）。

（5）俯卧背翘 10 ~ 15 次为 1 组，共进行 4 ~ 5 组（双手背于背后或抱头）。

（6）行进间收腹跳 30 ~ 50 米为 1 组，共进行 4 ~ 5 组（腾空高，双膝触胸，摆臂协调配合）。

（7）仰卧快速屈腿 15～20 次为 1 组,共进行 4～6 组(上体固定,双腿直膝,可同时或交替前举)。

（8）肩负 40～60 千克杠铃体前屈体 10～15 次为 1 组,共进行 3～5 组。

（二）速度训练

跳高运动员的速度训练,除了采用发展速度的一般练习外,还必须结合跳高技术的特点进行专门练习。

（1）踩标志点的加速跑 30～60 米为 1 组,共进行 3～4 组。

（2）绑沙护腿踩上标志点的加速跑 30～60 米为 1 组,共进行 3～4 组。

（3）穿沙背心踩上标志点的加速跑 30～60 米为 1 组,共进行 3～4 组。

（4）各种跑的专门性练习(如小步跑、高抬腿跑、后蹬跑、车轮跑等)各 30～50 米为 1 组,共进行 4～5 组。

（5）踩标志点的放松大步跑 30～60 米为 1 组,共进行 3～4 组。

（6）斜坡弧线跑 30～60 米为 1 组,共进行 3～4 组。

（7）弯道加速跑 30～60 米为 1 组,共进行 3～4 组。

（8）不同半径(6～8 米)的圆圈跑 10～15 秒为 1 组,共进行 3～4 组。

（9）绑沙护腿节奏跑 30～50 米为 1 组,共进行 5～6 组。

（10）踩标志点直道 15～20 米加速跑＋弯道 15～20 米后蹬跑,练习 5～6 组。

（11）踩标志点直道 15～20 米放松大步跑＋弯道 15～20 米后蹬跑,练习 5～6 组。

（12）穿沙背心节奏跑 30～50 米为 1 组,共进行 5～6 组。

（13）直道 15～20 米加速跑＋弯道 15～20 米后蹬跑,练习 5～6 组。

（14）直道 15～20 米高抬腿跑＋弯道 15～20 米弹性跑,练习 5～6 组。

（三）灵敏性、协调性和柔韧性素质训练

跳高运动应注重运动员的控制和平衡能力、动作节奏感、定向能力、反应能力等。其灵敏性、协调性和柔韧性素质训练如下。

（1）利用器械或同伴帮助,做压肩、转肩、拉肩等各种练习各 10～20 次。

（2）半背弓桥、全背弓桥 10 ～ 20 次为 1 组，共进行 3 ～ 4 组（同伴帮助或扶墙）。

（3）仰卧，肩肘倒立，左右转髋，10 ～ 20 次为 1 组，共进行 2 ～ 3 组（幅度大，速度快）。

（4）仰卧，肩肘倒立，双腿绕环，10 ～ 20 次为 1 组，共进行 2 ～ 3 组（幅度大，速度快）。

（5）俯卧双手拉踝关节成"反弓"练习 ×10 ～ 20 次。

（6）单杠上的各种支撑、回环练习 30 ～ 60 分钟（掌握平衡）。

（7）双杠上的各种支撑、回环练习 30 ～ 60 分钟（掌握平衡）。

（8）体操垫上连续做鱼跃前滚翻、后滚翻、头手倒立、前手翻等技巧练习 60 分钟以上。

（9）仰卧，肩肘倒立，直腿前后、左右分腿摆动 10 ～ 20 次为 1 组，共进行 2 ～ 3 组（幅度大，速度快）。

（10）并腿坐，体前屈，手摸脚尖，头触膝，10 ～ 20 次。

（11）各种穿绕杆、跨障碍跑练习，10 ～ 20 次。

三、三级跳远运动体能训练

（一）力量训练

三级跳远时跑跳结合的运动项目，其技术动作相对较为复杂，需要运动员具有良好的下肢力量。同时也不应忽视其他方面的力量训练。常采用的方法与手段如下。

1. 上肢力量

（1）快速立卧撑 20 ～ 30 次为 1 组，共进行 5 ～ 6 组。

（2）单杠引体向上 20 ～ 30 个为 1 组，共进行 5 ～ 6 组。

（3）手握哑铃直臂大绕环 15 ～ 20 次为 1 组，共进行 3 ～ 5 组（快速中完成）。

（4）双臂直臂前摆拉橡皮筋 15 ～ 20 次为 1 组，共进行 3 ～ 5 组（快速中完成）。

（5）双臂直臂后摆拉橡皮筋 15 ～ 20 次为 1 组，共进行 3 ～ 5 组（快速中完成）。

（6）快速推举 20 ～ 30 千克杠铃 15 ～ 20 次为 1 组，共进行 3 ～ 5 组（可上推、斜推、平推）。

（7）快速高翻 50 ～ 60 千克杠铃 10 ～ 15 次为 1 组，共进行 3 ～ 5 组。

（8）前抛或后抛铅球（或实心球）20 ～ 30 次为 1 组,共进行 3 ～ 5 组。

2. 腰腹力量

（1）仰卧举腿 20 ～ 30 次为 1 组,共进行 5 ～ 6 组（直腿快速举起,同伴快速平推,以此加快速度）。

（2）仰斜卧（头朝下 45°）做仰卧起坐 20 ～ 30 个为 1 组,共进行 5 ～ 6 组（速度快）。

（3）俯卧鞍马,固定下肢做背翘练习,20 ～ 30 次为 1 组,共进行 5 ～ 6 组（双手抱头）。

（4）左、右侧抛甩 10 ～ 20 千克杠铃片 20 ～ 30 次为 1 组,共进行 3 ～ 5 组（腿部和腰腹发力）。

（5）肩负 10 ～ 20 千克杠铃左右转体 15 ～ 20 次为 1 组,共进行 3 ～ 5 组。

3. 下肢力量

（1）前脚掌支撑,脚跟悬空提踵 40 ～ 60 次为 1 组,共进行 3 ～ 5 组（在快速中完成）。

（2）肩负 80 ～ 100 千克杠铃提踵 10 ～ 15 次为 1 组,共进行 3 ～ 5 组（踝关节发力,逐渐加速）。

（3）蹲跳 20 ～ 30 米为 1 组,共进行 3 ～ 5 组（踝关节发力,强调腾起的速度和高度）。

（4）绑沙护腿速度型单足跳 40 ～ 60 米为 1 组,共进行 5 ～ 6 组（步幅小,腾空高,高频率）。

（5）肩负 60 ～ 80 千克杠铃深蹲起 10 ～ 15 次为 1 组,共进行 3 ～ 5 组（强调蹲起的速度）。

（6）前脚掌内侧支撑,左、右横跨跳 40 ～ 60 米为 1 组,共进行 5 ～ 6 组。

（7）穿沙背心前脚掌内侧支撑,左、右横跨跳跃 40 ～ 60 米为 1 组,共进行 5 ～ 6 组。

（8）绑沙护腿幅度型单足跳 40 ～ 60 米为 1 组,共进行 5 ～ 6 组（步幅大,腾空高,起跳腿在空中屈膝触胸向前跨）。

（9）双腿交换跳 50 ～ 80 米为 1 组,共进行 5 ～ 6 组（步幅大,腾空高,起跳腿在空中屈膝触胸向前跨）。

（10）穿沙背心（或绑沙护腿）双腿交换跳 50 ～ 80 米为 1 组,共进行 5 ～ 6 组（步幅大,腾空高）。

（11）单足跳接跨步跳 50 ~ 80 米（1 个单足跳＋1 个跨步跳＋1 个单足跳＋1 个跨步跳＋…），进行 5 ~ 6 组。

（12）跑跳结合练习（50 米跑＋20 米跨步跳＋50 米跑＋20 米跨步跳），进行 2 ~ 3 组。

（13）跳跃组合练习（10 米单足跳＋10 米跨跳＋10 米单足跳＋10 米跨跳），进行 2 ~ 3 组。

（二）速度训练

三级跳远要求运动员跑得放松、自然、协调，节奏感强，必须在 30 ~ 40 米内达到较高的速度。其速度素质的训练方法基本与跳远运动速度素质训练相同。具体如下。

（1）加速跑 30 ~ 40 米＋跨步跳 20 ~ 30 米，共进行 4 ~ 5 组。

（2）加速跑 30 ~ 40 米＋高抬腿跑 20 ~ 30 米，共进行 4 ~ 5 组。

（3）加速跑 30 ~ 40 米＋后蹬跑 40 ~ 60 米，共进行 4 ~ 5 组。

（4）高抬腿跑 20 ~ 30 米＋加速跑 20 ~ 30 米，共进行 4 ~ 5 组。

（5）站立式起跑＋起跑后的加速跑 30 ~ 60 米，共进行 4 ~ 5 组。

（6）变速跑 80 ~ 120 米（20 米快速跑＋20 米慢速跑＋20 米快速跑＋…）×6 ~ 8 组。

（7）大步幅弹性垫步跑 40 ~ 60 米为 1 组，共进行 6 ~ 8 组。

（8）跨低栏跑（3 ~ 5 栏，栏间跑 5 ~ 7 步），练习 8 ~ 10 次。

（9）并列同步加速跑 40 ~ 60 米为 1 组，共进行 6 ~ 8 组。

（三）柔韧性、协调性素质训练

进行柔韧性、协调性素质训练的主要方法与手段与跳高和跳远运动的相关训练相似。在此不再赘述。

第三节　投掷类项目体能训练

一、铅球运动体能训练

（一）力量训练

推铅球运动对运动员的速度爆发力具有较高的要求。因此，其力量训练安排在全年训练的各个时期。其力量训练的手段和方法如下。

1. 下肢力量

（1）肩负 60 ～ 80 千克杠铃深蹲起 10 ～ 15 次为 1 组，共进行 3 ～ 5 组。

（2）绑沙护腿多级蛙跳 20 ～ 30 米为 1 组，共进行 3 ～ 4 组。

（3）绑沙护腿多级跨跳 40 ～ 60 米为 1 组，共进行 3 ～ 4 组（步幅大，腾空高）。

（4）前脚掌内侧支撑，左、右横跨跳跃 40 ～ 60 米为 1 组，共进行 5 ～ 6 组（可在平地，也可在一定的坡度上进行）。

（5）绑沙护腿前脚掌内侧支撑，左、右横跨跳跃 40 ～ 60 米为 1 组，共进行 5 ～ 6 组（可在平地，也可在一定的坡度上进行）。

（6）穿沙背心前脚掌内侧支撑，左、右横跨跳跃 40 ～ 60 米为 1 组，共进行 5 ～ 6 组（可在平地，也可在一定的坡度上进行）。

（7）绑沙护腿前脚掌支撑.双腿交换向后跳跃 40 ～ 60 米为 1 组，共进行 5 ～ 6 组。

（8）绑沙护腿前脚掌支撑，双腿同时向后跳跃 40 ～ 60 米为 1 组，共进行 5 ～ 6 组。

（9）原地弓箭步交换跳 20 ～ 30 次为 1 组，共进行 5 ～ 6 组（步幅大，速度快，注意摆臂的协调配合）。

（10）肩负 20 ～ 30 千克杠铃原地弓箭步交换跳，20 ～ 30 次为 1 组，共进行 5 ～ 6 组。

2. 腰腹力量

（1）俯卧鞍马（或体操凳），固定下肢做背翘练习 20 ～ 30 次为 1 组，共进行 5 ～ 6 组（双手抱头）。

（2）侧卧鞍马（或体操凳），固定下肢做侧抬体练习 20 ～ 30 次为 1 组，共进行 5 ～ 6 组（双手抱头）。

（3）双手抱头转体仰卧起坐 20 ～ 30 次为 1 组，共进行 5 ～ 6 组（强调转体和抬体的速度）。

（4）肩负 10 ～ 20 千克杠铃左、右转体 15 ～ 20 次为 1 组，共进行 3 ～ 5 组（转体幅度大）。

（5）肩负 30 ～ 40 千克杠铃体前屈 15 ～ 20 次为 1 组，共进行 3 ～ 5 组（前屈幅度大，抬体快）。

（6）肩负 30 ～ 40 千克杠铃左、右体侧屈 15 ～ 20 次为 1 组，共进行 3 ～ 5 组。

（7）肩负 10 ～ 20 千克杠铃原地跳起空中左、右转体 15 ～ 20 次为 1

组,共进行 3 ~ 5 组。

（8）悬垂举腿 10 ~ 20 次为 1 组,共进行 5 ~ 6 组。

（9）悬垂直腿绕环 10 ~ 20 次为 1 组,共进行 4 ~ 5 组（双腿绕环的幅度要大）。

（10）仰斜卧（头朝下 45°）做仰卧起坐 20 ~ 30 个为 1 组,共进行 5 ~ 6 组（速度快）。

3. 上肢力量

（1）前抛铅球（或实心球）20 ~ 30 次为 1 组,共进行 5 ~ 6 组。

（2）后抛铅球（或实心球）20 ~ 30 次为 1 组,共进行 5 ~ 6 组。

（3）快速提拉杠铃至胸 50 ~ 60 千克,10 ~ 15 次为 1 组,共进行 5 ~ 6 组（杠铃不落地）。

（4）快速卧推杠铃 30 ~ 40 千克,5 ~ 10 次为 1 组,共进行 5 ~ 6 组。

（5）快速斜板推举杠铃 50 ~ 60 千克,5 ~ 10 次为 1 组,共进行 5 ~ 6 组。

（6）快速颈后推举杠铃 20 ~ 30 千克,10 ~ 20 次为 1 组,共进行 5 ~ 6 组。

（7）快速向前推离杠铃 20 ~ 30 千克,15 ~ 20 次为 1 组,共进行 5 ~ 6 组。

（8）左、右侧抛 10 ~ 20 千克杠铃片 20 ~ 30 次为 1 组,共进行 3 ~ 5 组（腿部发力左、右蹬转,尽量将杠铃片抛远）。

（9）左、右侧抛 10 ~ 20 千克壶铃 20 ~ 30 次为 1 组,共进行 3 ~ 5 组（腿部发力左、右蹬转,尽量将壶铃抛远）。

（10）肩负 50 ~ 60 千克杠铃左、右蹬转送髋 20 ~ 30 次为 1 组,共进行 3 ~ 5 组。

（11）腰系橡皮筋做左、右牵引蹬转送髋 20 ~ 30 次为 1 组,共进行 3 ~ 5 组。

（12）手持 1 ~ 2 千克哑铃直臂冲拳 20 ~ 30 次为 1 组,共进行 3 ~ 5 组（转体、送肩,速度快）。

（13）直臂冲拳打沙袋 20 ~ 30 次为 1 组,共进行 3 ~ 5 组（蹬地转髋、腰腹发力、转体、送肩,速度快）。

（14）单臂俯卧撑 10 ~ 20 个为 1 组,共进行 3 ~ 5 组。

（15）单手连续抓握铅球练习 20 ~ 30 次为 1 组,共进行 3 ~ 5 组（铅球不能掉地,抓握的速度快而敏捷）。

（16）单手快速推举 10 ~ 20 千克壶铃 20 ~ 30 次为 1 组,共进行 3 ~ 5 组。

（17）单手快速推举 10 ~ 20 千克杠铃 20 ~ 30 次为 1 组,共进行 3 ~ 5 组。

（18）手持(提)20 ~ 30 千克杠铃屈伸手腕练习 10 ~ 20 次为 1 组,共进行 3 ~ 5 组。

（19）快速转体推拉橡皮筋 20 ~ 30 次为 1 组,共进行 3 ~ 5 组(配合蹬地转髋动作)。

（20）半蹲向前平推 20 ~ 30 千克杠铃 20 ~ 30 次为 1 组,共进行 3 ~ 5 组(腿蹬伸,快速将杠铃推出)。

（二）速度训练

速度素质训练应与力量训练相结合,应注重运动员动作幅度、节奏、速率、用力时机及用力顺序等方面的训练。其训练方法和手段如下。

（1）各种跑的专门性练习(如小步跑、高抬腿跑、后蹬跑、车轮跑等)各 30 ~ 50 米为 1 组,共进行 4 ~ 5 组。

（2）垫步侧向推铅球练习,10 ~ 20 次(强调出手速度)。

（3）垫步背向推铅球练习,10 ~ 20 次(强调抬体、转肩、出手速度)。

（4）跳步侧向推铅球练习,10 ~ 20 次(强调出手速度)。

（5）跳步背向推铅球练习,10 ~ 20 次(强调蹬地、转髋、抬体、转肩、出手速度)。

（6）旋转 360° 推铅球,10 ~ 20 次(控制好身体平衡)。

（7）背向滑步推轻重量铅球(或实心球)练习,20 ~ 30 次(强调动作的连贯性)。

（8）侧向滑步推超重量铅球(或实心球)练习,20 ~ 30 次(强调动作的连贯性)。

（9）背向滑步推超重量铅球(或实心球)练习,20 ~ 30 次(体会用力顺序)。

（10）原地推超重量铅球(或实心球)练习,20 ~ 30 次(强调用力顺序)。

二、铁饼运动体能训练

（一）力量训练

铁饼运动员必须全面、均衡发展身体各方面的力量素质。其常采用的方法与手段如下。

1. 下肢力量

（1）前脚掌内侧支撑，左、右横跨跳跃 40 ~ 60 米为 1 组，共进行 5 ~ 6 组。

（2）绑沙护腿前脚掌内侧支撑，左、右横跨跳跃 40 ~ 60 米为 1 组，共进行 5 ~ 6 组。

（3）穿沙背心前脚掌内侧支撑，左、右横跨跳跃 40 ~ 60 米为 1 组，共进行 5 ~ 6 组。

（4）蹲跳 20 ~ 30 米为 1 组，共进行 3 ~ 5 组（踝关节发力，强调腾起的速度和高度）。

（5）左右蹲跳 20 ~ 30 米为 1 组，共进行 3 ~ 5 组（踝关节发力，强调左、右跨度）。

（6）手提壶铃（20 ~ 30 千克）蹲跳 20 ~ 30 米为 1 组，共进行 3 ~ 5 组（踝关节发力，强调腾起的速度和高度）。

（7）连续左右转体收腹跳 30 ~ 40 个为 1 组，共进行 4 ~ 5 组（转体角度至少 90°）。

（8）连续左右转体分腿跳 30 ~ 40 个为 1 组，共进行 4 ~ 5 组（转体角度至少 90°，手摸脚尖）。

（9）绑沙护腿连续左右转体收腹跳 20 ~ 30 个为 1 组，共进行 3 ~ 5 组（转体角度至少 90°）。

（10）穿沙背心连续左右转体分腿跳 30 ~ 40 个为 1 组，共进行 4 ~ 5 组（转体角度至少 90°，手摸脚尖）。

（11）穿沙背心转体"腾空飞脚"练习 30 ~ 40 个为 1 组，共进行 4 ~ 5 组。

（12）大步幅跨跳 50 ~ 80 米为 1 组，共进行 5 ~ 6 组（步幅大，腾空高，摆臂有力）。

（13）绑沙护腿大步幅跨跳 50 ~ 80 米为 1 组，共进行 5 ~ 6 组（步幅大，腾空高，摆臂有力）。

（14）肩负 100 ~ 120 千克杠铃提踵起 10 ~ 20 次为 1 组，共进行 3 ~ 5 组。

（15）肩负 20 ~ 30 千克杠铃深蹲跳起 10 ~ 15 次为 1 组，共进行 3 ~ 5 组（强调蹲起的速度）。

（16）肩负 60 ~ 80 千克杠铃深蹲起 10 ~ 15 次为 1 组，共进行 3 ~ 5 组（强调蹲起的速度）。

2. 腰腹力量

（1）坐在体操凳上肩负 10 ~ 20 千克杠铃左、右转体 15 ~ 20 次为 1 组，共进行 3 ~ 5 组（转体幅度大）。

（2）俯卧鞍马，固定下肢背翘 20 ~ 30 次为 1 组，共进行 5 ~ 6 组。

（3）侧卧鞍马，固定下肢侧抬体 20 ~ 30 次为 1 组，共进行 5 ~ 6 组。

（4）双手抱头转体仰卧起坐 20 ~ 30 次为 1 组，共进行 5 ~ 6 组（强调转体和抬体的速度）。

（5）上体前屈左右转体 20 ~ 30 次为 1 组，共进行 3 ~ 4 组（幅度大，速度快）。

（6）上体前屈，手持哑铃左右转体 20 ~ 30 次为 1 组，共进行 3 ~ 4 组（幅度大，速度快）。

（7）双手左、右侧抛 10 ~ 20 千克杠铃片 20 ~ 30 次为 1 组，共进行 3 ~ 5 组（腿部和腰腹发力左、右蹬转，尽量将杠铃片抛远）。

（8）仰斜卧做仰卧起坐 20 ~ 30 个为 1 组，共进行 5 ~ 6 组（速度快）。

（9）双手左、右侧抛 10 ~ 20 千克壶铃 20 ~ 30 次为 1 组，共进行 3 ~ 5 组（腿部和腰腹发力左、右蹬转，尽量将壶铃抛远）。

（10）单手左、右侧抛 10 ~ 20 千克壶铃 20 ~ 30 次为 1 组，共进行 3 ~ 5 组（腿部和腰腹发力左、右蹬转，尽量将壶铃抛远）。

（11）肩负 50 ~ 60 千克杠铃左、右蹬转体送髋 20 ~ 30 次为 1 组，共进行 3 ~ 5 组。

（12）腰系橡皮筋做左右牵引蹬转体送髋 20 ~ 30 次为 1 组，共进行 3 ~ 5 组。

（13）肩负 10 ~ 20 千克杠铃左右转体 15 ~ 20 次为 1 组，共进行 3 ~ 5 组（转体幅度大）。

（14）肩负 30 ~ 40 千克杠铃体前屈 15 ~ 20 次为 1 组，共进行 3 ~ 5 组（前屈幅度大，抬体要快）。

3. 上肢力量

（1）单臂俯卧撑 10 ~ 20 个为 1 组，共进行 3 ~ 5 组。

（2）单手快速推举 10 ~ 20 千克壶铃 20 ~ 30 次为 1 组，共进行 3 ~ 5 组。

（3）单手快速推举 10 ~ 20 千克杠铃 20 ~ 30 次为 1 组，共进行 3 ~ 5 组。

（4）手持（提）20～30千克杠铃屈伸手腕10～20次为1组，共进行3～5组。

（5）前抛铅球（或实心球）20～30次为1组，共进行5～6组。

（6）后抛铅球（或实心球）20～30次为1组，共进行5～6组。

（7）单杠引体向上20～30个为1组，共进行3～4组（速度快）。

（8）弓身屈臂提拉30～40千克杠铃20～30次为1组，共进行3～4组（弓身上体不动，连续提铃至胸）。

（9）手持20～30千克杠铃屈伸小臂10～20次为1组，共进行3～5组。

（10）单手快速侧拉橡皮筋20～30次为1组，共进行3～5组。

（11）快速转体直臂挥拉橡皮筋20～30次为1组，共进行3～5组（腰腹、胸、肩发力，配合蹬地转髋动作）。

（12）手持2～3千克哑铃直臂左上、右下摆动20～30次为1组，共进行3～5组。

（13）手持1～2千克哑铃直臂左、右摆拳20～30次为1组，共进行3～5组（要求转体、转肩、挥臂，速度快）。

（14）左、右直臂摆拳打沙袋20～30次为1组，共进行3～5组（要求蹬地转髋、腰腹发力、转体、转肩、挥臂，速度快）。

（二）速度训练

铁饼运动员速度训练常采用的方法与手段如下。

（1）各种跑的专门性练习（如小步跑、高抬腿跑、后蹬跑、车轮跑等）各30～50米为1组，共进行4～5组。

（2）原地投掷轻器械练习，20～30次（强调出手速度）。

（3）跳步投掷轻器械练习，20～30次（强调出手速度）。

（4）后侧退2～3步投掷轻器械练习，20～30次（强调出手速度）。

（5）垫步投掷轻器械练习，20～30次（强调出手速度）。

（6）原地投掷超重量器械练习，10～20次（强调动作的连贯性）。

（7）旋转投掷超重量器械练习，10～20次（强调动作的连贯性及发力部位）。

（三）协调性、柔韧性训练

铁饼运动员协调性和柔韧性训练的主要方法与手段如下。

（1）体操垫上连续做鱼跃前滚翻、后滚翻、头手倒立、前手翻等技巧练习60分钟以上。

（2）持铁饼沿直线连续旋转练习,20 ~ 30 次(掌握平衡)。

（3）利用器械或同伴帮助,做压肩、转肩、拉肩等各种练习10 ~ 20 次。

（4）弓箭步左右转体走 20 ~ 30 米为 1 组,共进行 3 ~ 5 组。

（5）坐地"跨栏步"上体"前俯后仰"练习,20 ~ 30 次。

（6）俯卧双手拉踝成"反弓"练习,20 ~ 30 次。

（7）以踝关节为中心,提踵绕踝练习,20 ~ 30 次。

（8）跪撑慢后倒练习,10 ~ 20 次(双腿并拢,脚尖伸直)。

三、标枪运动体能训练

（一）力量训练

标枪运动对于快速加速力量具有较高的要求。运动员应注重肩、腰、背、腹部和上下肢的力量等的力量训练。常采用的方法与手段如下。

1. 下肢力量

（1）绑沙护腿左右交换侧身跑 50 ~ 80 米为 1 组,共进行 3 ~ 4 组(注意髋部的灵活转动)。

（2）穿沙背心左右交换侧身跑 50 ~ 80 米为 1 组,共进行 3 ~ 4 组。

（3）穿沙背心侧身跨步跳 30 ~ 60 米为 1 组,共进行 4 ~ 5 组(强调抬膝送髋)。

（4）肩负 30 ~ 40 千克杠铃侧身跨步走 20 ~ 30 米为 1 组,共进行 3 ~ 4 组(强调抬膝送髋)。

（5）绑沙护腿(穿沙背心)侧身单足跳 60 ~ 80 米为 1 组,共进行 4 ~ 5 组。

（6）绑沙护腿(穿沙背心)侧身单足交换跳 60 ~ 80 米为 1 组, 4 ~ 5 组。

（7）绑沙护腿(穿沙背心)侧身双足交换跳 60 ~ 80 米为 1 组, 4 ~ 5 组。

（8）助跑 20 ~ 30 米＋侧身单足交换跳 60 ~ 80 米练习,共进行 4 ~ 5 组。

（9）助跑 20 ~ 30 米＋侧身单足跳 60 ~ 80 米练习,共进行 4 ~ 5 组。

（10）助跑 20 ~ 30 米＋侧身双足交换跳 60 ~ 80 米练习,共进行 4 ~ 5 组。

（11）绑沙护腿(或穿沙背心)助跑20～30米＋侧身单足交换跳60～80米练习,共进行4～5组。

（12）绑沙护腿(或穿沙背心)助跑20～30米＋侧身单足跳60～80米为1组,共进行4～5组。

（13）绑沙护腿(或穿沙背心)助跑20～30米＋侧身双足交换跳60～80米为1组,共进行4～5组。

2. 腰腹力量

（1）仰卧两头起20～30个为1组,共进行3～4组(幅度大,速度快,双手摸脚)。

（2）俯卧两头起20～30个为1组,共进行3～4组(幅度大,速度快,双手抱头)。

（3）俯卧鞍马,固定下肢做背翘练习20～30次为1组,共进行5～6组(幅度大,速度快)。

（4）侧卧鞍马,固定下肢做侧抬体练习20～30次为1组,共进行5～6组(幅度大,速度快)。

（5）双手抱头转体仰卧起坐20～30次为1组,共进行5～6组(强调转体和抬体的速度)。

（6）肩负10～20千克杠铃左、右转体15～20次为1组,共进行3～5组(转体幅度大、速度快)。

（7）肩负30～40千克杠铃体前屈15～20次为1组,共进行3～5组(前屈幅度大,抬体快)。

（8）肩负30～40千克杠铃上体后仰前屈15～20次为1组,共进行3～5组(后仰幅度大,抬体快)。

（9）肩负30～40千克杠铃左、右体侧屈15～20次为1组,共进行3～5组(侧屈幅度大,抬体快)。

3. 上肢力量

（1）直臂提拉80～120千克杠铃5～10次为1组,共进行3～5组(注重背部发力)。

（2）单手头后快速向上推举5～10千克杠铃10～20次为1组,共进行3～5组。

（3）仰卧单手头后快速拉橡皮筋20～30次为1组,共进行3～5组(速度快)。

（4）正面单手从头后向前掷实心球20～30次为1组,共进行3～5组(上体后仰,强调挥臂速度)。

（5）正面双手从头后向前掷实心球20～30次为1组,共进行3～5组(上体后仰,腰腹发力,强调挥臂速度)。

（6）正面上步单手从头后向前掷实心球20～30次为1组,共进行3～5组(上体后仰,腰腹发力,强调挥臂速度)。

（7）侧卧起,单手从头后向前掷实心球20～30次为1组,共进行3～5组(强调速度)。

（8）垫步转体,单手从头后向前掷实心球(或手榴弹)20～30次为1组,共进行3～5组(强调转体、挥臂速度)。

（9）垫步转体,双手从头后向前掷实心球(或手榴弹)20～30次为1组,共进行3～5组(强调转体、挥臂速度)。

（10）侧身转体单手从头后向前拉固定的橡皮筋20～30次为1组,共进行3～5组(强调转体、蹬地、挥臂速度)。

（11）单手持哑铃抡摆10～20次为1组,共进行3～5组。

（12）单手持哑铃交叉步跑20～30米为1组,共进行3～5组(持哑铃手臂尽量后伸,蹬与摆协调用力)。

（13）肩负10～20千克杠铃交叉步跑20～30米为1组,共进行3～5组(侧对跑进方向,杠铃不能晃动,蹬与摆协调用力)。

（二）速度训练

标枪运动员注重助跑速度和最后用力的动作速度的训练。其速度训练常采用的方法与手段如下。

（1）各种跑的专门性练习(如小步跑、高抬腿跑、后蹬跑、车轮跑等)各30～50米为1组,共进行4～5组。

（2）走动中的加速跑30～60米+侧身跨步跳20～30米,共进行4～5组。

（3）站立式快跑20～30米+侧身跨步跳20～30米,共进行4～5组。

（4）行进间跑30～60米+侧身跨步跳20～30米,共进行4～5组。

（5）踏标志点跑40～60米为1组,共进行6～8组(强调助跑的准确性)。

（6）大步幅弹性垫步跑40～60米为1组,共进行6～8组。

（7）大步幅弹性垫步跑40～60米+侧身跨步跳20～30米,共进行4～5组。

（8）持枪加速跑40～60米为1组,共进行6～8组(强调加速节奏)。

（9）持枪加速跑40～60米＋投掷步练习,进行6～8组练习(强调加速及助跑节奏)。

（10）持枪踏标志点跑40～60米＋投掷步练习,进行6～8组练习(强调加速及助跑节奏)。

（11）持枪大步幅弹性垫步跑40～60米＋投掷步练习,进行6～8组练习(强调加速及助跑节奏)。

（12）持枪上1～3个交叉步投掷练习,20～30次(强调蹬地送髋、胸带臂的出手速度)。

（13）持枪上3～5个交叉步投掷练习,20～30次(强调蹬地送髋、胸带臂的出手速度)。

（三）柔韧性训练

标枪运动员的柔韧素质训练主要是发展参与掷标枪肌群的伸展能力,促进髋关节和肩关节的旋转能力及韧带和肌肉的伸展能力的发展。其常用的训练手段和方法如下。

（1）弓箭步左右转体走20～30米为1组,共进行3～5组(同时双臂左右摆动)。

（2）侧身大步左右交叉走20～30米为1组,共进行3～5组。

（3）侧身跑50～80米为1组,共进行3～4组(快速左右转髋)。

（4）双手握持哑铃做体前、体侧绕环运动10～20次为1组,进行3～4组。

（5）半背弓桥、全背弓桥练习10～20次为1组,共进行3～4组(同伴帮助或扶墙)。

（6）双手握单杠的转肩练习10～20次为1组,共进行3～4组。

（7）一臂向前、另一臂向后做不对称的绕环练习10～20次为1组,共进行3～4组。

（8）下蹲背向,双手肩后拉肋木做展体拉弓练习10～20次为1组,共进行3～4组(速度快,拉成"满弓")。

（9）双手握枪前后转肩练习,10～20次(两手握距逐渐缩短,直臂翻转)。

第五章　常见大球运动体能训练指导

　　常见的大球运动项目主要有足球、篮球、排球等,这几个运动项目不仅在竞技体育中占据着非常重要的地位,同时也是人们健身的重要手段。需要注意的是,足球、篮球、排球等大球运动对抗比较激烈,对人的体能有着较高的要求,因此要想提高这些运动项目的技能水平,首先就要建立在良好的体能素质基础上。本章就重点阐述大球运动体能训练的理论与方法,以便为运动员提供必要的指导。

第一节　常见大球运动项目的特点及体能要求

　　足球、篮球、排球等运动项目具有自身鲜明的特点,同时对运动者的体能也有着不同的要求,因此本节就重点阐述一下以上几个球类项目的特点与体能要求,以帮助运动者更好地认识与了解这几个球类项目的内涵。

一、常见大球运动项目的特点

（一）足球运动项目的特点

1.趣味浓厚、开展的难度较小

　　一般来说,足球运动的场地与球门可大可小,人数可多可少,规则简单易懂,在比赛中有一定的身体对抗,并且具有较强的趣味性,开展的难度并不大,深受世界各国人民的欢迎和喜爱。

2.比赛竞争激烈,对抗性较强

　　足球是 11 人的争夺球的运动,在运动场上攻守对抗比较激烈,少不了身体冲突,但身体的对抗是合理冲撞,这种强烈的对抗性是足球运动的鲜明特点。随着现代足球运动的不断发展,比赛场上双方之间的攻防转换速度越来越快,这使得拼抢阻截的对抗也更为激烈、惊险,对运动员提出了较高的体能要求和技能要求。

3. 技术动作的复杂性

足球比赛是以脚为主来完成技术动作的,这比其他项目要困难得多,对运动员的技能有着非常高的要求,在比赛中,运动员要在高速度、高强度、高对抗的情况下完成各种技术与战术配合,技术的复杂程度要比其他运动项目大得多,因此,技术动作的复杂性是足球运动项目的重要特点。

4. 比赛场地大、时间长、运动负荷大

足球比赛场地较大,加上比赛时间较长,对人的体能要求较高,因此,运动负荷非常大。据统计,一场比赛中,一些优秀球员跑动距离高达 10 000 米以上,冲刺跑为 200 次左右,距离约 2 000 米,队员平均心率为 172 次 / 分钟,最高可达 200 次 / 分钟以上。因此没有一个良好的体能素质作保障,是难以顺利完成比赛的。

5. 比赛参与人较多,有着较强的系统性

在足球运动中,比赛双方各有 11 名队员参加,参与比赛众多,因此球队整体的攻防能力是获得比赛胜利的重要保证。只有攻防能力达到平衡了,队友之间配合默契,才能发挥出团队的力量,从而获得比赛的胜利。

6. 战术变化的多样性

由于足球运动的场地大、人数多,队员之间的战术配合种类繁多、复杂,这就要求运动员不仅要具有良好的体能素质、技术能力,同时还要求运动员要具有较强的战术意识与能力,这样才能充分贯彻主教练的战术意图,完成各种复杂的战术配合,使比赛向着有利于本方的方向发展。

(二)篮球运动项目的特点

1. 身体与技术紧密结合性

篮球运动攻守对抗比较激烈,在比赛中少不了一定的身体冲突,因此,没有一个良好的身体素质是不行的。可以说,良好的身体素质是运动员技战术运用的基础。现代篮球比赛攻防转换节奏逐步加快,这就要求运动员在攻、守对抗中,一定要将身体和技术密切结合起来,将身高、弹跳与技术紧密结合起来,这样才能使比赛形势向着有利于本方方向发展。在篮球比赛中,对于身高处于劣势的球队来说,将身体与技术充分结合起来就显得更为关键,这是获得比赛胜利的关键因素。

2. 技术多元组合性

篮球比赛中,运动员主要是以手控制球,以投篮得分为目的而展开彼此双方的攻守对抗,在整个攻守对抗中,运动员所用到的技术动作非常复杂和多样,呈现出技术多元组合的状态。可以说,在篮球比赛中,这些技术均被运动员以组合形式的形式加以运用,以为篮球比赛服务。

3. 攻守时空对抗性

在篮球运动中,篮球比赛的攻守对抗非常激烈,它有自己特殊的时空性和对抗性规律与特点。在篮球比赛中,运动员积极主动地抢占空间以占据有利于本方的位置,从而为获得比赛胜利打下良好的基础。在比赛中,运动员通过积极的拼抢占据进攻与防守的有利位置,从而获取比赛的主动,充分利用合理的技战术策略。在篮球比赛中,篮球运动攻守时空的对抗性特点一览无余。

除此之外,篮球运动的时空行特征还在个人防守技术方面得到充分的体现。篮球运动中的个人攻击性与防守技术极具破坏力与杀伤力,如果将个人技术与团队协作充分结合起来,就能取得良好的比赛成绩。

4. 打法集约多变

篮球比赛技战术比较复杂多样,因此集约多变的打法是篮球运动的一个重要特点。随着现代篮球运动的快速发展,运动员的技战术水平也由低级逐渐向高级阶段发展,在这样的背景下,篮球运动的技术动作就更加繁多,战术阵型也呈现出集约、多变的特点,这使得篮球比赛更加吸引观众,更具有生机和活力。随着篮球战术打法的越来越多变,各个篮球队对技战术的研究更为关注,深入研究篮球技战术打法,形成集约多变的攻守风格对于篮球运动队取得优异的比赛成绩具有重要的意义。

5. 集体协同配合

篮球运动是一项集体性运动,具有集体协同性的特点。在篮球比赛中,运动员的传接球、移动、运球、投篮等动作均有一定的目的性,都是在一定的战术指导思想下进行的,个人只有与集体做好协同配合了才能取得比赛的胜利。在篮球比赛中,队员的个人战术行动与集体战术配合是一种局部与全局、个体与集体的关系,个人战术行动是集体战术配合的组成部分,而集体战术配合则充分体现出了个人战术行动的合理组织。在比赛中,队员的每一次行动都应从全局角度出发并与同伴通力合作,从而为本队形成严密的防守和创造进攻机会打下良好的基础。同时要把个人技术的发挥融汇在集体协同配合之中,努力促使战术意图的实现。而集体的协同配合又为个人施展才能创造了良好的条件。因此,球队在训练和比赛中都要对全队行动的协调一致,调动队员的积极性进行重点强调,从而为比赛中队员之间实现协同配合打下坚实的基础。

(三)排球运动项目的特点

1. 身材的高度化

在排球比赛中,比赛双方攻防对抗的焦点都集中在网上,网上对球的争夺非常激烈,因此掌握制空权是获得排球比赛胜利的关键因素。作为一名排球运动员必须要具有高大的身材,并且要具备出色的弹跳能力,这样才能在发球、扣球、拦网等技术环节上占据优势,增添比赛胜利的砝码。

2. 比赛的持久性

一般情况下,排球比赛过程中的击球都是一瞬间完成的,但是很多时候都是多回合的对抗,这就要求运动员必须在较短的时间内,快速重复做出多个动作,而这样一场比赛通常需要 2 个小时左右的时间,这对运动员的意志力形成了极大的考验。

3. 攻防转换的快速性

根据排球比赛的规则,排球比赛中,运动员的击球动作必须要在一瞬间完成,不能在运动员手中有任何的停留,因此,这就决定了排球比赛攻防转换的快速性。运动员在击球的瞬间就必须要做出准确的判断,移动到位,利用合理的技术完成击球动作。在现代排球比赛中,运动员大都选择跳发球的方式进行发球,因为这种发球方式发出的球球速非常快,对对方的接发球造成了较大的难度,运用得当有时甚至能直接得分。现代排球比赛的快速性不仅表现在进攻方面,在反攻方面也是如此,进攻时要求运动员不仅要在近网打球加快,远网球也在打快。所以,攻防转换的快速性成为排球运动的重要特征。

4. 运动员技术的全面性

在排球比赛中,攻防转换节奏较快,运动员要随时准备向各个方向移动,做好拦网、垫球、扣球等准备,要求运动员必须具备扎实的技术,并与队友密切配合,充分利用各种技术与战术攻击对方或阻挡对方进攻。因此,这就要求运动员各肌群的发展必须要全面,否则就会在一定程度上影响运动员技术能力的发挥。

综上所述,排球运动的攻防对抗性特点不仅要求运动员要具有一定的技战术技能,同时还要求运动员具备良好的体能素质和心理能力。因此,排球运动员的综合竞技能力主要由体能、技能、心理能力等要素构成。其中,体能是基础,是运动员运用技术和战术的前提条件,而技能是重点,决定着运动员的运动水平和发展潜力,心理能力则在某种情况下决定着比赛的胜负。

二、常见大球运动项目的体能要求

(一)足球运动体能要求

1. 要全面发展球员身体素质

足球运动比赛异常激烈,在比赛中激烈的身体对抗是不可避免的,因此运动员不仅要具备出色的技术能力,同时还要有出色的身体素质作保障,这是运动员提升自己足球技术水平的重要前提和基础。因此,在平时的足球训练中,运动员一定要将体能训练放在一个非常重要的位置。

运动员在进行体能训练的初期,必须要采取正确的训练方法,使技术、战术与体能共同得到高水平发展。足球运动员运动技能的转移,需要一定的体能素质做基础,因此只要全面发展身体、技术、战术等才能使训练水平得到提高。

在足球运动中,运动员经过长期的训练,身体素质、技战术水平等都得到了一定程度的提高,各方面都产生了一些良好的适应性变化,这是一个由少到多,由低到高、循序渐进的过程。而运动员只有坚持长期进行训练,才能使这些适应性变化得到巩固和提高。

各项身体素质的发展都有其自身的内在联系和各自的体系,只有根据其内在联系以一定的顺序安排的训练内容,使运动员循序渐进地去掌握和提高,才能取得良好的训练效果。

2. 要充分考虑运动员的个体差异性

在进行足球运动训练时,由于不同球员的身体条件、训练水平及承担负荷的能力不同,所以在训练中应根据不同训练对象的特点,有针对性地确定训练任务,选择方法、手段和安排负荷,因材施教,区别对待,以保证每名球员的训练效果。

此外,由于足球场上不同位置,对运动员的身体素质要求也有所不同。因此在训练中也要进行有针对性的训练,并加以区别对待。

3.要结合足球专项特点进行训练

在足球运动中,运动员进行训练的主要目的就是获得优异的比赛成绩,因此运动员身体素质的训练要结合足球专项特点进行,使体能与专项技能得到共同发展。

运动员的身体素质训练已由侧重于某几项身体素质过渡到对全部素质进行全面的训练。过去将身体素质训练与技术、战术、心理、智力等训练内容分周期、分阶段进行单一的训练,现已趋向将这些因素进行周期性、综合性的同步训练。

4.要采用积极的恢复手段

足球运动中,运动员所能承受的最大运动负荷,是提高运动技术水平的关键,而前提是训练后机体恢复的状况。球员在承受大负荷训练或比赛后机体恢复速度的快慢,直接影响到训练和比赛的成效。随着足球训练和比赛负荷的增大,特别是负荷极大的情况下,广泛采用恢复训练,营养恢复,医学生物学恢复和心理恢复等,已成为足球训练,特别是身体素质训练全过程的一个重要环节。它不但可以防止过度训练,预防和减少运动损伤,而且能提高运动员负荷能力的 5% ~ 10%。因此,不管是球员还是教练员都应对此给予更多的重视。

(二)篮球运动体能要求

篮球运动对运动员体能方面的要求,主要体现在以下几个方面。

1.体能训练要与专项技战术训练相结合

在篮球运动中,体能训练是为技战术服务的。可以说体能训练是一个重要的手段,是提高运动员攻防技战术的能力的基础。因此,篮球运动的体能训练要具有鲜明的专项特点,体能训练只有与专项技战术有机地结合,才能真正达到体能训练的目的,才能在技战术训练中发展和巩固体能。在某种程度上来说,运动员出色的体能素质能有效地弥补运动技能的欠缺,有利于运动员完成整个比赛,获得优异的比赛成绩。为此,在篮球训练中,要结合运动员自身的特点与实际,根据篮球项目的特点与要求,合理安排运动员参加体能训练,控制好体能训练与技战术训练之间的比重。

2.合理安排体能训练的负荷

对于高水平篮球运动员而言,应不断加强自己的体能训练以提高技战术水平;对于青少年篮球运动员而言,则以技战术训练为主,循序渐进地发展体能水平。二者在训练的过程中都要合理安排训练负荷,将训练量和训练强度安排在一个适宜的范围。

3.选择合适的体能训练方法和内容

篮球运动员体能训练的内容有很多,方法也多种多样,一般来说,主要分为两大类,一类是非专项类的训练内容与手段,包括力量、速度和耐力训练,即基础体能训练;另一类是与篮球专项密切结合的训练内容与方法,即篮球运动的专项体能训练。

（三）排球运动体能要求

（1）排球运动的能量代谢特点是以有氧耐力为主及短暂的无氧活动。因此,作为一名排球运动员除了具有良好的爆发力、弹跳力外,还要有良好的耐力素质,这样才能保证运动员在赛后血乳酸浓度无明显升高,有利于身体机能的维持和提高。

（2）排球比赛的网上对抗性很强,这充分表现在双方运动员在时间和空间的争夺上,如快球、吊球、强攻等战术的运用就是运动员合理运用时间和空间的反映。因此,要想成为一名出色的排球运动员必须要有出色的反应能力、良好的弹跳素质和柔韧性好,腰背肌力量和肩部力量也必须要强。

（3）排球是一项集体性运动,要求所有的队员必须在比赛中配合默契,技术动作运用非常细腻。在比赛中,运动员除了完成防守、扣球、拦网等个人技术外,还要完成大量的无球动作,如起动、制动、移动等,这些动作的完成都需要运动员具备良好的身体柔韧性,否则就容易导致运动损伤。

第二节　大球运动基础体能训练

一、足球基础体能训练

（一）力量素质训练

众所周知,人体所有的运动都是在对抗阻力下产生的,而对抗阻力的动力来源于骨骼肌收缩时产生的张力,即力量。根据运动时肌肉收缩形成的不同可以将力量分为静力性力量和动力性力量两种。在足球运动中,根据足球比赛的特点,运动员所表现出的大多是动力性力量。动力性力量又可以分为重力性力量和速度性力量两种,其中速度性力量占据着非常重要的地位。力量素质是各项素质的基础,也是足球运动员掌握运动技能、提高运动成绩的基础。在快速、激烈的现代足球比赛中,运动员不仅要克服自身体重、球及对手冲撞的阻力去完成各种跑、跳、急停、突起、转身等动作,还要准确地完成传、接、顶、运球及射门、合理冲撞等技术动作。如果没有足够的力量素质,就不可能很好地完成技术动作。

1. 发展颈部、上肢和肩背力量的练习

(1)两手扶头,在颈部转动时给予抵抗力。

(2)在垫上做颈桥并推举哑铃、壶铃或轻杠铃。

(3)俯卧撑。俯卧撑向侧、前跳移,双杠双臂屈伸,单杠引体向上。

(4)推小车。甲俯卧,两臂伸直。乙两手抬起甲的两脚,甲用两手向前"行走"。

(5)两人面对坐地,两腿分开,抛、传实心球或足球。

(6)哑铃和杠铃练习。

(7)联合器械的上肢拉伸练习。

(8)重叠俯卧撑。甲保持俯卧姿势,乙在甲的背上做俯卧撑,或者甲、乙二人同时做俯卧撑。

2. 发展腰腹力量的练习

(1)仰卧起坐、仰卧举腿、仰卧快速屈体。

(2)侧卧做体侧屈、俯卧做体后屈。

(3)仰卧,两脚夹球离地 15 ~ 20 厘米,以腰为圆心画圆。

(4)肩负杠铃做体前屈或转体、抓举杠铃。

(5)展腹跳。爆发起跳并充分展腹,向后屈膝,两手尽可能地触脚跟。

(6)跳起空中转体或收腹用力顶球。

(7)跳绳中的两摇一跳和三摇一跳。

(8)联合器械的腰腹练习。

3. 发展腿部力量的练习

(1)各种跳跃练习。

①立定跳远、多级跳远、蛙跳、助跑跳远。

②肩负杠铃或手握哑铃连续向上跳。

③单腿或双腿起跳摸高或用头触球。

④连续向前并腿或单腿跳。

⑤利用不同高度的凳子、桌子或专设的跳台依次做连续的跳深练习。

（2）肩扛杠铃做提踵或脚掌走、肩负杠铃由站姿下降至深蹲。

（3）向前后连续快摆大、小腿。腿上可绑沙袋。

（4）远距离传球和大力射门练习。

（5）斗鸡。相互用大腿撞或挑、压对方大腿,用肩冲撞对方或闪躲对方撞击。以将对方撞击成两脚着地者为胜。

（6）背人接力。全队分成两组成纵队站在起点,听到"预备"口令时,一人将另一人背起,见教练员手势后起跑,跑过对面的标志后交换背人,跑回起点时拍第二队同伴手后第二队再跑。依次做完,最先跑到的一组为胜。

（7）小腿负重踢球。要求在不影响正确动作规格的前提下尽力踢球。

4.发展全身力量的练习

（1）负重杠铃挺举。

（2）拔河练习。

（3）二人抢夺球练习。

（4）合理冲撞练习。二人面向或侧向做跳起冲撞练习。或甲运球,乙贴身跟随并冲撞甲,甲要稳住重心。也可两人同时争顶并在其间运用合理冲撞。

（5）倒地起身。甲运球,乙从旁铲球,乙在铲球倒地后尽可能快地起身去追球。

（6）蹲跳顶球。连续蹲跳中顶球,要求取半蹲姿势,可负重进行。

力量素质训练注意事项:

（1）注意安全,防止发生伤害事故。训练前做好充分的好准备活动,训练过程中加强保护。

（2）正确处理好一般性力量练习和专项力量练习之间的关系。

（3）认识到力量素质只有在一定的负荷条件下才能得到提高。

（4）要注意训练之间的间隙时间。一般情况下,每周安排 2 ~ 3 次训练,间隔以 1 ~ 2 天为宜。

（5）注意练习安排的顺序。速度力量练习应放在训练课的前部分,速度力量耐力练习一般放在基本部分之后。

（6）总体来看,我国足球运动员的上肢力量普遍较差,应非常注意上肢和手指手腕等小关节的练习。

（7）注意放松训练。在训练的过程中要按身体不同部位的肌肉交替进行,同时注意安排放松练习,注意训练后的恢复情况。

（二）速度素质训练

（1）各种姿势的起跑（10～30米）。采用蹲踞式、站立式、侧身站立等姿势做起跑练习。

（2）做突然起动练习（5～10米）。在小步跑、慢跑、高抬腿、侧身跑、颠球、顶球、传接球等情况下,快速起动跑练习。

（3）利用快速小步跑、高抬腿跑、顺风跑、下坡跑和牵引跑等练习,促使运动员突破"速度障碍",提高位移速度。

（4）60～80～100米的全速跑、变速跑,提高位移速度。

（5）在快跑中看教练员的手势、抛球等信号,做急停、转身、变向、跳跃和翻滚等动作。

（6）做全速运球跑、变速运球跑、变向运球跑等练习。

（7）采用后蹬跑、单腿侧蹬跑、短距离转身跑、各种追逐跑等,发展爆发力。

（8）在长约20米的距离内,设置不同距离间隔和有方向变化的标杆或锥体,让队员以尽可能的速度做绕杆跑,发展队员绕晃对手的快跑能力。

（9）抢球游戏。全队分为两排,相距20米,面对站立,在中间10米处画一条线,每隔2米放一球,队员依次面对球站好。当教练员发出信号后,双方快速跑上抢球。球抢得多的一方为胜。

（10）追球射门。队员2人一组,可分为若干组在中圈外的中线两侧站好,利用两球门同时练习。球集中于中圈教练员脚下,当教练员将球向一个球门踢出并同时发出口令时,两翼队员快速起动追球射门。要求未拿到球的队员必须紧追持球队员,并在持球队员射门后仍前跑至球门线处,以利于发展速度和加强射门意识。

（11）提高动作速度的练习。规定最高速度指标的练习。如在教练员限定的时间内快速完成传—接—传、运—传—射门等动作,以建立快速动力定型;肌肉感觉的快速精确分析机能练习。两人或多人一组,在连续奔跑中完成同一传接球练习;加大练习密度。如在较小场地内做2对2、3对3的传抢练习。

速度素质训练注意事项:

（1）在训练的过程中,要求运动员在兴奋性高、情绪饱满时进行。

（2）每次练习的时间应不超过10秒钟,要有适宜的间歇时间。

（3）速度练习应避免在身体疲劳时进行,尤其是单纯提高速度的练习。

（4）在专项速度练习中,教练员必须明确专项速度训练的方法,在训练的过程中必须将注意力放在提高速度上。

（5）力量和柔韧性是影响快速能力的重要因素。由于快速力量的生理机制和性质与快速能力是一致的,而柔韧性的提高可增加力的作用范围和时间,导致运动速度增加,因此,在训练中要重点发展运动员的快速力量和柔韧性。

（6）重视运动员肌肉在收缩前的放松练习,这有助于拉长肌纤维、减少肌肉黏滞性、节省能源物质,从而有利于提高动作速度。

（7）反应速度训练应重点集中于青少年9—12岁。男7—14岁、女7~12岁时应抓好位移速度训练。注意纠正错误动作,形成正确的跑动技术。

（8）在速度耐力训练中,要合理安排间歇时间和恢复时间。

（三）耐力素质训练

1.有氧耐力训练

（1）确定距离跑。如3 000米、5 000米、8 000米、10 000米等不同距离的越野跑、公路跑。

（2）定时跑。如12分钟跑等。

（3）足球场上穿足球鞋的长距离跑,绕乡间小路的慢跑。

（4）100~200米间歇跑,400~800米的变速跑,距离一定要长。

2.无氧耐力训练

（1）重复多次的30~60米冲刺跑。

（2）100~400米高强度的反复跑和做1~2分钟极限练习。

（3）原地快速跳绳,30秒钟10,60秒钟×5(每次间歇30~60秒钟)。

（4）各种短距离追逐跑。

（5）进行5米、10米、15米、20米、25米折返跑练习。

（6）往返冲刺传球。

（7）体能循环练习。内容可以是折线快跑20米—仰卧屈体5次—冲刺10米—突停转身铲球—快跑中跳起头顶球3次—冲刺射门2次—三级蛙跳。或者根据队内实际情况改变各站设置。

（8）规定时间做不同人数的传抢练习。

耐力素质训练注意事项:

（1）一般情况下,耐力素质训练要放在训练课的基本部分末尾或作为基本部分进行。

（2）在耐力训练过程中应注意培养运动员的意志品质,采用各种形式的训练手段。

（3）要合理安排训练的内容与强度,这对于发展运动员的耐力素质是非常重要的。

（4）耐力训练的负荷应遵循循序渐进和区别对待的原则,保证运动员达到超量恢复。

（5）耐力素质训练中,运动员的体力和精神消耗量较大,应重视训练后的恢复情况,合理采取恢复的措施与手段。

（6）耐力素质训练要每周安排 1 ~ 2 次大强度的训练才能收到良好的训练效果。

（四）灵敏协调素质训练

（1）交叉步前进或后退练习,前、后交叉加侧出步侧向移动练习。

（2）各种跑的练习。如快速后退跑、转身跑、快速跑动中看手势改变方向、快速连续绕障碍跑等。

（3）各种滚翻与起动跑。队员分散站开,听一声长哨做前滚翻,听一声短哨做后滚翻,然后向规定的方向起跑。

（4）听掌声或哨声起动跑,教练员可不断变换信号。

（5）喊号追人。将练习者分成若干组,每组若干人,分别坐在中圈内,教练员喊某一编号各组该号队员沿中圈快跑,以最快返回自己位置者为胜。

（6）躲闪摸杆。防守队员站于杆前,进攻队员用虚晃动作骗取防守队员的重心偏离,然后超过防守队员用手摸杆。

（7）两人冲撞躲闪。两人一组,在慢跑中试图冲撞对手,对手应尽可能运用躲闪,避免被撞到。

（8）多种动作过障碍。在场地一区域设若干障碍物,要求队员做跳、滚翻、爬、跑等多种动作并尽可能快地完成练习。

灵敏素质训练注意事项:

（1）在安排灵敏素质训练内容时应结合其他素质进行,要明确训练的基本要求和原则。

（2）运动员在身体疲劳的状况下不宜进行灵敏训练。训练之间应有足够的间歇时间,一般情况下,训练与休息的比例在 1：3 左右。

（3）设计多种形式的灵敏动作练习方式,结合比赛实战进行。

（4）灵敏训练的方法要富有趣味性和竞争性特点。

（5）要根据运动员的身心发展特点、运动水平来合理安排灵敏素质训练的内容与强度。

（五）柔韧素质训练

（1）颈前屈、侧屈、后屈并绕环，体前屈、侧屈、后屈并振动。

（2）前弓步和侧弓步压腿，纵劈腿和横劈腿。

（3）前踢腿、后踢腿、侧踢腿和腿绕环。

（4）站立体前屈下压，或靠墙站立体前屈下压，背伸、展腹屈体练习及腿肌伸展练习。

（5）模仿内、外侧颠球动作，单、双腿连续做内翻和外翻练习。模仿内扣、外扣动作，单腿连续做内转、外转动作。

（6）两腿交叉的各种跨步、转身动作。

（7）踢球、顶球和抢截球等各种技术动作的模仿练习。

（8）跪压正脚背（上体后仰、轻轻振压）及全脚背着地的俯卧撑练习（主要拉长脚背韧带和小腿前肌群）。

（9）模仿和结合球的大幅度振摆腿、铲球、侧身踢凌空球及倒勾射门等练习。

柔韧素质训练注意事项：

（1）柔韧素质训练一般应安排在课的准备部分后面或基本部分的开始。运动员身体疲劳时，不宜进行柔韧训练。

（2）柔韧训练要做好准备活动，练习时动作幅度由小到大，节奏由慢到快。训练后做好放松练习。

（3）柔韧练习尽可能与比赛中对柔韧素质要求较高的技术动作结合进行。

（4）应循序渐进地进行柔韧素质训练，处理好运动量、运动强度、间歇时间等之间的关系。

（5）处理好柔韧与力量的关系。强调肌肉的弹性，避免单纯消极训练。

二、篮球基础体能训练

（一）力量素质训练

1.最大力量训练方法

在篮球运动中，提高篮球运动员最大力量训练的手段主要有两种：一是通过增大肌肉生理横断面增加肌内收缩力量；二是改善肌肉内协调能力，提高神经系统指挥肌肉工作能力，动员更多运动单位参加工作。训练中应先进行增加肌肉生理横断面的力量训练,然后进行肌肉内协调能力的训练。

（1）增加肌肉生理横断面的最大力量训练

这一种训练方法较为科学,它能有效地确定负荷强度、练习重复的次数与组数、练习的持续时间及组间的间歇时间。在训练的过程中,一般采用运动员本人最大极限负重量的60%～85%的强度,4秒钟左右完成一次动作,做5～8组,每组4～8次;组间间歇时间控制在上一组练习肌肉所产生的疲劳得到基本消除。

（2）改善肌肉内协调能力的最大力量训练

此训练方法一般采用本人最大极限负重量的85%以上强度,2秒钟左右完成一次动作,做5～8组,每组1～3次;组间间歇时间控制3分钟左右或更长(在上一组练习肌肉所产生的疲劳得到恢复)。

（3）静力性练习和等动性练习

静力性练习多采用大强度和极限强度,每次持续时间为5～6秒钟,总的练习时间不超过15分钟。等动性练习动作速度基本不变,肌肉在练习过程中都能发挥出较大力量,练习强度要大,每组练习4～8次,做5～8组,组间间歇要充分。

2. **速度力量训练方法**

可以说,只有运动员的最大力量和速度都得到提高了,运动员才能取得速度力量训练的最佳效果。篮球运动员速度力量的训练方法主要有:负重练习和不负重练习。

（1）负重练习方法

运动员在做负重练习时负荷强度要适宜,一般情况下应采用本人最大力量的40%～80%的强度,以兼顾力量和速度两方面的发展;每组练习5～10次,做3～6组;但需要注意的是间歇时间一定要充分。

（2）不负重练习法

不负重练习法主要是采用发展下肢速度力量来克服自身体重的跳台阶和跳深练习,以及发展上肢和躯干速度力量的符合专项技术要求的快速练习。

（二）耐力素质训练

发展篮球运动员一般耐力的途径是提高运动员的摄氧、输氧及用氧能力,保持体内适宜糖原和脂肪的储存量以及提高肌肉支撑运动员器官对长时间负荷的承受能力。发展一般耐力经常采用持续匀速负荷和变速负荷的方法,负荷强度一般应控制在接近无氧代谢的强度,心率控制在160次/分左右。

发展篮球运动员专项耐力训练要特别注意专项总体代谢特点,一般以发展非乳酸性无氧耐力为主,采用95%左右强度、心率可达180次/分的训练方法,重复组数可达5～6组,重复次数比组数少些为宜。

1. 持续负荷法

这种训练方法主要是提高有氧代谢水平,心率控制在160次/分左右。具体的训练方法有:①匀速跑;②变速跑;③超越跑;④折返跑。

2. 间歇负荷法

间歇负荷法主要为有氧和无氧混合代谢。负荷采用50%左右的有氧和50%左右的无氧进行,心率上限为28次左右/10秒,间歇时间是在没有完全恢复的情况下再进行下一次练习。

3. 重复负荷法

重复负荷训练法主要是提高运动员的无氧代谢水平,负荷的最大心率达28次以上/10秒,组间休息5分钟,心率下降至15次左右/10秒再进行下一次的练习。

三、排球基础体能训练

(一)力量素质训练

1. 最大力量训练法

最大力量取决于肌肉生理横断面和肌肉的内协调能力,所以发展最大力量可通过增加肌肉生理横断面和改善肌肉神经系统的协调能力来实现。

在具体的排球运动员力量素质训练中,可适当增加运动员的肌肉生理横断面,可通过采用强度为60%～85%的本人最大负荷,重复4～8次,组数为5～8组,组间间歇时间为2～3分钟或更长;也可采用90%以上的负荷,重复1～3次的练习形式发展绝对力量。95%～100%的极限负荷强度应用时要谨慎,以避免受伤并减轻运动员的心理压力。

在排球力量素质训练的过程中,要有效改善运动员的肌肉协调能力,可采用85%以上的负荷强度,重复1～3次,做5～8组,间歇时间为2～3分钟;也可采用75%的次极限强度,快速重复6～8次。

需要注意的是,在训练的过程中要注意负荷强度与负荷量的合理搭配,合理安排运动负荷。另外,排球属于一项隔网对抗类运动项目,运动员在训练的过程中不用刻意追求肌肉的肥大,以避免体重过大而影响弹跳能力。

2. 速度力量训练方法

快速力量取决于肌肉的收缩力量与收缩速度。最大力量提高了,速度力量也会提高,反之亦然;但相对而言,提高肌肉力量比提高肌肉速度容易得多。排球比赛要求运动员要快速起跳、移动和挥臂击球,所以要解决好肌肉负荷与肌肉收缩速度的关系,肌肉负荷量与肌肉收缩速度互为反比。练习中可采用在不降低速度的前提下,提高负荷量或采用不降低重量的前提下,逐渐提高动作速度。排球训练中的速度力量练习,以不降低动作速度的练习为主。

速度力量练习一般采用 40% ~ 80% 的负荷量,重复 5 ~ 10 次,练习 3 ~ 6 组,组间间歇时间在 2 ~ 3 分钟。一次训练持续的时间不宜太长,以不降低练习速度为前提,一般持续 15 ~ 20 分钟为宜。

排球训练中经常采用的练习方法是连续负重半蹲跳、中小负荷的半蹲跳和快速推举练习。

跳深练习是目前普遍应用的发展爆发力较好的练习形式。跳深练习实际上是一种超等长练习方法。即肌肉先进行快速的离心收缩,紧接着爆发性地完成向心收缩,利用肌肉的牵张反射机制,表现出强大的瞬时爆发力。

跳深练习中台阶高度、缓冲时间及跳起高度之间有密切联系。通常我们会把平台的高度看作是跳深练习强度的标志,而台阶高度的选择是由练习者落地后所能跳起的最大高度决定的。较低的高度可以使肌肉退让与克制的转换速度达到最大值,高度越高力量训练的作用越大。

3. 力量耐力训练方法

在排球力量耐力训练中,要求运动员的肌肉具有较大的力量,又要求肌肉能够长时间地坚持工作。所以,力量耐力的好坏主要取决于最大力量以及保证工作肌供氧的呼吸和血液系统的机能能力。

力量耐力的训练方法可采用克服较大阻力,用运动员本人最大力量的 50% ~ 80% 负荷,数量达到极限重复次数,练习 3 ~ 5 组;如果发展克服较小阻力的力量耐力,可采用较小的负荷强度(30% ~ 35%),练习次数也要达到极限程度。

（二）速度素质训练

1. 反应起动速度的训练

排球运动员的反应起动速度训练主要采用与专项技术特点相一致的练习，多以视觉信号为主。以球为起动信号的练习：如短距离追球、接球、钻球、击球等。以同伴为起动信号的练习：如跟踪、追逐、躲闪、过人、阻挡等。

2. 动作速度的训练

在排球运动员速度素质训练中，要提高运动员的动作速度首先要掌握正确的技术动作并进行反复训练。选择的练习主要是运动员已熟练掌握的并能高速完成的练习，如扣球的徒手或持重物挥臂动作。其次，要提高动作的频率。可采用固定时间内增加动作重复次数或做固定次数的技术动作，减少练习时间的方法。最后，要模拟比赛中可能出现的各种突然情况。反复地练习运动员反射性接球动作，以提高运动员反射性接球动作的速度，如保护扣球、接触手出界球、接近距离重扣球或突然变向的球。

3. 移动速度训练

排球运动的移动速度与肌肉的力量、技术动作的熟练程度、运动员的协调性有很大关系。移动速度主要通过脚步移动、扣球、拦网、助跑技术体现出来。

移动速度的训练可采用助力练习、增加负荷的练习、预先加难练习等形式，如下坡跑、顺风跑、缩短步长的高频率跑、小碎步跑、穿沙袋移动、穿沙袋助跑起跳等。

（三）耐力素质训练

耐力训练主要有有氧耐力训练和无氧耐力训练两种。有氧耐力训练以发展一般耐力为主，多采用长时间、小强度的练习方法；无氧耐力训练可采用较大强度、较长时间的运动方式实现。

在排球运动员耐力素质训练中，间歇训练法、持续训练法、循环训练法等非常常用。一般来说，运动员的专项耐力训练主要采用与专项结合的方法，在不降低强度的前提下，可安排长时间的专项练习和专项对抗练习，或者采用高强度对抗的练习方式。

（四）灵敏素质训练

排球运动灵敏素质训练的内容主要有：爆发力训练、速度训练、起动训练、制动能力训练、变向能力训练、地上动作变化训练、空中动作变化训练和结合技术动作的综合训练。运动员在训练的过程中可通过各种徒手练习、模仿练习、越障碍练习、结合球的练习、垫上练习和游戏的形式来发展自己的灵敏素质。

第三节　大球运动专项体能训练

一、足球专项体能训练

（一）足球专项力量训练

1. 足球运动员准备期的力量素质训练方法

（1）徒手下蹲跳

运动员直立，双臂胸前交叉，直背抬头，双脚以肩宽间距站立。下蹲至大腿上面与地面平行或更低，利用大腿力量尽量高地向上跳起。向下运动时呼气，向上运动时吸气，迅速下蹲。练习 2 组，每组重复次数为15 ~ 30 次。

（2）伸背练习

运动员双脚固定，在鞍马或高长凳上以髋部为支撑点下屈躯干至与地面垂直的姿势。将双手交叉于头后部，伸背至躯干与地面成稍高于水平位置的姿势。提起上体时吸气，落下时呼气。练习 3 组，每组最多重复15 次，否则增加负重。

（3）斜板屈膝仰卧起坐

运动员在斜板上仰卧，双脚固定稳定身体，双膝屈 45°，双手在头后，下颌贴胸。后仰上体直到腰部接触斜板。提起上体，重复练习，上体后仰时吸气，坐起时呼气。练习 1 ~ 2 组，每组重复 25 ~ 40 次。

（4）仰卧屈臂头后拉杠铃

运动员在长凳上仰卧，头部伸出凳子，双腿并拢，双脚平放地面。把杠铃杆放在胸部与乳头成一线的部位，双手间距较窄，双肘尽量并拢。将杠铃沿贴近头部的半圆路线，向头部上方运动，尽量下降高度至地面。沿原运动路线将杠铃拉回胸部位置,完成系列动作。开始动作时吸气,完成时呼气。练习4组,4组重复次数为12—10—10—8。

2.足球运动员比赛期的力量素质训练方法

足球运动员比赛期力量训练的任务是保持在准备期达到的全身力量能力和身体各个主要肌肉群的均衡发展水平。其周训练负荷结构一般为:每周进行2次力量训练课,隔1～2日安排力量训练,比赛前2日休息。通常采用的训练方法有以下几种。

(1)桥形练习

运动员跪地把头顶放在垫子上,双臂在胸前交叉,提起身体中部形成金字塔姿势。双腿尽量伸直,所有身体重量分布在头部和双脚。前后滚动头顶,使头部承受更大重量,然后左右滚动头顶。转动身体,使胸部和身体中部向上。重复前后滚动头顶,使头部承受更大重量,然后左右滚动头顶。练习1～2组,每组重复5～15次。

(2)高踏板坐蹬腿

运动员在腿部力量练习器上坐下,双脚蹬在较高位置的踏板上,大腿几乎垂直于地面。双手扶在臀部下方的扶手上,双膝略外展,蹬踏板伸直双腿。蹬伸时呼气,收腿时吸气。练习3组,重复次数12—12—10。

(3)垫高小腿仰卧起坐

运动员仰卧将小腿放在长凳上,大腿与身体成45°夹角。将双手交叉于头后部,尽量高地提起上体。提起上体时呼气,落下时吸气。如加大难度,可在躯干适当负重,练习1组,重复次数25～50次。

(二)足球专项速度训练

1.足球运动员速度素质一般训练方法

(1)各种姿势的起跑(10～30米)。采用蹲踞式、站立式、侧身站立、背向站立、坐地、坐地转身、俯卧、仰卧、滚翻后、原地跳跃(模仿跳起顶球动作)等姿势做起跑练习。

(2)在活动情况下的突然起动练习(5～10米)。在小步跑、慢跑、高抬腿、侧身跑、颠球、顶球、传接球等情况下,快速起动跑。以上两种练习宜采用视、听信号(如手势、抛球、哨音、掌声等),以提高反应速度和起动速度。

(3)利用快速小步跑、高抬腿跑、顺风跑、下坡跑和牵引跑等练习,促使运动员突破"速度障碍",提高位移速度。

(4)60～80～100米的全速跑、变速跑,提高位移速度。

（5）在快跑中看教练员的手势、抛球等信号，做急停、转身、变向、跳跃和翻滚等动作。

（6）做全速运球跑、变速运球跑、变向运球跑等练习。

（7）采用后蹬跑、单腿侧蹬跑、短距离转身跑、各种追逐跑等，发展爆发力。

（8）在长约20米的距离内，设置不同距离间隔和有方向变化的标杆或锥体，让队员以尽可能的速度做绕杆跑，发展队员绕晃对手的快跑能力。

（9）抢球游戏。全队分为两排，相距20米，面对面站立，在中间10米处画一条线，每隔2米放一球，队员依次面对球站好。当教练员发出信号后，双方快速跑上抢球。球抢得多的一方为胜。

（10）追球射门。队员2人一组，可分为若干组在中圈外的中线两侧站好，利用两球门同时练习。球集中于中圈教练员脚下，当教练员将球向一个球门踢出并同时发出口令时，两翼队员快速起动追球射门。要求未拿到球的队员必须紧追持球队员，并在持球队员射门后仍前跑至球门线处，以利于发展速度和加强射门意识。

（11）提高动作速度的练习。规定最高速度指标的练习。如在教练员限定的时间内快速完成传—接—传、运—传—射门等动作，以建立快速动力定型；肌肉感觉的快速精确分析机能练习。两人或多人一组，在连续奔跑中完成同一传接球练习；加大练习密度。如在较小场地内做2对2、3对3的传抢练习。

2.足球运动员速度素质游戏训练方法

（1）运球追捕

在足球场内标出一块30米×30米的游戏区域，准备20个足球。并将队员分成人数相等的两队，每人一球，其中有一个队为追捕方，另一队为逃跑方。游戏开始，追捕方的队员运球并设法用手捕捉逃跑方的队员，逃跑方的队员则尽力躲避。被捕捉到的队员要离开场地，到场外练习颠球，直到本方所有队员都被捉到为止。然后互换角色再进行游戏（图5-1）。按照捕捉逃跑方全部队员的时间长短来决定胜负，时间短的一方为胜。

图 5-1

（2）曲线运球接力比赛

在足球场地上画两条相距 30 米的平行线,分别为起、折点。从起点
线开始,每相距 6 米插一个标志旗,将队员分成人数相等的 2～3 个队,
听到哨音后,各队的排头向前运球,绕过标志旗回到起点线将球交给第二
名队员,依次进行。先完成的队为胜。标志旗可根据队员的水平逐步增加。
要求运球人必须绕过每个标志旗(图 5-2)。接力队员必须等运球队员将
球运到起点线上才可接球,不可到起点线前接球,少绕则为失败或记一次
犯规,犯规次数少者为胜;运球队员按要求的脚法运球。可限定用脚内
侧、脚背外侧等脚法运球。

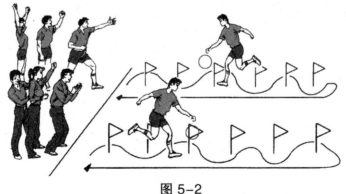

图 5-2

（3）"猎人打老虎"

在足球场地上画一个 20 米 × 20 米的正方形游戏区,选出 2～3 人
为"猎人"。准备,"猎人"持球,其他游戏者"老虎"分散于场地内。开始,

"猎人"在场内运球,伺机用球踢中"老虎",被击中的"老虎"退出游戏。并罚做俯卧撑 10 次(图 5-3)。全体参加队员均不得跑出游戏区;追击时,只准用球击对方的腿部。

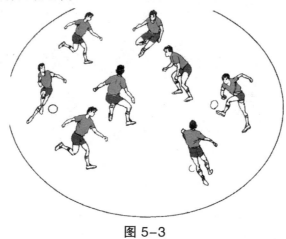

图 5-3

（三）足球专项耐力训练

（1）编组练习,训练内容可以是折线快跑 20 米—仰卧屈体 5 次—冲刺 10 米—突停转身铲球—向左右做旋风腿各 1 次—快跑中跳起头顶球 3 次—冲刺射门两次—三级蛙跳(图 5-4)。

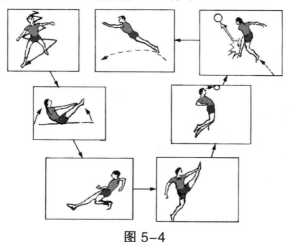

图 5-4

（2）重复多次的 30～60 米冲刺。

（3）100～400 米高强度的反复跑和 1～2 分钟极限练习。

（4）原地快速跳绳,30 秒钟 ×10,60 秒钟 ×5（每次间歇 30～60

秒钟）。

（5）进行 5 米、10 米、15 米、20 米、25 米折返跑练习。

（6）往返冲刺传球,队员甲往返冲刺在限制线之间(间距 10 米),在限制线附近回传乙、丙分别传来的球,乙、丙离限制线约 5 米。

（7）1 分钟内一对一追拍或一对一过人。

（8）规定时间做不同人数的传抢练习。1/4 场地 4 对 4 传抢,1/2 场地 6 对 6 传抢,全场 9 对 9 传抢。

（9）100 ~ 400 米逐渐缩短间歇时间跑,一般采用 80% ~ 90% 的练习强度,心率达到 180 ~ 190 次 / 分钟。一次练习的持续时间和距离稍长,练习的重复次数不宜过多。要求运动员间歇时间逐渐缩短,可采用段落相等或不等的练习。如果段落不等,练习顺序由短到长,在最后一组练习时基本保持规定的强度。

（10）100 米、110 米栏、100 米栏、200 米短段落间歇跑,可采用 30 ~ 60 米距离,间歇时间 1 分钟左右。采用 95% 以上的大强度练习,持续时间 10 秒左右。要求运动员保持高训练强度。较多的练习重复次数,组数根据练习者情况而定。

（11）短距离追逐跑,教练员发出信号后①号追②号,当他们踏上 X 限制线时立即返回,此时③号和④号分别追逐②号和①号,冲出 Z 限制线为安全(图 5-5)。

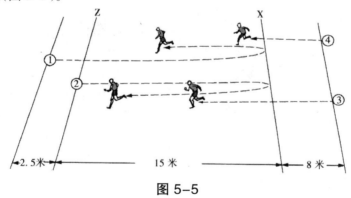

图 5-5

（12）100 ~ 400 米固定间歇时间跑,要求运动员采用 80% ~ 90% 的练习强度,心率达到 180 ~ 190 次 / 分钟。一次练习的持续时间和距离稍长,练习的重复次数不宜过多。要求间歇时间固定不变,可采用段落相等或不等的练习。如果段落不等,练习顺序由短到长,在最后一组练习时基本保持规定的强度。

（四）足球专项柔韧训练

（1）以膝关节为轴,做小腿用力向后踢、内踢、外踢的练习。

（2）做弓步、踢腿、仆步压腿、下腰练习。

（3）做正面或背向肋木前、后压腿练习。

（4）做各种踢球、顶球和抢截球等技术动作练习。

（5）做脚尖、脚内侧、脚外侧行走练习。

（6）做站立(或靠墙站立)体前屈下压,做背伸、展腹屈体、腿肌伸展练习。

（7）模仿内扣、外扣动作,单腿连续做内转、外转。

（五）足球专项灵敏训练

1.猴子运桃子

在一个边长为6米的等边三角形场地内进行,准备足球若干。将球平均放在猴子家中。哨音响后"猴子"迅速跑向其他"猴子"家中,将其他"猴子"家中的"桃子"运回到自己的家中。在一定时间内家中"桃子"多者为胜。家中"桃子"少的"猴子"接受相应的惩罚(图5-6)。

图5-6

2.运球通过封锁线

在足球场地上画一个直径为15米的圆圈。所有队员持球,围圆圈运球,听到哨声以后,迅速运球穿过圆圈中心。穿过圆圈时注意避免碰撞(图5-7)。

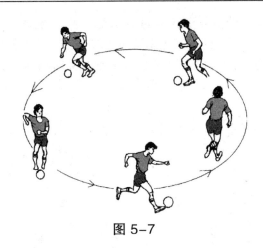

图 5-7

3. 球攻四门

在足球场地上画一个边长为 40 米的正方形游戏区,在游戏区的 4 条边线中间各相距 2 米插 2 面小旗,组成 4 个球门。将队员分为人数相等的两队(人多时分为 4 队,设两个游戏区),分散站立于场地内。准备,各队守卫规定的相邻两个球门。开始,一方发球,利用快跑、短传等技术攻射对手球门。两队互相攻防。得分多的队为胜(图 5-8)。进攻一方可进攻规定的两个球门。一个球门可稍大一些,另一个球门稍小些。进大门得 1 分,进小门得 2 分;双方均不设守门员。

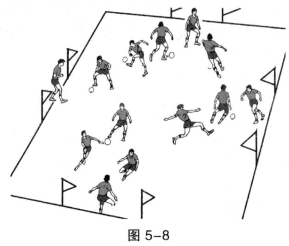

图 5-8

4. 脚踢低球

在足球场地上画一个 20 米 × 15 米的长方形游戏区,两根木桩立于边线两侧,绳子拉于木桩上。将队员分为两队,每队 10 人(人多时可在多个游戏区内活动),分散立于各自的半场内。准备,发球一方持球。开始,将球从绳下踢向对方场区,踢入对方后场1次得1分,在规定的时间内,得分多的队为胜(图5-9)。双方可以在绳下来回踢球,但不准越过中线进入对方场区;球从绳上越过或碰绳均为失误,失误后由对方开球。

图 5-9

5. 清场比赛

在足球场地上画一个50米×30米的长方形的游戏区,在中线上距地2米高处设长绳一根。将队员分为人数相等的两队,每人1个足球,分别站立于各自的半场内。游戏开始,双方尽力将球从长绳下踢进对方的场区内。在规定的时间内,半场内的足球最少的一队为胜(图5-10)。双方队员必须在各自半场内活动,不准进入对方的场区;球必须从长绳下钻过,且不准飞向场外。

图 5-10

二、篮球专项体能训练

（一）篮球专项力量训练

1.爆发力训练

（1）全场连续蛙跳。
（2）中场三级跳上篮。
（3）连续快速跳起摸高。
（4）负重投篮。

2.核心力量训练

（1）俯姿平撑，俯卧，双臂屈肘90°支撑身体，双脚伸直并拢用脚尖撑地，肢体固定腹背部。
（2）仰姿桥撑，仰卧，双臂屈肘支撑身体，双脚伸直、并拢，用脚撑地。
（3）侧姿臂撑，侧卧，单臂屈肘支撑身体，另一只臂屈肘侧举，双脚伸直、并拢，用一只脚外侧撑地。

（二）篮球专项速度训练

1.反应速度的训练

（1）截断球。由教师提供不同方向的球，练习者随时起动断球。
（2）抢球游戏。用实心球围成一个圆圈，球数比练习人数少一个，游戏开始后，练习者绕球圈外慢跑，听到信号各人就近抢球谁没有抢到被淘汰，并去掉一球继续进行，每进行一轮成功者得一分，看谁得分多为胜。
（3）接传不同方向的来球。几人从不同方向给一人供传球，一人接不同方向的来球。

2.动作速度的训练

（1）快速体侧传接球。两人相距3～4米站立，用2～3个篮球，按顺时针方向，做快速体侧单手传接球练习。
（2）快速胸前传接球。两人相距6米站立，做快速胸前传接球。要求传接技术正确，传球速度越快越好。
（3）转身起跳击球。吊球悬挂在距墙3米处，高度因人而异，原地起跳用手击吊球后空中转体180°落地，接着转身起跳击球。

3. 移动速度的训练

（1）运球接力。篮球场端线站立,听信号后快速运球跑到另一端线折回,手递手收球传给第二人,两人循环往返。

（2）全场运球上篮。从端线开始,听信号做全场运球上篮,投中后返回,不中要补进。要求不准带球跑。

（3）起动运球跑。背对球场在端线蹲立,手持篮球,听信号后立即转身做全速运球跑,到中线后折回端线。要求起动速度快,运球速度快,球不得远离身体。

（三）篮球专项耐力训练

1. 发展弹跳耐力的方法

（1）用本人绝对弹跳80%的高度连续跳 20 ～ 30 次为一组,跳若干组(组间休息 2 ～ 3 分钟)。

（2）5 分钟跳绳练习:双脚双摇跳 30 秒,左脚单跳 1 分钟,右脚单跳 1 分钟,完成两个循环正好 5 分钟(可根据训练水平调整负荷)。

（3）连续原地或助跑单手摸高,连续助跑起跳摸篮板。

2. 发展速度耐力的方法

（1）多组 200 米或 400 米全速跑,每组间歇时间为 1.5 ～ 2 分钟。

（2）1500 米变速跑,直道时全速跑,弯道时慢跑。

（3）30 米冲刺:10 次,每次间歇 15 ～ 20 秒。

（4）60 米冲刺:10 次,每次间歇 30 秒。

（5）长距离定时跑。3 000 米、5 000 米或越野跑。

3. 发展移动耐力的方法

（1）看教师手势向各个方向移动,2 ～ 3 分钟为 1 组。

（2）单人全场防守滑步。

（3）30 秒 3 米左右移动 5 ～ 8 组。

（4）全场、半场篮球赛,或小场地足球赛,要求人盯人防守。

三、排球专项体能训练

（一）力量素质训练方法

（1）单人各种抛球练习:用前臂和手腕动作将实心球抛起用另一手

接住,两手交替进行。双手背后将球抛起过头并接住。双手上抛,转体360°接住。仰卧,双手胸前向上传球,迅速起立接球。双手持球,弯腰从胯下向后上方抛球,转身接球。

（2）双手或单手持球上举,立姿或跪姿、坐姿,直臂或屈臂做向前、向后抛掷实心球练习。

（3）两人一球,用单手手指互相推球（手指自然张开,用手指的力量用力推球）。

（二）弹跳能力训练方法

（1）提高弹跳速度的训练

单人连续扣快球;单人连续扣各种战术球;单人扣前快球与背快球,轮流进行共扣10次;单人按4、3、2号的位置扣战术球;连续扣教练员抛起的球。

（2）提高弹跳耐力的训练

①单人连续扣球20～30次,组间休息3分钟;三人连续扣球90～120次,组间休息2～3分钟;4、3、2号位连续各扣5球;连续扣防练习:单人连续拦网10次,要求不能犯规;3、4（2、3）号位连续左右移动拦网×10次。

②3～5人一组,连续接教练员扣出的球练习滚翻救球,每人30～50次。

（三）耐力素质训练方法

1. 移动耐力素质训练

提高移动耐力的练习方法,有全场移动单人依次防守10～20个球;连续的跑动传球或垫球20～30次;跑动翻滚或鱼跃救球;"8"字防守30～50个球;连续大强度地防守或三人防调练习。

2. 综合耐力素质训练

（1）在身体训练结束后,再进行排球比赛或比赛以后再进行身体训练。

（2）象征性排球比赛模仿练习。队员从1号位防起一个扣球之后,前移防起一个吊球,再移动到6号位调整传球一次,移动到5号位防一个扣球,再移动到4号位扣一个球,移动到3号位做一次拦网动作,后撤上步扣球,再移到2号位。一次单脚起跳扣球为一组,连续做若干组。

（3）连续打5～7局或9～11局的有一定强度的教学比赛,可训练比赛耐力。

（四）速度素质训练方法

（1）在网前3米快速移动接起跳拦网练习。

（2）排球半场对角线冲刺跑。

（3）移动拦网后,快速后退垫球,然后再助跑做起跳扣球的组合练习。

（4）前后、左右连续移动做垫球、传球练习。

（5）扣球、拦网、调整传球、防守、扣球的组合练习。

（6）移动截球。教练员在网前,队员在中场准备,教练员向各位置抛出各种变化球,要求队员判断移动,在球未出半场或落地之前将球截获。

第六章　常见小球运动体能训练指导

　　小球运动对参与者的体能素质水平有着较高的要求。以常见的乒乓球、羽毛球、网球等小球运动项目为例,一场激烈的比赛对运动员体能的消耗是非常大的。因此,为了使小球运动参加者做好体能方面的准备,对这些常见小球运动的特点、体能要求以及相应的训练方法进行研究和指导就显得很有必要。

第一节　常见小球项目的特点及体能要求

一、乒乓球运动的特点及体能要求

（一）乒乓球运动的特点

1.球速快、旋转强、变化多

　　目前,国际正规乒乓球竞赛中使用的球体直径长为40毫米,材质为新型塑料,重约2.8克。较之早期正规乒乓球用球38毫米的直径,增加的直径在一定程度上降低了乒乓球的球速,增加了回合数。但即便如此,在所有球类运动中,乒乓球仍旧是速度最快、旋转最强的项目。据统计,弧圈球的平均转速为116.5转/秒,正手扣杀的平均速度为17米/秒。较快的球速、强烈的旋转必定带来线路的多变,这给运动员的反应速度带来极大的考验,需要运动员调用身体最多的感官和思维对球路进行预判和做出正确的技战术选择。由此可见,要想打好乒乓球需要刻苦的训练和参加较多的比赛。

2.场地简单,项目众多

　　在我国,乒乓球运动被美誉为"国球"。其中一个重要方面就是其在大众体育方面展现出的无与伦比的作用。之所以乒乓球在我国有着较好的群众基础,除了由于我国运动员在国际赛场上的出色表现外,还与乒乓球运动对场地和器材的限制较少,易于开展的特点有关。另外,乒乓球在大众体育中的玩法多样灵活,下至儿童上至老年,都可以找到适合自己参与的乒乓球玩法。

3. 运动量可控

在大众体育中,乒乓球运动的运动量较为可控,这就为这项运动能够囊括更多参与群体奠定了基础。运动者可根据自己和对手的技术水平高低和练习内容的难易程度来确定自己的移动范围、发力大小和频率,可以根据个人体质状况、体能素质、运动水平等来灵活地控制运动量。如果体能充沛可以开展正式比赛规格的竞赛,如果体能有限则可以在与对手协商下增加局间休息时间,或在每个回合的间隙降低比赛进行的节奏,或者可以3个人或更多人共用一张球台采用"打擂"的形式开展活动。

4. 技战术复杂

鉴于乒乓球运动的多项特点,使得参与者需要掌握的技术与战术较多,而且每一项技战术都需要掌握精细,才能在比赛中合理运用,由此就构成了乒乓球运动技战术复杂的特点。就拿乒乓球的旋转来说,经过分析可知由于不同的球板摩擦球的方向,可以制造出26种旋转,其中最常见、最正规的旋转就有6~8种,如上旋、下旋、左旋、右旋、左上旋、右上旋、左下旋、右下旋等。在高水平运动员的对抗中,这些基础旋转远远不够用,于是甚至还会出现偏左下旋、偏右上旋、轻微上旋等更为精细的旋转,这些旋转都会对回接技术的选择造成影响,如果将之与速度和落点相结合,乒乓球运动的技战术复杂度就更加加深。鉴于此,就使得参与乒乓球容易,想打好乒乓球难。

(二)乒乓球运动的体能要求

1. 发球体能要求

乒乓球运动中的发球是一项唯一不受对方限制的主动技术。因此,掌握良好发球技术的运动员通常在比赛的前三板会占据主动。

发球技术对于体能的要求主要体现在手指手腕的爆发力上,由此才能发出具有极强旋转或快速飞奔的球。在发球时,要做到出手突然、发力迅猛,同时还要兼顾动作的欺骗性。另外,发球运动员应反应及时,能准确判断对方的战术行为,如在抛球时眼睛余光发现对方已经通过预判进行了步法移动,那么此时就要随机改变原先的发球属性,这就考验了运动员的灵敏素质,做到手腕灵活,使球与球拍的摩擦力量适中,以发出各种变化的球。

2. 接发球体能要求

从单一的技术主动性来讲,接发球技术是一种被动的回接技术。然而乒乓球是一项控制与反控制的游戏,即便是看似被动的接发球技术,也可以通过富有威胁的回接方式变被动为主动,打破发球方的战术意图。

接发球技术对于运动员的体能要求主要体现在速度素质和灵敏素质两方面。运动员在接球时应准确预测对方的发球,在对方发球后迅速起动,首先步法移动到位,然后选择正确的接发球方法。在整个接发球技术的应用过程中,运动员必须在短暂的时间内做出正确的决策,并果断实施。要想掌握精湛的接发球技术,需要在日常训练中反复训练回接不同速度、落点、弧线的发球,并且在能够熟练回接的基础上尝试加强接发球的攻击性。而在体能训练方面应着重提高动作速度和灵敏性等素质。

3. 搓球体能要求

搓球是一种应用较为广泛的回接技术,通常在接发球及前三板中应用最多。搓球主要用于对付对方的下旋断球或不转。另外,搓球还能为拉弧圈球创造条件,它与攻球结合可形成搓攻战术,是应对削球打法的最好战术之一。鉴于搓球技术幅度小、出手快、弧线低、旋转与落点变化丰富的特点,需要运动员具备的身体素质主要为灵敏素质和柔韧素质。

4. 削球体能要求

削球在乒乓球运动中属于防守技术,另外,该项技术如果作为一种主要的打法来讲,就是削球打法。不过由于现代乒乓球器材的发展较快,使得乒乓球运动整体更加倾向于进攻,而非防守,这就是现代削球打法运动员减少的主要原因。通过削球动作可以削出强烈的下旋球,或是不转球。削球具有稳定性好的特点,但它的技术劣势在于削球回球的速度较慢、威胁性小。

削球技术对运动员耐力素质和灵敏素质的要求较高。一方面,在同等水平的选手中,削球选手大多在回合中处于被动一方,因此他们的前后左右步法移动更多,需要具备较好的耐力素质;另一方面,乒乓球选手在对方大力扣杀时,需反应及时,做好正确的判断,需要一定的快速反应能力以及相应的灵敏素质。

5. 攻球体能要求

攻球是乒乓球技术中较为关键的技术,它是大多数情况下结束一回合比赛获得得分的技术。而在越发推崇进攻的现代乒乓球比赛中,攻球几乎是所有运动员熟练掌握的,进而在比赛中经常出现精彩的对攻场面。攻球技术需要运动员给予球一个较大的向前的力量,而这个力量不只是绝对力量那么简单,运动员还需要做好球拍击球瞬间的爆发力与合力,由此使得力量真正地作用于球体,以致增大了球的速度,使击球具有较大的攻击力。这就对运动员的力量素质与速度素质提出了较高的要求,缺乏这两种素质必然会使攻球的质量下降,在对攻中处于弱势地位。

6.弧圈球体能要求

弧圈球是强烈的上旋球。在现代乒乓球运动技术中,由于弧圈球以其巨大的威胁性和良好的容错性的特点,使得众多打法都与弧圈球有关,如弧圈球结合快攻和快攻结合弧圈等打法,进而也使其成为运动员必须掌握的技术。

弧圈球技术对运动员的体能要求主要体现在力量素质、速度素质、灵敏素质以及柔韧素质。首先,绝对力量较大,并且能协调好相对力量的运动员,其拉出的弧圈球必然力量也更大,威胁更大。此外,要想拉出高质量的弧圈球,使发力更高效地作用到球上,还需要运动员首先用快速的步法移动到位,找到最佳的击球位置,这就需要运动员具备较高的灵敏素质和柔韧素质。

二、羽毛球运动的特点及体能要求

(一)羽毛球运动的特点

1.不确定性

羽毛球运动拥有丰富的技术和战术,因此,每个回合的比赛都具有非常大的不确定性,而这也成为羽毛球运动富有魅力的主要因素之一。单看羽毛球技术,无论是击球技术还是步法技术都是有其内在的规律的。不过在羽毛球比赛中,这些技术并不能在无限制的情况下使用,更多的是在受迫的情况下回接,这就给技术的运用带来了不确定性。而面对同一种来球情况,选择不同的技术回接会产生不同的战术效果,很多情况下这种选择也是随机而定的。

为了应对这种不确定性的特点,运动员就需要拥有较好的预判能力与攻守能力,并以发球、前场、中场和后场等手法技术将球击向对方任意场区。羽毛球运动这种不确定性特点,使得运动员拥有力量、速度和耐力等素质会对在比赛中的发挥起到重要作用。

2. 快速爆发力量

羽毛球运动对运动员的灵敏素质有着较高的要求,然而运动员的这种在场上快速移动和吊打结合的运动方式几乎全指向了一种素质,那就是快速的爆发力量。对从羽毛球球员在场上身体运动的动作来观察,球员的上肢运动是通过手臂肌肉运动产生爆发力,并挥动羽毛球拍将球击出;下肢运动是下肢肌肉在力的作用下,产生快速移动,使人体在短时间内到达合适的位置,协调上肢完成击球动作。由此看来,羽毛球运动员需要具备的力量素质应该是一种快速爆发的力量,而非完全依赖绝对力量。这种羽毛球运动特点使得运动员需要在日常的体能训练中有针对性地对爆发力进行训练与提高。

3. 大众性运动

鉴于羽毛球运动的组织形式简单,场地和器材要求不高,因此它在我国有着非常好的群众基础,具有十足的大众性特点。具体来说,羽毛球运动的大众性特点主要体现在该运动对各年龄段和阶层人士的普适性方面。这种普适性突出表现为对人的身体与心理两方面的促进作用。对少年儿童来说,进行羽毛球运动能通过在场上不停地奔跑跳跃击球增强身体的协调能力,提高反应和灵敏度,促进身体生长发育;对处于青春期的青少年来说,羽毛球运动可以提升他们参与体育运动的兴趣,这有利于他们养成终身体育的意识;对已经步入社会的人士来说,羽毛球除了是一种放松身体、强健身心的运动外,更可能是他们的一种社交手段;对于老年人和体弱者而言,从事羽毛球运动时应注意将强度降低,以健身为主,竞赛为辅,力求通过参与羽毛球运动促进新陈代谢、益智护眼、保持身体的协调性和运动状态,更为重要的是羽毛球有利于保持老年人的心理状态,最终实现提升老年人生活质量的目的。

（二）羽毛球运动的体能要求

对羽毛球运动的体能要求主要应从五个具体素质方面入手,即速度素质、灵敏素质、力量素质、耐力素质以及柔韧素质。具体的体能要求分析如下。

1. 速度素质要求

对于羽毛球运动员来说,速度素质是一项必备的身体素质,这是他们在比赛中占据主动的必要素质。这主要是由于羽毛球运动本身的特点所决定的,较高的球速以及较快的回合频率决定了速度素质的重要性,如运动员对球的飞行判断、各种挥拍击球动作、跳跃等动作都需要有速度素质作保障,而步法的移动更是高质量击球的基础。

2. 灵敏素质要求

羽毛球运动员需要具备良好的灵敏素质,这与羽毛球运动速度较快的特点有关。运动员为了应对高速、高频的回合,就必须需要自身具备优秀的灵敏素质。羽毛球运动员在赛场上必须用灵巧的动作迅速地做出各种反应,随机完成的应答动作在空间、时间以及用力特征上相互吻合,组配协调。而如果不具备这种素质,或这种素质的水准不高,则可能在比赛中出现身心不协调的情况,如对于一个来球的判断准确,而身体的灵敏性不足,最终仍旧无法成功回接来球。

3. 力量素质要求

力量素质是任何运动都需要的最为重要的身体素质,对于羽毛球运动来说也不例外。需要特别说明的是,羽毛球运动员对力量素质的需求是多样化的,而不简单是运动员的绝对力量。具体来说,羽毛球运动中的扣杀需要有较大的绝对力量作为基础,然而更多的一些击球技术并不需要发出较大力量,而是需要一些"巧劲儿",如吊球和网前放小球等技术,这种小技术更多展现的是运动员对力量的控制,而不是一味使用蛮力。羽毛球运动对体能的消耗较大,对于力量素质的要求不只是爆发的一下,还需要关注力量的耐力以及速度力量。在训练中将这三者相结合才能使运动员被培养出最为适合羽毛球运动特点的力量素质。

4. 耐力素质要求

尽管羽毛球运动每回合之间会有一个短暂的调整时间,但总的来看,这并不不会降低比赛的强度。同等水平运动员之间的比赛往往需要争夺 1 ~ 2 个小时,在这段时间内运动员的肌肉始终保持高强度的收缩。具体来说,就是伴随强度不断变化与速度素质、灵敏素质紧密结合的耐力素质。比赛双方的技战术水平在很大程度上决定着耐力素质变化幅度的强弱。

5. 柔韧素质要求

柔韧素质在众多身体素质当中看似对运动能力起到的作用不大,但实际上,该素质在如羽毛球这种需要快速反应和要求有较高敏捷性的运动当中是非常重要的。柔韧素质在羽毛球运动中为运动员提供良好的比赛适应性,并且能够帮助运动员在高强度的对抗中保持身体动作的稳定性,最大化避免运动性损伤的发生。对于步法来说,拥有较好柔韧素质的运动员的步法幅度更大,这就相对于其他人能够更快地来到最佳的击球位置。羽毛球运动的柔韧素质表现出动力性的特征,具体来说,就是肌肉、肌腱、韧带根据动力性技术动作的需要,拉伸到解剖学允许的最大限度,随即利用强有力的弹性回缩力来将所要完成的动作完成。

三、网球运动的特点及体能要求

（一）网球运动的特点

1. 运动耗能较大

在一场同等级别水平运动员之间的较量中,网球比赛往往会消耗较长的时间,有些男子比赛甚至会耗时 5 个小时左右。常见的网球比赛的耗时通常也接近 90 分钟,再加上现代网球运动员更加趋向于底线相持的打法,这使得每回合比赛的时间加长,进而也就使整场比赛的时间增加。正因如此,网球运动成为一项对运动员体能素质有着极大考验的运动。

具体来说,网球运动之所以成为对体能消耗较大的运动,除了上面提到的运动员打法的改变增加了每回合比赛的来往回合数外,网球运动成为消耗体能较大的项目还在于运动员在本方半场的跑动范围较大,在众多隔网运动项目中,网球场上的人数密度最少。据科学数据统计,一场双方水平相当的网球比赛,男子的总跑动距离接近 6 000 米,女子的总跑动距离接近 5 000 米,双方的挥拍约达千次。如此高强度、高耗时的比赛,确实是一种对运动员体能的考验。

2. 比赛的高对抗性

前面说到了网球运动对于人体的体能是一种考验,它对体能的考验还在于体现出网球运动的另一个特点,那就是它的高对抗性。

网球赛事的规则决定了双方击球的方式为用拍子击空中球或地面反弹球,接对手击过网的球如此,自己发球也是如此,即先将球抛起,然后才将球击到对方发球区内。目前有数据统计,男子选手的发球时速将近200 千米 / 小时,一些力量型女子选手的发球有时也接近这一时速。快速的发球和高节奏的比赛过程无疑大大增加了网球运动的对抗性,即便这是一项隔网运动。而且,这种高对抗性除了体现在双方运动员体能方面外,还影射到了他们的心理对抗层面。再加上种种难度较大的技战术和临场应变,使得网球运动具有了较高的对抗性,这是其他隔网运动难以比拟的。

3.比赛的偶然性较大

网球比赛的偶然性较大,这种偶然取决于网球运动本身包含的众多因素,如网球比赛的时间、场上的形势、赛场环境、器材因素、心理状态等。从场上的形势来说,一对势均力敌的对手在比赛中不仅是技战术的对抗,这种对抗还体现在心理方面,如一些技战术能力较强但心理素质不佳的运动员可能会受到场上场下的一些客观因素的影响造成心烦意乱,这就降低了整体实力的发挥,直接导致可能输给实力不如自己的选手;再如一些选手特别擅长硬地赛事,而到了红土场地或草地场地后,由于场地性质的不同导致了球体落地弹起高度不同,对这种情况的不适应也会导致无法发挥出正常的实力。如此这些原因都是使网球比赛充满偶然性的因素,当然,这也是网球运动充满魅力和比赛结果不确定性的原因,同时这也为比赛的观赏性提供了保障。

4.心理素质的决定性

运动员的心理素质水平会决定一场比赛他对局面的把控程度。对于网球这类隔网小球运动来说,由于它对运动员技战术的要求较为精细,所以一点点的心理问题都可能导致动作出现细微的变形,而哪怕是细微的动作变形都可能给出球效果带来巨大的影响。所以,网球运动就具有运动员心理素质的决定性特点。网球运动中还有一个规则使得运动员个人的心理素质决定比赛走势的特点更加明显,这就是在比赛的间歇过程中,包括在局间、盘间休息时,都不可以接受教练员的临场指导,在这种情况下,几乎在整场比赛中运动员都只能依靠个人的判断独立作战,这就更加需要网球运动员具备良好的心理素质,以顽强的意志品质争取比赛的胜利。

（二）网球运动的体能要求

1.发球技术体能要求

网球运动包含的技术众多,其中最为重要的就是发球技术。在现代网球运动中,由于运动员的身体素质水平不断增加,这就使得发球这项在网球运动技术中唯一不受对方限制的技术得到了更多的重视,发球也自然被运动员看作是掌握比赛主动权的首要技术。然而发球技术的构成较为复杂,它是一种力量、技巧、稳定多方面因素相结合的稳态技术,过于看重其中的某一种属性都会使发球的威胁甚至是成功率大大降低。而具有威胁的发球除了要有良好的落点和角度外,还要有较大的力量,这在身体素质方面就对全身的力量提出了较高要求。为此,网球运动参与者可以通过与发球技术的练习方法相结合,以训练发球技术所要求的体能能力。

发球技术的训练过程实际也是一种对力量素质进行训练的过程。为此,在进行网球发球技术训练时应秉承循序渐进的原则,不要求高、求快,稳步提升。

2. 接发球技术体能要求

在网球运动中,接发球是回接对方发球的技术。将看似被动的接发球技术掌握娴熟和使用得当可以有效地变被动为主动,甚至反而成为接发球一方的有利反击“武器”。为此,良好的体能就是做好接发球的基本保障。接发球技术对体能的要求主要在于速度素质和灵敏素质的应用,并且这种素质可以通过网球专项体能训练实现。同时,在日常训练中也要加强对快速的步法移动的训练,以适应实战的需要。

3. 正反手击球技术体能要求

正手与反手的击球是网球运动的基本技术。无论在哪种网球比赛中,都会涉及这项技术的使用。作为基础击球技术,其体能训练时要格外注重针对性和具体性。正反手击球的技术动作结构较为复杂,动作不易定型,特别是正手技术更是如此且更加复杂,因此特别是对那些初学者的训练要细致,打好体能基础,特别是力量素质以及更加细微的爆发力的加强更为重要。而对于具有一定水平的训练者而言,可以通过直接学习动作与纠正错误方面来进行训练,以满足正反手击球技术对体能的要求。

4. 截击球技术体能要求

截击球在网球比赛中是一种非常具有杀伤力的技术。截击球多用于运动员上网后的处理球。在看准时机果断上网后,谁来到网前,谁就占有这一回合的主动权。因此,截击球技术水平对比赛成绩有着重要的影响。从体能保障的角度上来看,截击技术对身体的移动能力有着较高的要求,也就是说对速度素质有着高要求,并且这种移动还要配合脚下的灵活,进而也对运动员的灵敏素质有所要求。总的来看,截击球技术需要依靠身体的柔韧素质带来的协调性来完成,任何一点不到位都会造成截击球质量降低的情况。

5. 挑高球技术体能要求

挑高球在以往的网球运动中被视为一种在受迫的情况下不得已采用

的防守技术。然而在现代网球比赛中,双方在底线相持过程中一方偶然打出挑高球已经被视为一种改变场上节奏的战术行为,具有一定的实际意义。高水平的挑高球技术需要良好的体能作为支撑。在挑高球技术练习中,可通过不同形式的训练方法来提高挑高球的体能水平。为了能够击出高质量的挑高球,需要在训练中注重对身体柔韧素质和平衡能力的训练。

第二节 小球运动基础体能训练

一、乒乓球运动基础体能训练

（一）乒乓球基础力量素质训练

1.上肢力量素质训练方法

（1）变速弯举练习。持哑铃或杠铃杆做变速弯举,从直臂至屈臂90°用3秒,然后加速用1秒完成弯举动作（图6-1）。

图 6-1

（2）变速转动杠铃杆练习。运动员持杠铃杆（右手正握、左手反握）,右臂内旋做逆时针转动,使杠铃杆由体前横握转为垂直竖握。转动前30°用3秒,然后1秒快速转为竖握（图6-2）。

图 6-2

（3）持轻哑铃做变速模仿拉弧圈球练习，用时 3 ～ 1 秒（图 6-3）。

图 6-3

（4）双手持哑铃于肩上，做前臂绕环，向外或向内（图 6-4）。

图 6-4

（5）双手持哑铃于体侧，做前臂绕环，向外或向内（图 6-5）。

图 6-5

2. 下肢力量素质训练方法

（1）采用持握杠铃负重半蹲进行训练，每次时间 10 ~ 30 秒；缓慢下蹲，做慢速动力训练，动作为下→起→下，时间各为 6 秒；蹲起，做慢速 动力训练，时间各为 6 秒；半蹲，做侧滑步行进等。

（2）用杠铃负重，做侧跨步行进；做左右跨跳；做快速箭步上挺；提踵；做双脚前后跳或左右跳；向侧做交叉步行进等。

（二）乒乓球基础速度素质训练

1. 反应速度训练方法

乒乓球运动的变化速度以及每回合的节奏均非常快速，再加上乒乓球本身的技战术较为丰富，因此，运动员在场上对于来球不仅要做出快速的判断反应，还应该要为接下来的回接球做出最正确的技战术选择。对于乒乓球运动员，每一次回击来球都要经历看、判、选、做四个步骤。

反应速度练习就是要使练习者根据动作、手势、声音、物品等信号做出迅速的反应。其训练方法如下。

（1）冥想比赛。要求运动员在闭目冥想中模拟与对手的比赛。

（2）听教练口令做急起急停或步法变换训练。

（3）在行进中听口令后，突然做准备姿势，然后迅速做交叉步、侧身步等。

2. 动作速度训练方法

（1）采用领跑、助跑和灯光等多种手段发出速度感觉指令，以提高动作速度的练习，如使用音响或灯光信号发出速度感觉指令，可根据训练的需要加快或放慢动作节奏。

（2）变换各种形式和方向的快速跑或其他动作的练习。如立卧撑，十字变向跑，各种躲闪、急停、迅速转体等练习。

（3）体育游戏的发展速度素质的方法。可以将速度素质的训练方法融入体育游戏中，这样可以减少单纯素质训练给运动员带来的枯燥感。例如，二人面对面站立，先将左手置于身后，发令开始后，设法用自己右手摸对方后背，摸中 1 次得 1 分，得分多者为胜。

3. 移动速度训练方法

运动员在乒乓球运动中几乎每一拍击球和准备击球的过程都是在不间断移动中进行的。乒乓球运动员的移动速度是指在最短时间内，通过步法移动，迅速到达击球位置的能力。下面的训练内容有助于提升运动员的移动速度。

（1）左右移动的步法练习（以球台宽度为界），30秒～1分钟为一组。

（2）推、侧、扑步法练习，30秒～1分钟为一组。

（3）交叉步移动（以球台长度为界），30秒～1分钟为一组（图6-6）。

图 6-6

（4）换球台端线两角（左右侧前、侧后移动），30秒～1分钟为一组（图6-7）。

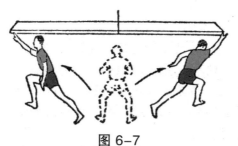

图 6-7

（5）基本球路结合步法练习（两点打一点、不同落点打一点等）。

（三）乒乓球基础耐力素质训练

在乒乓球比赛中，要求运动员能够准确判断—快速反应—快速移动—合理挥臂—准确击球。专项耐力素质为主的练习形式可以有效增加运动员在上述各环节中的反应与动作能力，具体的练习方法如下。

（1）800～1500米变速跑。运动员6～10人列成纵队，听信号从排尾跑到排头，在这段距离内要加速跑，或用滑步、交叉步等。

（2）3分钟花样跳绳：正摇、反摇、交叉摇、（双摇跳50次＋单摇跳50次）×5、（双摇跳30次＋单摇跳50次）×5等。

（3）3分钟交叉步训练（在两端线之间）。

（四）乒乓球基础柔韧素质训练

1. 肩关节柔韧素质训练方法

（1）压肩练习。要求运动员身体面向球台或肋木，双手手扶球台或肋木做双手压肩或单手压肩练习。

（2）双人背向拉肩练习。双人背向两手头上拉住，同时做弓箭步前拉。

（3）借助同伴压肩振臂练习。要求运动员并腿坐在垫子上，臂上举，同伴在背后一边向后拉其双手，一边用脚蹬练习者肩背部，向后拉肩振胸。

（4）侧向肋木压肩练习。要求运动员侧向肋木，一手上握一手下握肋木侧拉。

（5）棍、绳或橡皮筋转体练习。用木棍、绳或橡皮筋做直臂向前、向后的转肩（握距逐渐缩小）。

（6）正、侧压腿练习。前后左右劈腿练习；可独立前后振压，也可以将腿部垫高，由同伴帮助下压。

2. 腰腹部柔韧素质训练方法

（1）后下屈体练习。要求运动员向前挺髋、挺胸、抬头，背对肋木，两手先高握肋木，然后两手不断向下扶肋木，至体后屈最大限度。

（2）挺身起练习。要求运动员背对肋木，双手后握肋木，提踵屈膝下蹲站立。双脚蹬地伸展并向前送髋、挺身至最大限度。注意挺身后身体充分伸展成一半圆形状。

（3）后倒成背弓练习。要求运动员双臂自然置于体侧，屈膝跪立，然后上体慢慢向后倒，挺胸展髋成背弓。注意髋及上体充分伸展。

3. 下肢柔韧素质训练方法

（1）后拉腿练习。要求运动员上体保持直立或稍后仰，左腿屈膝在前站立，右膝在后撑地，左手扶地右手向后上拉右小腿与大腿折叠，脚踵触及臀部。

（2）屈膝坐侧压腿练习。要求运动员上体直立，两腿屈膝，两脚掌相对并触及坐下。双手下压两膝关节至两膝触地。

（3）侧压腿练习。要求运动员上体保持直立，两腿大开立，身体重心左移，左腿屈膝，左脚提踵成全蹲侧压右腿，两腿交替侧压。

4.踝关节柔韧素质训练方法

（1）踝屈伸练习。要求运动员双手握较低肋木，双腿后伸，两腿提踵支撑。一脚屈踝至全脚掌撑地，另一脚提踵。两脚轮流交换进行踝关节屈伸。注意两脚尽量后伸，屈伸时要有弹性。

（2）体前屈伸膝、踝练习。要求运动员身体前屈，双腿屈膝站立，双手扶地。双腿用力伸膝、伸踝、提踵。多次重复，注意提臀、伸膝、伸踝。

（五）乒乓球基础灵敏素质训练

1.灵敏素质基本训练方法

（1）4人一组，沿球台跑动，轮流击球。在限定时间内，两组可进行击球板数的比赛，击球板数多者为胜（图6-8）。

图 6-8

（2）二人传球行进。将运动员分为两组进行接力比赛（图6-9）。

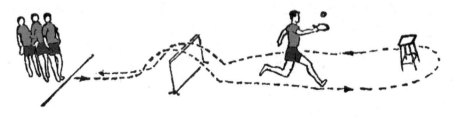

图 6-9

（3）将运动员3人一组，分两队各站在球台一端，进行类似双打的三人轮换击球训练。要求每个队员还击后做一次俯卧撑，然后再准备打一板球。规定双方打中等力量的球，不得扣杀（图6-10）。

图 6—10

2.灵敏素质游戏训练方法

（1）传球抢截游戏。将运动员分为两组,每组 3 ~ 4 人。手持球拍在限定范围内,进行传球抢截游戏。

（2）限定采用各种不同步法,托球进行"8"字跑的接力游戏。

（3）追逐游戏。追人者手持球拍托球,在限定的范围内追逐别人,将乒乓球击到被追者身体视为捉住了被追者。然后被追者变为追人者,依次进行。

二、羽毛球运动基础体能训练

（一）羽毛球基础力量素质训练

1.上肢基础力量素质训练

（1）哑铃操

哑铃操是羽毛球运动体能训练初学者发展力量素质的一种有效手段。可以根据不同的训练负荷选择不同重量的哑铃。重量大,负荷次数少,完成动作的速度慢;重量小,负荷次数多,完成动作的速度较快。具体训练方法如下。

①哑铃头上推举。

②哑铃胸前推举。

③哑铃体前平举。

④哑铃体侧平举。

⑤哑铃臂屈伸。

⑥哑铃扩胸。

（2）杠铃训练

可选用15～20千克的杠铃,利用杠铃发展上下肢动作协调能力和爆发力量。具体训练方法如下。

①提铃抓举。

②前臂体前屈伸。

③前后分腿跳挺举。

（3）杠上训练

①单杠引体向上:两手正(反)握单杠,握距同肩宽,两脚离地,两臂伸直,身体悬垂。引体发力使身体向上拉至头过杠面,随后身体慢慢垂下来还原。要求动作过程不要借助身体摆动和屈蹬腿协助发力。

②双杠直臂静力支撑。

③双杠屈臂撑。

（4）俯卧撑

①手掌撑:俯身向前,手掌撑地,手指向前,两臂伸直,两手撑距同肩宽,两腿向后伸直。两臂屈肘向下至背低于肘关节,接着两臂撑起伸直还原姿势。练习时,身体保持平直。

②两臂宽撑(掌撑或指撑),连续做俯卧撑动作。

③两脚放在横木上,连续做俯卧撑动作。

2.下肢基础力量素质训练

（1）跳跃训练

发展下肢力量一般采用各种姿势的跳跃练习方法。可借助沙衣或沙袋增加负荷。具体训练方法如下。

①蹲走。

②全蹲向上跳。

③收腹跳。

④单腿蹬跳高凳或台阶。

（2）杠铃负重训练

利用杠铃来发展下肢肌肉群的绝对力量和爆发力量。具体训练方法如下。

①半蹲起跳(注意脚弓的蹬地爆发力)练习。

②全蹲起。

③弓箭步跨步练习。

④双脚或单脚前后左右蹬跳。

（2）游戏训练

①推小车练习:俯卧撑地,两腿由同伴抬起充当小车的扶把,以两手

支撑身体向前爬行。

②大象走：模仿大象四肢着地的动作，以同侧手脚同时迈第一步，再换异侧手脚同时迈第二步。

③爬走：俯卧，除手脚着地外，身体的其他部分不触地，快速向前爬行。

3.躯干基础力量素质训练

（1）杠铃负重训练

仰卧或俯卧在两条凳子上，身体中部悬空，把一定重量（根据个人情况而定）的物体放在身体的悬空部位，保持此姿势支撑数分钟。该训练主要用于发展躯干部位的腰腹、背肌的力量。

（2）箱（垫）上训练

①俯卧起：俯卧在横跳箱（垫）上，脚后跟勾住肋木，颈背部放一沙袋等重物做屈体后仰。

②仰卧起：仰卧在横跳箱（垫）上，脚背勾住肋木，手持重物或是徒手做仰卧起坐。

③侧卧起：侧卧在横跳箱（垫）上，脚踝勾住肋木，手持重物或是徒手做侧卧起。

（二）羽毛球基础速度素质训练

适应羽毛球运动的基础速度素质训练适合于羽毛球运动体能训练的初学者。

1.反应速度训练

（1）视听训练

①听口令转身起跑训练：背向起跑线，听到口令后立即转身起动向前冲刺跑。可以采用蹲踞式、坐式或站立式等各种起跑姿势。

②看手势起跑训练：背向起跑线，看到手势后立即起动向前冲刺跑。

③视听信号变速冲跑训练：慢跑中听到或看到信号后立即向规定的方向冲刺跑，再次得到信号后恢复慢跑，第三次得到信号后又开始冲刺跑，反复进行。

（2）游戏训练

①两人拍击：两人一组，面向开立，听到开始口令后，设法拍击对方背部，同时防止对方击中自己。在规定时间内（每次1分钟左右），拍击对手多者胜。

②贴人游戏：两人一组前后面向圈内站立围成一圆圈，左右间隔2

米。两人在圈外沿圈跑动追逐,被追者可跑至某两人的前面站立,则后面的第三者即逃跑,追者即改追这第三者,如被追上为失败。

③躲竿游戏:若干人围圈面向圈内站立,圈内 1 至 2 人,站在圆心附近手持小树枝或小竹竿(竿长超过圈半径)。持竿者将竹竿绕过站圈人脚下划圆,竿经谁脚下谁即起跳,不让竿打上脚,被打到者即失败,进圈换持竿者,反复进行。

2. 动作速度训练

(1)快速跑跳台阶

① 1 级台阶快速小密步上下往返跑。

② 2～3 级台阶交叉蹬跨步跑。

③跨步跳:双脚交替起跳和落地。注意摆动腿大腿与地面平行、步长大于正常跑进,跳起高度不要太高、脚落地时不要前伸小腿,采用主动扒地方式快速落地。

④连续蛙跳:双脚重复起跳和落地。起跳和腾空动作与立定跳远相同。注意身体向前上方跳起,动作连贯。

(2)下坡冲跑

选择平坦、倾斜度在 3°～7° 范围之内的坡,进行短距离下坡冲跑练习,强迫步频转换速度。

(3)快速超越障碍物

①单腿过栏架跑:以约 1 米间距摆放 8～10 个约 30～40 厘米高的栏架。在栏架一端支撑腿直膝跑进,摆动腿从栏架上越过。要求栏架外侧支撑腿伸直,摆动腿栏架上的快速高抬和折叠。

②双腿过栏架跑:以约 1 米间距摆放 8～10 个约 30～40 厘米高的栏架。在栏架上做高抬腿跑,在每一个栏间距内双脚落地,要求采用同一条攻栏摆动腿,摆动腿高抬,翘起脚尖。

3. 移动速度训练

(1)直线冲跑

① 10 米冲刺跑:训练从静止到迅速加速的能力。

② 30 米加速跑:训练起动跑后速度持续加速的能力。

③ 60 米途中跑:训练达到最快速度保持一定距离的能力。

(2)往返冲跑

① 10 米前后冲跑:从起点快速跑至终点,又由终点快速后退跑至起点,反复练习。

② 10 米左右侧向并步跑:右脚在前、左脚在后并步侧向跑至终点。

然后再以左脚在前、右脚在后并步侧向跑回起点。练习时可用直立姿势跑或半蹲姿势跑,要求以最快速度完成。

（3）接力跑

①分若干组,每组人数相等。听到口令后各组的第一位选手向终点冲跑,跑至终点迅速绕过标志往回跑,跑回起跑线迅速拍击下一位同伴,同伴以同样的方式冲跑。最先跑完一轮的小组获胜。

②分两组,每组6人,在地上画两条相距2米的平行线。两组成员间隔一定距离,沿画线站成纵队。听到起跑令后,站在最后的选手持球以蛇形方式依次绕过队友跑到队前,再立即把球抛给本组的最后一名选手,该选手接到球后做同样的蛇形跑。率先完成传球并在跑的过程中没有触及本组队友的小组获胜。

（三）羽毛球基础耐力素质训练

适应羽毛球运动的基础耐力素质训练主要适合于羽毛球运动体能训练的初学者。

（1）400米、800米快速跑步:保持一定速度,发展速度耐力。

（2）1 000 ~ 5 000米不等长距离跑步:基础耐久能力训练。要求跑的负荷量尽量多些,运动一小时以上,心率控制在150次/分钟左右。

（3）2 000米、3 000米或5 000米以上的长距离变速跑:采用快慢交替的训练方式,进行变速跑步练习。要求负荷强度要由低到高,心率控制在130 ~ 150次/分钟、170 ~ 180次/分钟左右,训练时间在半小时以上。

（4）2×4×100米的双向跑:跑次恢复间歇30秒。

（5）4×200米的踮步跳:要求高抬腿,3分钟的被动恢复。

（四）羽毛球基础柔韧素质训练

适应羽毛球运动的基础柔韧素质训练主要适合于羽毛球运动体能训练的初学者。

（1）屈体训练:两脚左右分开,与肩同宽,两臂以稍比肩宽的距离斜上举,上身尽量前屈,两手先在左膝后面击掌,再换在右膝后击掌,反复进行。

（2）振臂训练:直立,上体挺直,两臂前平举,尽力向后振,恢复准备姿势后再振,反复进行。

（3）伸展训练:两脚左右分开,与肩同宽,两臂在胸前掌心向下做水平屈肘,上体左转,两臂同时向两侧伸开,振臂拉长韧带,再向右侧做同样的动作,反复进行。

（4）转腰训练：两脚左右开立，与肩同宽，两手扶后脑，上体反复向左、右两侧做转体动作，先向右转，再向左转，反复进行。

（5）正面压腿：在一个台子前站立，一条腿伸膝放台子上，另一条腿支撑地面。呼气，双腿膝关节伸直，髋关节正对台子。上体前倾贴近台子上大腿上部。反复进行。要求伸展腿膝部和背部保持伸直，肘关节上提，动作幅度尽量大，动作保持 10 秒左右。还可以进行体侧屈压腿、仰卧转压腿的变化练习。

（6）向后拉肩：站立或坐立，在背后双手合掌，手指向下，吸气，转动手腕使手指向上。向上移动双手至最大限度，并后拉肘部。反复进行。要求动作幅度尽量大，动作保持 10 秒左右。还可以进行背向压肩、向内拉肩、单臂开门拉肩的变化练习。

（7）跳跃练习：两脚左右开立，与肩同宽，两臂侧平举，跳跃两次，然后两脚并拢，两手在头顶上拍两下，再跳跃两次。

（五）羽毛球基础灵敏素质训练

适应羽毛球运动的基础灵敏素质训练主要适合于羽毛球运动体能训练的初学者。

1. 抛接羽毛球练习

（1）将球向上抛，即刻下蹲双手触地，再迅速站起用手接住球。

（2）两臂前平举，右手把球从左臂下面向上抛起，再接住，连续做数次后，再换左手做同样的练习，反复进行。

（3）右手把球向上抛起，同时原地起跳向左转体 360°，然后接住球。再换左手做同样的动作，方向相反，反复进行。

（4）两脚左右开立，上体前屈，一手持球经胯下把球从背后抛向身前，然后身体快速站直把球接住，反复进行。

（5）在地上画一个直径 3 米的圆圈，沿圆圈顺时针方向边跑边持拍颠击羽毛球，再换方向逆时针做颠球跑。要求双脚要踏在线上，同时用球拍控制好球，不让球落地。

2. 灵敏游戏练习

（1）持球过杆：在长 20 米的直线上插上 10 根杆，持拍向上抬球，同时沿曲线绕杆进行接力跑。

（2）沙包击人：在一个长约 8 米、宽约 4 米的场地内设守方选手，攻方选手站在场地纵向的两端，掷小沙包击打守方选手。如守方选手身体的任何部位被沙包击中，则被罚下，直到守方全部选手被罚下场为止。攻守双方交换角色继续练习。

（3）过人游戏：在地上画一条6～10米横线，两端做明显的标志，线两边各站一人。一方进攻，一方防守。进攻者设法越过横线而不被对方触到身体；防守者则尽量不让对方越过横线，伸开双臂拦阻对方。数次后，攻守双方交换角色继续练习。

三、网球运动基础体能训练

（一）网球基础力量素质训练

1. 上肢力量训练方法

（1）站姿或坐姿持杠铃做前推举、头后推举、肩后臂屈伸。
（2）手持哑铃或杠铃片做仰卧扩胸或俯卧扩胸。
（3）单杠正反握引体向上。
（4）俯卧撑、击掌俯卧撑。

2. 腰腹力量训练方法

（1）"元宝"收腹或仰卧起坐。
（2）肩负杠铃或手提杠铃做上体屈伸、左右转体、体侧屈。
（3）斜板上仰卧、两手抱头，连续快速做仰卧起坐。
（4）坐地双脚夹实心球，做举腿或绕环动作。

3. 下肢力量训练方法

（1）负轻杠铃半蹲跳、全蹲跳、弓步前进或左右脚交替上板凳。
（2）负重连续快速提踵静力训练（即提踵持续一段时间）。
（3）负大重量杠铃稍蹲起、半蹲起、全蹲起。
（4）持续站桩静力训练。
（5）坐姿或仰卧在训练器上双脚蹬杠铃。

（二）网球基础速度素质训练

1. 反应速度训练方法

（1）原地小步跑、后踢腿跑或高抬腿跑，看手势（听声音）快速跑。
（2）行进间小步跑、后踢腿跑或高抬腿跑，看手势（听声音）突然加速跑。
（3）行进间后退跑，看手势（听声音）突然转体向前加速跑。
（4）行进间小步跑，看手势（听声音）变后踢腿跑，再变高抬腿跑，最后冲刺跑。

（5）行进间看手势（听声音）多次往返折回跑。

2. 动作速度训练方法

（1）原地徒手挥臂击打高点树叶。

（2）原地对墙以高压球挥臂动作扔垒球、网球等。

（3）手持轻杠铃片连续快速做正反击球挥臂动作。

3. 移动速度训练方法

（1）30米、50米反复跑，100米变速跑。

（2）原地快速高抬腿跑。

（3）斜坡向上或向下冲刺跑。

（4）各种移动步伐连续快速训练。

（三）网球基础耐力素质训练

（1）分4～6组的30米的反复跑。

（2）跳绳：采用3分钟跳绳方法，每分钟80～100次，将有助于发展网球球员的耐力素质。

（3）12分钟跑：即将跑步的时间控制在12分钟内，看球员所跑的距离是多少，跑时要选择适宜的生理负荷，一般将负荷控制在训练者所能承受的最大强度的75%～85%，一般心率在140～170次/分钟之间。

（4）1500米变速跑：直道时全速跑，弯道时慢跑。

（5）跨步跳：在跑道上做计步跨步跳，每组30次。

（6）左、右跨步跳：两脚开立，左腿蹬地，右腿向右跨步，然后右腿蹬地，左腿向左跨步，依次连续进行。每组两腿各跨30次。

（7）组合训练：训练过程中可将30米疾跑，30米侧步交叉跑，30米小步跑，30米高抬腿跑组合训练；可将跳起摸高10次、变向跑30米、蛙跳15米组合训练。组合训练一般进行30分钟训练，每周进行1～2次发展耐力素质。

（四）网球基础柔韧素质训练

（1）跪姿压肩：并脚跪立，两臂向前伸直，手扶地做下振动作，通过数次下振，将肩压至极限后静止15～20秒。应逐渐加大幅度。

（2）上下振臂：两脚开立，一臂上举，另一臂下举同时做用力的后振动作，两臂交换训练，反复做。逐渐加大振幅。

（3）扩胸振臂：两脚开立，两臂胸前平屈，手心朝下用力后振，然后两臂前伸,手心向上翻转,用力向两侧后振,反复训练。逐渐加大振幅。

(4)体后屈:两脚开立,上体后屈,脚跟提起,双手触及后跟后还原成直立,反复训练。后屈时挺腹,注意保持身体平衡。

(5)体侧屈:两脚开立,两手腹前五指交叉翻掌上举,同时重心侧移,一腿站立,一腿脚尖侧点地,上体侧屈做侧振动作,振到最大幅度时静止15~20秒。左右侧交换训练,侧振时直体不得屈。

(6)前弓步压腿:两腿成前弓步姿势,两手扶膝,身体下振,数次后换腿再做,两腿交替进行。要求后腿充分蹬直,脚后跟不离地,上体保持正直,逐渐加大振幅。

(五)网球基础灵敏素质训练

(1)单腿摆动协调训练:单腿有节奏地跳跃,异侧腿配合做摆动,两臂前后摆动,触摆动腿的脚尖。10次为一组。

(2)十字交换跳:直立,双脚起跳,在地面上做前后左右十字交换跳。交换频率越快越好,15秒为一组。

(3)跳起空中抱腿:原地双脚跳起,腾空后两腿上收,双手抱膝。

(4)蹲撑直腿交换跳:从蹲撑开始,左右腿依次做直腿交换跳动作。20次为一组。

(5)顺逆跑:一组运动中围成一个圆圈,手拉手顺时针跑(身体半向右转)。反复做,变向做,变向要快,每次20秒。

(6)急跑急停:从篮球场端线快跑至中线急停,原地转身接滑步跑至篮下急停跳起摸篮板。

(7)传接球:二人一组,一人向左右前后等不同方向、距离传抛球(篮球、排球或网球),另一人快速移动将球接住传回。二人交替进行,30秒为一组。

(8)单腿跳跃摆腿训练:一腿支撑跳,另一腿前后摆,两腿交换进行。要求双臂上举前后摆,向前摆时触脚面。

(9)各种方向的跳跃训练:向前单、双足跳,向后单、双足跳,旋转180°、360°跳,向侧(左或右)单、双足跳。

(10)看信号冲刺跑:在边线外用面向场内站立、背向场内站立、跪姿、仰卧或俯卧各种不同姿势准备好,看信号迅速起动,冲刺跑到对面边线。也可以在边线外连续做俯卧撑、仰卧起坐、快速跳脚或连续向跳等动作,看到信号后迅速起动,冲刺跑至对面边线。

第三节　小球运动专项体能训练

一、乒乓球运动专项体能训练

（一）乒乓球专项力量训练方法

（1）各种徒手（规定练习次数和时间）的挥拍动作练习。

（2）持轻重量（1～2千克）快速屈伸前臂，练习2～3组，每组15～20次。

（3）持轻哑铃做变速模仿拉弧圈球练习（图6-11），用时3～1秒。

（4）持轻哑铃做变速模仿削球练习（图6-12），用时2～1秒。

图 6-11

图 6-12

（5）持轻哑铃连续做模仿击球动作练习（图6-13）。

（6）反握持哑铃弯举，同时做内旋动作（图6-14）。

图 6-13

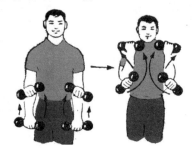

图 6-14

（7）持轻哑铃做变速模仿正手扣杀练习（图6-15），用时3～1秒。

图 6-15

（8）持铁制球拍（约 0.5 千克）的各种挥拍动作练习。

（二）乒乓球专项速度训练方法

1. 反应速度的训练方法

（1）在行进中听信号后，突然做准备姿势，然后迅速做交叉步、侧身步等。

（2）前后移动步法接左右移动步法练习：内容为接右半台近网小球后迅速转换成左推右攻动作练习，计 30 秒。

（3）在单线对攻中，突然有一方变线。

（4）在重心不停顿地交换中，根据教练信号，迅速起动做侧身步、跨步、交叉步等。

（5）用多球做接发球练习。根据对方发球动作，迅速判断旋转性质和落点，然后做出反应和动作。

（6）对墙距 1.5 米左右站立，同伴在背后用多球对墙供球，连续还击从墙上反弹回来的球（图 6-16）。

图 6-16

2. 移动速度的训练方法

（1）并步或跳步左右移动的手法、步法练习 30 秒至 1 分钟（在球台两边线之间）。

（2）并步或交叉步移动摸球台两角练习30秒至1分钟（在球台两端线之间）。

（3）进行推挡、侧身、扑右（左）角的手步法练习30秒至1分钟。

（4）左右移动的步法练习（以球台宽度为界），30秒～1分钟为一组（图6-17）。

（5）左右跨跳（以1/2球台宽度为界），30秒～1分钟为一组（图6-18）。

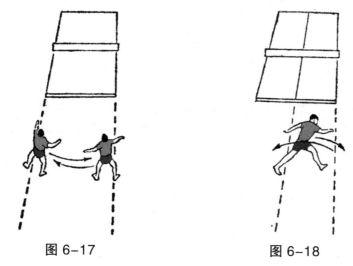

图 6-17　　　　　　　　　　图 6-18

（6）推、侧、扑步法练习，30秒～1分钟为一组（图6-19）。

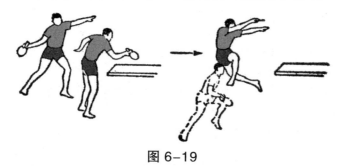

图 6-19

（7）换球台端线两角（左右侧前、侧后移动），30秒～1分钟为一组（图6-20）。

（8）以球台边线距离为准,要求学生在30秒内用最快速度完成滑步、跨步、交叉步练习。每次3～4组。

3.动作速度的训练方法

（1）持乒乓球拍快速徒手动作练习：计30秒正手攻、拉、扣等动作练习。一般采取以慢—快—最快—快—慢的动作速度节奏进行练习。

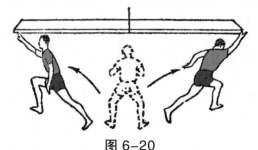

图 6-20

（2）30 秒～1 分钟 2/3 台或者 1/2 台正手单面攻或拉球练习：要求挥臂速度快、移动快、还原快。

（3）利用器械重量变化后的后效作用进行练习。先用铁拍做挥拍练习，再用正规球拍做挥拍练习；先负沙袋做步法练习，再取掉沙袋做步法练习。

（4）变换各种形式和方向的快速跑或其他动作的练习。如立卧撑，十字变向跑，各种躲闪、急停、迅速转体等练习。

（三）乒乓球专项耐力训练方法

（1）连续跑台阶练习：在高 20 厘米的楼梯或高 50 厘米的看台上，连续跑 30～50 步，如跑 20 厘米高的楼梯，每步跑 2 级，重复 5～6 次，每次间歇 5 分钟，强度 55%～65%。

（2）跨步、交叉步移动练习：在乒乓球台前做跨步、交叉步移动练习，每组 100～150 次，做 5～8 组，每组间歇 2～4 分钟，强度为 55%～60%，要求动作规范。

（3）1 分钟多球练习：要求练习者按照教练员所安排的教学内容进行反复练习，直至疲劳为止。

（4）3 分钟推、侧、扑步法训练，徒手或用多球训练（图 6-21）。

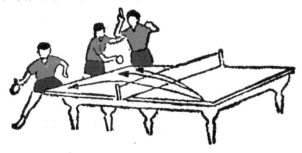

图 6-21

（5）双人利用多球在移动中练习扣杀，3～5分钟(图6-22)。

图 6-22

（四）乒乓球专项柔韧训练方法

1. 肩关节柔韧素质训练方法

（1）压肩练习：面向球台或肋木，双手手扶球台或肋木做双手压肩或单手压肩练习。

（2）双人背向拉肩练习：双人背向两手头上拉住，同时做弓箭步前拉。

（3）压肩振臂练习：并腿坐在垫子上，臂上举，同伴在背后一边向后拉其双手，一边用脚蹬练习者肩背部，向后拉肩振胸。

（4）侧向肋木压肩练习：练习者侧向肋木，一手上握一手下握肋木侧拉。

（5）正、侧压腿练习：前后左右劈腿练习；可独立前后振压，也可以将腿部垫高，由同伴帮助下压。

2. 腰腹部柔韧素质训练方法

（1）挺身起：练习者背对助木，双手后握肋木，提踵屈膝下蹲站立。双脚蹬地伸展并向前送髋、挺身至最大限度。注意挺身后身体充分伸展成一半圆形状。

（2）后下屈体：练习者向前挺髋、挺胸、抬头，背对肋木，两手先高握肋木，然后两手不断向下扶肋木，至体后屈最大限度。

（3）后倒成背弓：练习者双臂自然置于体侧，屈膝跪立，然后上体慢慢向后倒，挺胸展髋成背弓。注意髋及上体充分伸展。

3. 下肢柔韧素质训练方法

（1）屈膝坐侧压腿：上体直立，两腿屈膝，两脚掌相对并触及坐下。双手下压两膝关节至两膝触地。

（2）正摆腿：一手扶肋木，侧对肋木站立。外侧腿（远离肋木腿）直腿勾脚尖向正前上方快速用力摆动，异侧腿提踵支撑，两腿交替重复进行。摆动腿尽量向正前上方摆动。

（3）侧压腿：上体直立，两腿大开立，身体重心左移，左腿屈膝，左脚提踵成全蹲侧压右腿，两腿交替侧压。

（4）外摆腿：两手侧平举站立，左腿向前踢腿并随之向左外侧摆动，脚外侧触击手掌，两腿交替重复进行。

4. 踝关节柔韧素质训练方法

（1）踝屈伸：练习者双手握较低肋木，双腿后伸，两腿提踵支撑。一脚屈踝至全脚掌撑地，另一脚提踵。两脚轮流交换进行踝关节屈伸。注意两脚尽量后伸，屈伸时要有弹性。

（2）体前屈伸膝、踝：身体前屈，双腿屈膝站立，双手扶地。双腿用力伸膝、伸踝、提踵，多次重复。注意提臀、伸膝、伸踝。

（五）乒乓球专项灵敏训练方法

（1）按照事先规定，听哨声或者看手势，或者快速向前跑、后退跑，或者向前跑、向后转跑，或者急跑、急停等。

（2）颠球接力赛：分两队，颠着球跑并绕过规定目标后折返跑，将球传给下一同伴，快为胜方。

（3）3人一组，两人各站球台一端，另一人站在球网附近，按照顺时针（或者逆时针）方向进行跑动中轮换击球练习。

（4）4人一组，沿球台跑动，轮流击球。在限定时间内，两组可进行击球板数的比赛，击球板数多者为胜（图6-23）。

图 6-23

（5）多球练习：两人一组，在球台的任何位置上放置目标，在规定的多球数目中看谁击中目标的次数多为胜方。

二、羽毛球运动专项体能训练

（一）羽毛球专项力量素质训练

羽毛球专项力量素质训练主要以发展速度力量和耐力力量素质为主，目的在于保证运动员在长时间的比赛中能够完成各种技术动作和正常发挥各种战术。

在进行羽毛球专项力量素质练习时，应该适当穿插一些跑跳、灵敏、柔韧性和协调性的训练，以保证获得最佳的专项力量素质训练效果。

1.上肢专项力量素质训练

（1）哑铃训练
①哑铃前臂头后举。
②哑铃两臂上下 8 字绕肩。
③哑铃体前手腕绕 8 字。
④哑铃体前前臂挥 8 字。
⑤哑铃前臂屈伸。
⑥哑铃手腕屈伸。
以上 6 个动作依次循环完成为 1 组，每次练习 4 ~ 6 组。
（2）拉橡皮筋训练
将粗橡皮筋的一头拴牢在固定物上，另一头用持拍手以握拍方式握住。具体训练方法如下。
①肩上前臂屈伸（类似做高远球击球动作）。
②体侧肩上前臂前后摆动（类似做封网击球动作）。
③体前前臂屈伸（类似做挑球动作）。
④正、反手前臂快速挥臂（类似做中场抽击球动作）。
（3）挥拍训练
用网球拍负荷（也可用装满沙子的饮料瓶代替）交替做与羽毛球击球动作相似的练习，发展上肢击球力量。握持方式应与实战时握拍方式相同。
①手腕环绕训练。持拍手持网球拍放于体前固定位置，分别以腕或以肘为轴心，用手指或手腕交替做环绕挥动练习。
②手腕屈伸训练。持拍手持网球拍，直臂举至肩上方，前臂和肘部均不移动，仅以手腕快速做前后屈伸练习。要求训练时，肘部如出现弯曲和移动现象，则效果不好。

③前臂屈伸训练。持拍手持网球拍,屈臂举至肩上方,上臂固定不动,以手肘为轴心,做前臂、手腕前后快速屈伸练习。要求当手臂伸至肩上方最高点时,手腕要配合做内旋的击球动作。

④后场击高球或杀球动作挥拍:持拍手持网球拍做高球或杀球击球动作的挥拍练习。该训练可做原地击球挥拍动作练习,也可以结合后场转体起跳击球做挥拍动作的练习,要求挥拍有一定数量并保持一定的速度。

⑤反手高手击球动作挥拍。持拍手持网球拍,置于体侧左肩上方,做反手高手击球动作挥拍练习。

2. 下肢专项力量素质训练

(1)跳跃训练
①下肢负重做全蹲向上起跳。
②下肢负重做收腹双腿跳。
③下肢负重做单、双脚向前后左右跳。
④下肢负重做单、双脚全力向上纵跳。
⑤下肢负重做弓箭步左右两侧并腿转髋跳。
⑥下肢负重做单、双脚蹬台阶跳跃。

(2)跳绳训练
①单、双脚跳绳:根据个人实际情况,练习时间可以是15分钟、20分钟、30分钟或1小时不等。练习中可利用沙衣或沙袋适当增加负荷,以发展踝关节的力量。

②双摇双脚跳:较长时间的双摇双脚跳练习可以发展上肢手腕和下肢的速度力量与耐力力量。练习负荷可采用80次、100次和120次不等×6组或连续完成总数600 ~ 800次。

(3)杠铃训练
①持杠铃前脚掌蹬跳。
②持杠铃左右脚蹬高。
③持杠铃交叉弓箭步跳。
④持杠铃原地左右蹬跨弓箭步。

3. 躯干专项力量素质训练

(1)持实心球训练
①抛掷实心球:两人一组,相距10米,面对面站立。做双手或单手肩上抛掷球练习。要求运用类似鞭打的动作将球抛出,抛得越远越好。

②持实心球躯干前后屈仰:两人一组,相距1.5米左右,背对背站立。

持实心球以前屈后仰动作,一人上接,一人下传做传接球练习。

③持实心球左右转体练习:两人一组,相距 1 米左右,背对背站立。两人持实心球做相反方向(即一人向左、一人向右)的转体传接球练习。要求转体时双脚不移动,仅上体快速左右转动,速度越快越好。

(2)负荷沙袋踢腿训练

①左右脚正踢腿:前踢腿向上踢时尽量有快速爆发力,另一支撑腿踝部要配合前踢腿做提踵动作。

②左右脚侧踢腿:侧踢腿向上踢的同时,髋部要配合做侧转,另一支撑腿配合侧踢腿做提踵动作。

③左右脚后踢腿:后踢腿向后踢的同时,上体后仰。

④腰部前俯后仰:两腿与肩同宽侧靠肋木站立,非持拍手扶住肋木,腰部做前俯后仰练习。身体后仰时,持拍手尽量摸足跟部;身体前俯时,持拍手由后仰动作配合击球动作向前上方用力挥动,带动腰部以类似后场击球做大弧度的仰挺收腹动作。

(二)羽毛球专项速度素质训练

羽毛球运动专项速度素质训练是羽毛球运动专项身体素质训练的核心。羽毛球运动技战术风格要求运动员必须具备较高的速度素质水平。羽毛球专项速度素质训练主要是围绕提高运动所需要的反应速度、挥臂速度、起动加速度、变向移动速度、前后场配合的连贯速度等进行的。

1. 专项反应速度训练

(1)听或看手势信号做起动步法练习。

(2)听或看手势信号进行快速全场移动步法练习。

(3)听或看手势信号进行全场各种分解和连贯步法练习。

(4)看手势进行各种向前后左右的并步、垫步步法练习。

(5)听口令击球挥拍动作练习。听 1、2、3、4 等数字口令,训练者按照预先约定姿势做击球挥拍动作练习。

2. 专项动作速度训练

(1)多球训练

①快速封网练习:站前发球线附近准备,陪练者站场地另一侧快速持续地发平射球,练习者快速持续数次移动在网前封击。

②多球扑球练习:在网前位置准备,陪练者站在场地另一侧用多球快速向练习者抛近网小球,练习者做正、反手姿势快速扑球练习。

③多球双打快速接近身杀球练习:站在场地中部,陪练者站场地另

一侧用拍快速从前场向练习者近身位置拍击球,练习者用正、反手姿势快速防守反击。

④多球双打快速平抽快挡练习:在中场位置以防守反攻站位准备,陪练者站场地另一侧用拍从中场快速持续向练习者扣球,然后双方连续平抽快挡,球失误后,迅速扣下一个球,持续、反复练习。

(2)跳绳训练

①单足快速变速跳:采用1分钟快、1分钟慢的小密频步、高抬腿、前后大小交叉步等专项步法做快速变速跳绳练习。

②1分钟快速双摇跳:在1分钟内以最快速度完成双足双摇跳。

(3)击球训练

①封网击球:距墙1米左右,面对墙壁站立,在头前上方以封网动作,前臂手腕发力向墙壁连续快速击球。

②接杀球击球:面对墙壁站立,用接杀挑球或平抽球动作快速向墙壁连续击打体前腰部上下位置的球。

(4)挥臂训练

①肩上手腕前屈后伸快速持续挥拍:持拍手臂贴耳置于肩上,上臂和前臂伸直不动,仅靠手指控制握拍,手腕以前屈后伸的动作做快速持续地挥拍。

②前臂屈伸快速挥拍:持拍手臂贴耳置于肩上,上臂不动,以肘为轴,仅以前臂后倒前伸击球的动作做快速持续的挥拍。

③快速抽球挥拍:根据预定的信号或节拍,做各种正、反手快速持续抽球挥拍动作练习。

④快速连续杀球:上下肢协调配合,用完整杀球动作快速持续进行挥拍练习。

(5)快速频步训练

①原地快、慢变速高频率小密步踏步练习。

②原地快、慢变速向前、向后屈腿踢练习。

③原地快、慢变速向前小垫步接向后蹬转练习。

④原地快、慢变速高抬腿练习:站在原地进行快速高抬腿。要求大腿摆到与胸部平行的姿势,以最高频率完成抬腿动作,足尖勾起。每组练习15～30次。

3. 专项移动速度训练

(1)直线进退跑练习。

(2)左右两侧跑练习。

（3）杀球上网步法练习：快速连续完成后场左右移动跳跃步杀球击球动作，然后再迅速接上网步法。

（4）场地四角跑练习：沿半块球场的长方形边线快速冲跑，在转角处快速变换方向，继续跑进。

（三）羽毛球专项耐力素质训练

（1）冲刺跑加移动步法训练：200米、300米或400米全力冲跑后，立刻进行45秒或1分钟全场移动步法练习，完成两项内容为一组，组与组之间可间歇3分钟。练习2、3或5组。

（2）跳绳训练：可以进行长时间的单、双脚跳绳训练。

（3）多球速度耐力训练：多球后场定点连续击高吊杀、被动接吊杀、全场杀球上网练习，多球双打后场左右连续杀球练习，多球全场封杀球或全场跑动练习。

（4）单打持续全场进攻防守训练：运用5～6个球，一人专门负责捡球，不间断地反复发球，使练习者没有间歇，在规定时间内保持高速度反复移动击球。

（四）羽毛球专项柔韧素质训练

1. 上肢各关节韧带伸展性训练

（1）前拉头：站立或坐立，双手在头后交叉。呼气，向胸部方向拉头部，下颌接触胸部。要求双肩下压，动作幅度尽量大，动作保持10秒左右。

（2）侧拉头：站立或坐立，左臂在背后屈肘，右臂从背后抓住左臂肘关节。左臂肘关节向右拉过身体中线。呼气，将右耳贴到右肩上。要求动作幅度尽量大，动作保持10秒左右。

（3）绕肩：两手举到头顶，以直臂或屈臂进行前绕臂，再向后绕臂，快速向前、向后绕肩。也可以持拍做肩部大绕环练习。

（4）压腕：站立，双臂胸前屈肘，一只手的手掌根部顶在另一只手的四指末端。用一只手的手掌根部用力压另一手的四指末端。换手重复练习。要求动作幅度尽量大，动作保持10秒左右。还可以进行向内旋腕或跪撑正、反压腕的变化练习。

2. 下肢各关节韧带伸展性训练

（1）俯撑拉伸：从俯卧撑姿势开始，双手向双脚靠近，升高髋部与地面形成三角形。缓慢下压脚跟到地面，双脚轮流练习。要求双臂和背部伸直，并成一线。动作幅度尽量大，动作保持10秒左右。

（2）单脚跪拉：跪下脚趾向后，坐在脚跟上，双手在地面支撑。一只脚平放地面缓慢前移，呼气，膝关节下压并向脚趾前面移动。双腿轮流练习。要求动作幅度尽量大，动作保持 10 秒左右。

（3）踢腿练习：快速进行正向、侧向和后向踢腿。

3. 腰部伸展性训练

（1）绕环：两腿与肩同宽直立，向左前、右前、左后、右后、左侧、右侧做伸仰接球练习。

（2）转腰：两人一组，背向站立，相距 1 米左右，持实心球做左右转体传接球练习。也可用头顶被动击球动作做腰部快速后伸前屈练习。

（3）站立体侧屈：双脚左右开立，双手交叉举过头顶向上伸臂。呼气，一侧耳朵贴在肩上，体侧屈至最大限度。向身体另一侧重复练习。要求动作幅度尽量大，动作保持 10 秒左右。

（4）体前屈蹲起。双脚并拢俯身下蹲，双手手指向前，放在脚两侧地面，躯干紧贴大腿上部，最大限度伸膝。重复练习。要求动作幅度尽量大，动作保持 10 秒左右。

（五）羽毛球专项灵敏素质训练

1. 上肢灵敏素质训练

（1）手腕前臂灵敏素质训练
①快速左右前后一步腾空接球练习。
②快速用手接各种变向前半场小球练习。
③快速用手接上下左右和前后位置来球的练习。
④左、右手轮流模仿挥拍击球动作。

（2）手指灵敏素质训练
①捻动拍柄：手持拍柄，用手指捻动拍柄做左右上下转换拍柄位置的练习。换手练习，反复进行。
②抛接球拍：手持球拍，将球拍向前后左右和向上抛起，再用手迅速接住，反复进行。

2. 下肢灵敏素质训练

（1）小步跑练习。
（2）高抬腿跑练习。
（3）后蹬跑练习。
（4）后踢腿跑练习。

（5）体前交叉转髋练习。

（6）左右侧身并步跳练习。

3. 髋部灵活性训练

（1）转体练习：以左脚为轴,右脚向前、向后做快速蹬步转体练习。

（2）收腹跳练习：双脚全力向上纵跳的同时,双腿向胸前屈收,完成屈腿收腹动作,连续跳跃,反复进行。

（3）原地转髋跳练习：髋部向左、右连续转动。向右转时右腿外旋、左腿内旋,两脚尖方向均向右,身体面向前,上体保持平衡,仅下肢转动。然后反方向做。左右两侧反复进行。

（4）半蹲向前后左右转体垫步移动练习,要求在短距离内视信号快速变换方向。

（5）高抬腿交叉转髋练习：高抬腿姿势,当腿抬至体前最高点后迅速向左或右转体,左右腿交替持续完成高抬腿交叉转髋动作。

（6）小密步垫步前后蹬转练习：右脚向前移动半步,左脚紧跟其后迅速垫一小步靠向右脚,以左脚为轴心,右脚向后蹬地转体,左脚退回小半步,右脚再向前移动半步(开始重复第二次),反复进行。

三、网球运动专项体能训练

（一）网球专项力量素质训练

1. 哑铃训练法

这里选择的哑铃训练动作主要用于发展上肢力量。上肢力量在网球运动中起着决定性的作用。

（1）哑铃屈肘旋臂。两脚开立稍宽于肩,双手持哑铃置于体侧,两手同时做内旋和外旋动作(两臂保持弯曲)。在训练时还可以变换训练手段,如两臂交叉做内外旋,同时还可以向体侧或体前边举边旋。此项训练主要用于发展手臂的旋力,在网球活动中对改变球的路线有着很重要的作用。

（2）仰卧哑铃头上胸前举。仰卧在长条凳上,双臂弯屈与肩同宽置于头上方,双手手心相对持铃。两臂由头上反复向胸上方举起至臂伸直。上举时双臂同时内旋,还原时双臂外旋。此项训练主要用于发展上臂力量,有助于大力挥拍,对发球和大力扣杀有重要作用。

（3）仰卧哑铃飞鸟。仰卧在长条凳上,双手持铃置于体侧,双臂反复由体侧举至胸前上方。上举时可加内旋,下落时可加外旋。此项训练有助于上臂内收力量的增加。有利于侧身击球,配合手腕动作,有助于加大上旋球的速度。

(4)俯卧哑铃飞鸟。俯卧于较高的长条凳上,双手相对持铃垂于凳下,两臂尽可能大幅度地外展,如此反复做如同"飞鸟"。在外展时两臂可以有意识地外旋。此项训练有助于增加击打反手球的力量,如果配合好腰部力量会有更佳效果。

(5)旋臂外举。两脚开立稍宽于肩,双手持哑铃手心朝下屈肘,置铃于上腹前,两臂交替做旋臂外举动作。该动作可加大击反手球的力量,同时手臂的外旋与上举,可以增加反手球的上旋。哑铃训练的特点是哑铃重量较轻,训练的次数相对较多;组数适当少些,速度快些。

以上的哑铃训练,每一个项目做 15 ~ 20 个为一组,选择可做 15 ~ 20 个极限动作重量的哑铃,每个动作做 3 ~ 6 组。

2.杠铃训练法

杠铃训练选择的内容较多,这里以分组的形式,采用了不同的搭配方法,选择几组训练。主要用于发展球员下肢和躯干的力量及全身协调用力能力的训练。

(1)第一组训练的内容

①直立颈后臂弯举。两脚自然开立,双手反握杠铃,屈臂将杠铃置于颈后,以肘关节为轴,反复屈伸。发展该部位的肌肉力量,可以提高动作的隐蔽性,在动作较小的情况下击出角度较大、力量较强的球。在运动负荷上,该组训练一般选择可做 8 ~ 12 次的重量,每个动作可做 3 ~ 6 组。注意循序渐进。

②俯身提拉。两脚自然开立,俯身双手正握杠铃,腰部保持紧张,控制好腰部和下肢使之保持稳定,抬头前视。双臂上拉贴胸,然后下落,反复进行。俯身提拉的训练用于发展背阔肌和三角肌后束肌肉,可以提高大臂反手用力的能力。在运动负荷上,该组训练一般选择可做 8 ~ 12 次的重量,每个动作可做 3 ~ 6 组。注意循序渐进。

③俯卧提拉。俯卧于长条凳上,将杠铃置于长凳下方,反复上下提拉。俯卧提拉的训练用于发展背阔肌和三角肌后束肌肉,可以提高大臂反手用力的能力。在运动负荷上,该组训练一般选择可做 8 ~ 12 次的重量,每个动作可做 3 ~ 6 组。注意循序渐进。

④直立体前直臂上举。两脚自然开立,双手正握持杠铃于体前。直臂将杠铃举至头上方。反复训练。直立体前直臂上举训练用于发展背阔

肌和三角肌后侧肌肉,不仅可以提高大臂反手用力的能力,还可以提高反手扣杀的能力。在运动负荷上,该组训练一般选择可做8～10次的重量,每个动作可做3～6组。注意循序渐进。

⑤仰卧绕头胸上举。仰卧于长条凳上,双手持杠铃于头后。屈臂慢起置于胸前向胸上方举起,臂伸直,然后还原。反复训练。仰卧绕头胸上举训练用于发展背阔肌和三角肌前束肌肉,可以提高大臂正手和向下扣杀的能力。在运动负荷上,该组训练一般选择可做8～12次的重量,每个运作可做3～6组。注意循序渐进。

(2)第二组训练的内容

①杠铃负重蹲跳。左右脚适宜的距离站立,双手正握杠铃,将杠铃扛置于颈后,挺胸拔腰。上体保持稳定姿势,稳稳下蹲,利用双膝半屈半伸的作用力,尽可能高地跳起。落地时仍然保持半屈膝的姿势,如此利用膝关节的反复屈伸垂直跳起。该动作主要发展下肢的爆发力,有利于网球运动中的突然起跳、突然启动。在运动负荷上,该训练一般6～12次为一组,做3～6组。训练时从较轻的重量开始,逐渐增加重量,注意起跳时有一定的速度,上下跳起时注意背部始终挺直,以防止受伤。

②杠铃弓步走。双手正握杠铃,将杠铃扛于颈后,挺胸拔腰成大弓步。以尽可能大的步幅向前跨步行进。髋关节离地面越近越好。在网球运动中跨步是很多的。杠铃弓步走的训练就是提高这一能力。该项训练一般可反复行进20步左右,做3～6组。

③杠铃负重提踵。两脚自然开立,双手正握杠铃,将杠铃扛置于颈后,挺胸拔腰。踝关节做反复屈伸训练。训练时膝关节可以微微屈伸,配合踝关节。该训练在网球运动中用于提高弹跳力。训练时的负重稍大些,提踵的速度要快些。反复做8～12次,做3～6组。

④提杠铃。将杠铃置于体前地上,两脚自然开立,下蹲双手正握杠铃,挺胸拔腰。双腿伸直后将杠铃提起直立,接着将杠铃继续上提经颈前至头上方。该训练用于提高身体协调用力的能力。在训练时应选择中小重量,反复做15～20个为一组,做3～6组。

(3)第三组训练的内容

该组训练主要是提高腰背部肌肉用力的能力,以配合臂部用力,加大击球的力量,提高杀伤力。

①杠铃转体。两脚自然开立,双手正握杠铃,将杠铃扛置于颈后,挺胸拔腰,双臂置于杠铃杆上,稳住杠铃,做腰部转体动作。配合大力发球、大力扣杀等需要腰部配合的全身用力动作。训练时反复转体10余次为一组。与下面的"体侧屈"训练交替进行2～4组。

②体侧屈。两脚自然开立，双手正握杠铃，将杠铃扛置于颈后，挺胸拔腰，双臂置于杠铃杆上，稳住杠铃后，尽可能大地向左屈，还原后再向右屈。配合大力发球、大力扣杀等需要腰部配合的全身用力动作。在训练时左右反复侧屈体10余次为一组。与上面的"杠铃转体"训练交替进行2～4组。训练时注意杠铃片不要脱落。

③俯身起。两脚自然开立，双手正握杠铃，将杠铃扛置于颈后，挺胸拔腰，双臂置于杠铃杆上，稳住杠铃。身体慢慢前屈，接近90°时再还原。配合大力发球、大力扣杀等需要腰部配合的全身用力动作。在训练时反复训练10次左右为一组，做2～4组。

以上三组训练可以根据自己的体能情况，有选择地训练。开始训练时重量不要太大，一定要注意循序渐进。

3. 壶铃训练法

这里选择的各种壶铃训练，可以与哑铃、杠铃训练结合起来做。

（1）坐姿双臂肩上弯举。一手扶一固定物，俯身单臂持铃于异侧脚一处，单臂转体加提拉。该动作主要发展腰背部、肩带和臂部肌肉，发展臂部与腰部的协调能力。在训练时，左右臂交换反复进行10～15次为一组，做3～6组。

（2）转体抛铃。身体坐在椅子上或凳子上，双臂持铃于肩上弯举，注意要控制好大臂，手心朝上，小臂上下持铃运动。另可单臂做，还可双臂交换做。该动作主要发展腕部的控制力和小臂挥摆能力。在训练时，左右臂同时进行，也可交换进行，反复10次左右为一组，做3～6组。

（3）弓身单手提拉壶铃。两脚开立，上体前屈，伸直双臂持铃置于右脚尖前。两臂用力向左上方抛甩（注意不要把壶抛出），然后还原，反复进行。该训练动作有利于提高击球能力。在训练时10～15次为一组，做3～6组。

（4）壶铃体绕环。两脚开立，与肩同宽，两手持铃于体前，持铃臂随身体在头上环绕。该动作使背阔肌、斜方肌、背长肌和腹肌等腰部肌肉都参与活动。左右绕环交替进行。在网球运动中，腰背部配合挥臂的动作很多。壶铃体绕环就是帮助提高这一能力。在训练时，左右各10～15次为一组，组数不宜过多。

（5）壶铃蹲跳。身体半蹲，两手握住壶铃，然后伸膝展体，屈足用力蹬地，使身体垂直跳起。该动作用于发展弹跳力。在训练时，可选择10～15次为一组，做3～6组。

4.挥拍训练法

将拍套带在球拍上做挥拍训练,通过增加挥拍时的阻力,提高挥拍时身体和手臂的力量。

5.拉力器训练法

(1)体前开胸拉。面对拉力器,双手握拉力器手柄,直臂最大幅度地开胸拉后还原,反复进行。该动作用于发展反手用力的能力。在运动负荷上可选择能做 10 ~ 15 次的重量为一组,做 3 ~ 6 组。

(2)体侧合胸拉。背对拉力器,直臂前拉,还原,反复进行。该动作用于发展正手用力的能力。在运动负荷上可选择能做 10 ~ 15 次的重量为一组,做 3 ~ 6 组。

(3)体前下拉。身体位于拉力器的下方,屈臂握住拉力器,向下拉至两臂拉直,还原,反复进行。该动作用于发展手臂下压的能力。在运动负荷上可选择能做 10 ~ 15 次的重量为一组,做 3 ~ 6 组。

(4)颈后下拉。身体位于拉力器的下方,两臂上举握住拉力器,向颈后拉引,两臂弯屈,还原,反复进行。该动作用于发展手臂屈伸的能力。在运动负荷上可选择能做 10 ~ 15 次的重量为一组,做 3 ~ 6 组。

(二)网球专项速度素质训练

在网球比赛中,速度是各项技术和战术完成的重要条件,影响速度的元素包括运动员的力量、柔韧性、反映已经对力的运用的合理程度,要想在网球实战中表现出速度的优势,上述几点因素缺一不可。

为了使网球专项速度素质训练更具针对性,经过长期实践,人们将网球比赛中出现的速度种类做出了细分,即可以将网球比赛中的速度分为即时速度、起动速度和各种不规则的直线、斜线跑动速度。其中,即时速度对于网球运动多方面的影响最大,因此其也是最关键的一种速度,它是球员预测到对方来球的方向、速度和落点后,决定怎样还击来球的行动,这一系列的判断是在非常短暂的一瞬间完成,但就是这一瞬间的速度甚至就决定了这一回合的比赛走向;跑动速度在网球比赛中属于一种运动员在表面上对速度的体现,包括要求起动中变换路线跑动。

专项速度训练主要是指动作速度、移动速度和反应速度三种,主要训练方法有以下几种。

(1)在一侧球场中间,面对球网。左右并步移动。

(2)前冲与后退跑:站在网球场端线向网前冲跑,到网前后立即向后后退跑。

（3）交叉步跑：在一侧球场的中间，面对球网，前后、左右交叉步跑。

（4）垫步跑：在一侧球场的中间，面对球网前后、左右垫步跑。

（5）急停急起跑动训练。

（6）四角回心跑：在一侧球场的中间，面对球网，依次或看教练员手势向场地四角跑，手或球拍接触角线后立即返回中心。

（7）摸线变向训练：此训练主要以训练运动员步法速度为主，同时改变前后移动方向在网球场地上。方法为运动员从双打边线外2米处开始向前跑，用手碰双打边线→单打边线→发球中线→另一单打边线→另一又打边线→单打边线→双打边线。此训练可两人分别站在自己半场内同时比赛，通过计时来看谁的成绩最好。

（8）20～30米短距离加速跑。

（9）快速挥臂训练：徒手快速挥臂进行鞭打动作（发球的挥拍动作），用"鞭打"动作投掷轻器械（如网球羽毛球、乒乓球等）训练，以提高发球时的挥臂速度。训练时两人对掷或单人掷，然后丈量成绩。

（10）快频率训练：跟随同伴击掌（或击拍器）的节奏，做快频率的原地跳脚训练和高抬腿训练。跟随节奏进行由慢至快或快慢交替进行。

（三）网球专项耐力素质训练

网球运动的专项耐力分为速度耐力和力量耐力两种。其中，速度耐力是人体在较长时间内，能够保持快速运动的能力；力量耐力是人体在较长时间内，保持高度用力的能力。鉴于两种耐力的不同，它们相应的训练方法也就有很大的区别。速度耐力训练具有训练时间短、强度大、单位时间内消耗能量大等特点。而力量耐力的训练时间较长，单位时间内强度相对较低。因此，鉴于这两种耐力训练的方式和特点不同，在训练时就可以采用以互相结合为主的间歇训练法来发展运动员的耐力素质。

在发展力量耐力训练时，可以采用连续的也可以采用间歇的训练方法，如果训练强度较小（30%～50%），可以采用连续法；如果训练强度较大（50%～80%），可以采用间歇的训练法。

（1）速度耐力的训练。100米跑做3～6组；200米跑做3组；400米跑做2组。

（2）在专项速度训练和专项力量训练时适当增加训练次数。

（3）多球训练。采用规定的球数在规定的时间内进行。

（4）超量实战训练。增加比赛局数或设定一个耗时较长的比赛。

（5）用多球训练。首先判断来球方向再进行快速移动至力竭。要重点突出即时速度。

（6）看教练手势做不同方向的快速移动,训练时重心一定要低。

（7）在 30 米处设一标志,当队员从起点开始跑到该标志时做急停转身往回跑。可多设几个同样的场地,让队员进行计时比赛。

（四）网球专项柔韧素质训练

1. 发展上肢柔韧的训练

（1）肋木压肩拉肩。采用站、坐、仰卧等不同姿势,面对或侧对肋木架,单手或双手握肋木,做压肩或拉肩的训练。

（2）上臂屈伸、内外收展、内外旋、前后绕环。

（3）前臂屈伸、内外收展、内外旋、前后绕环。

（4）手腕部屈伸、内外收展、顺时针、逆时针转动。

2. 发展下肢柔韧的训练

（1）摆腿训练。手扶固定物,左右腿轮换,做前后、左右的摆腿训练。

（2）劈叉训练。做这一训练时,要注意循序渐进,开始时手可以撑地,有保护地慢慢下压。

（3）压腿训练。坐在垫子上,两脚分开,身体向前、后、左、右压腿。也可一腿前伸,一腿后屈（跨栏腿）,做前后压腿训练。

（4）跪姿压髋。两腿屈膝左右分开跪在垫子上,臀部下坐压髋。

3. 发展腰部的柔韧训练

（1）俯卧后仰训练。俯卧于垫上,下肢由同伴压住,上身最大幅度地后仰。

（2）仰卧起坐。在"腰腹屈伸器"上训练。

（3）俯身起。在"腰腹屈伸器"上训练。

（五）网球专项灵敏素质训练

1. 髋关节的灵敏训练

（1）起跳 90°、180°、360° 转动。两脚左右开立,起跳后髋部转动带动身体做 90°、180°、360° 转动。

（2）单脚移动。左脚为轴,右脚向前向后移动;以右脚为轴,左脚向前向后移动。

（3）迈步转髋。髋部向左转动,右腿高抬向左前方迈出,右脚落地时,髋部立即向右转,抬起左腿向右前方迈出。反复进行。

（4）交叉步移动跑。两脚前后交替左右方向交叉步跑。

2. 小腿与踝关节的灵敏训练

（1）快速前后左右提踵跳。该动作在沙地做更好,用最快的速度做 15 秒左右。

（2）原地两脚交替快速跑。用最快的速度在 10 ~ 20 秒钟完成。

（3）移动训练。并步左右移动;跨步左右和向前移动;交叉步左右和向前移动。

3. 手指与腕关节的灵敏训练

（1）快速挥动小竹棍(带竹梢),做鞭打动作。

（2）拍起地上的篮球。

（3）一组球拍操。

第七章 游泳运动体能训练指导

同其他体育运动一样,游泳运动体能也是保证游泳运动员得以顺利参与以及正常发挥游泳技战术和获得优异运动成绩的重要基础。因此,加强游泳运动体能训练是非常重要且必要的。本章就游泳运动体能训练指导进行研究,内容包括游泳运动基本知识和运动员的体能特征,以及对力量素质、耐力素质、柔韧素质和协调能力等的训练进行研究。

第一节 游泳运动概述及游泳运动员的体能特征

一、游泳运动概述

（一）游泳运动简介

对于游泳运动来说,其产生可以追溯到原始社会。当时的人类,从出现在地球上开始,并已经在不满江河湖海中生活。为了获得生存和繁衍后代,人类必须要同自然环境产生联系,适应环境,与自然相抗争。为了捕捉鱼虾,躲避猛兽和洪水灾难,在同水打交道的过程中,人类逐渐学会了游泳,并得以继续发展。在游泳产生的最初阶段,人们也只是对水中生物的姿势和动作进行单纯的模仿在水中移动,随着经验的积累,逐渐掌握了很多在水中运用的技巧,既掌握了很多游泳姿势,同时也学会了漂浮、潜水等技能。

随着社会生产力的不断发展,阶级与阶级之间的斗争逐渐产生,这些斗争最终导致了战争的出现,游泳也开始从起初的生存技能演变成为一种军事技能。除了满足生产劳动和军事需要之外,游泳运动得以不断发展的原因,还有其自身所具有的娱乐性因素,这是非常重要的原因之一。人类从水中沐浴到水中嬉戏,进而发展形成各种形式的水中娱乐活动。

我国古时的游泳主要包括三种形式,即涉、浮、没。所谓的涉是指在浅水中进行行走；浮是指在水中进行漂浮；没就是指在水下进行潜水。通过长期的生活实践，人们对游泳进行了不断发展，并创造出了很多新的游泳方法和技术，包括大爬式、扎猛子、狗爬式等，在群众游泳运动中广为流传。

（二）游泳运动的分类

如图 7-1 游泳运动根据其活动的直接目的来分，可以分为三大类，分别是竞技游泳、实用游泳和大众游泳，具体如下。

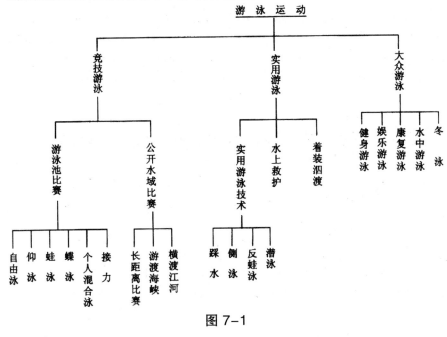

图 7-1

1.竞技游泳

竞技游泳是指对技术规格有着特定的要求，同时按照相应的游泳比赛规则来进行比赛的游泳运动项目。

竞技游泳项目从产生至今已经经历了一个多世纪的发展，其内容也得到了相应的丰富和完善。根据国际泳联目前的相关规定，游泳竞赛中正式的项目主要有六类，分别是蛙泳、仰泳、自由泳、蝶泳、接力和个人混合泳，其中每一类又根据不同的比赛距离细分成各个小项目。接力项目主要包括自由泳接力和混合泳接力两类，个人混合泳项目的泳式顺序依次为蝶泳、仰泳、蛙泳、自由泳。混合泳接力项目的泳式顺序依次为仰泳、蛙泳、蝶泳、自由泳。

　　大多数的游泳比赛都是在泳池中进行,标准的比赛泳池分为两种,一种是 50 米的长池,另一种是 25 米的短池。在这两种泳池中,运动员所创造出来的游泳纪录都是独立的,并且都会得到承认。

　　重要的国际游泳比赛主要有奥运会游泳比赛和世界游泳锦标赛。奥运会游泳比赛每四年举办一届,世界游泳锦标赛开始于 1973 年,每四年举办一届。除此之外,还有每两年一届的"世界短池游泳锦标赛"和一年一届的"世界短池游泳系列赛"。以上这些重要的游泳比赛都对国家相互之间的游泳技术交流、世界竞技游泳运动的发展产生了非常重要的积极推动作用。

　　目前,列入世界纪录的竞技游泳项目总共有 46 项,男女各 23 项。其中,大部分项目为长、短池所共有,其中少数几个项目仅限于短池。游泳竞赛的具体比赛项目可以由竞赛的组织者根据竞赛的任务、规模、条件等具体情况及因素确定,但是大型游泳竞赛的项目一般都是固定的(表7-1)。

表 7-1　游泳比赛项目表

泳姿	比赛距离（米）		备注
	50 米池	25 米池	
仰泳	50、100、200	50、100、200	1. 男女项目相同 2. 奥运会游泳比赛在 50 米池进行,男子不设 800 米自由泳,女子不设 1500 米自由泳。男女不设 50 米仰泳、蛙泳和蝶泳项目
自由泳	50、100、200、400、800、1500	50、100、200、400、800、1500	
蝶泳	50、100、200	50、100、200	
蛙泳	50、100、200	50、100、200	
自由泳接力	4×100、4×200	4×50、4×100、4×200	
个人混合泳	200、400	100、200、400	
混泳接力	4×100	4×50、4×1001	

　　近几年来,竞技游泳项目中也增加了马拉松游泳,这项运动主要在海湾、湖泊等天然水域中进行,比赛距离为 10 公里。在 2008 年北京奥运会上,马拉松游泳比赛第一次成为正式的比赛项目。

　　作为仅次于田径项目的第二大竞技运动项目,游泳水平的高低,既是对一个国家体育水平进行衡量的重要标准,同时也是一个国家的世界体坛地位有着非常重要的影响。例如,美国的游泳项目在世界各国中具有明显的优势,因此其在历届奥运会上金牌总数处于领先地位。在第 28

届奥运会上,美国共获得 35 枚金牌,金牌总数为参赛国最多,其中游泳项目夺得 12 枚金牌,占金牌总数的 34.3%。而一些竞技体育综合实力并不强的国家能够在奥运会的激烈竞争中金牌总数稳居前 10 强,关键原因也在于这些国家的游泳水平很高,具有夺金的实力,荷兰、澳大利亚就是很好的例证。例如,荷兰在第 27 届奥运会上共获得 12 枚金牌,位列金牌榜第八位,其中的游泳项目获得 5 枚金牌,占所获金牌总数的 41.7%。在第 27 届奥运会上澳大利亚一共获得 16 枚金牌,位居金牌榜的第四位,其中游泳项目就获得 5 枚金牌,占其金牌总数的 31.3%。所以,这使得更多的国家开始将游泳运动作为体育运动中的关键项目来抓,并对其进行重点发展。所谓"得游泳者得天下",也是对竞技体育运动中,游泳项目所占据的重要地位的真实表现。

2. 实用游泳

实用游泳指直接服务于人们的生产生活或者军事的游泳形式。实用游泳作为一项专门的技能,如踩水、侧泳、潜泳和救生等,在泅渡、水下作业、水上营救、水下科学考察等方面有应用。

但是,对竞技游泳与实用游泳的区分并不是绝对的。蛙泳、爬泳等竞技游泳项目虽然没有划入实用游泳的类别中,但在实际的操作中经常被用于各种生活中的实用行动中。例如,泅渡时多采用蛙泳,而进行水上救生快速游向溺水者时,多用抬头的爬泳形式。

3. 大众游泳

大众游泳指的是把游泳当作基本手段,以增进自身的身心健康、丰富自身业余生活为直接目的的各类游泳运动。

很早便产生了以健身、娱乐为目的的游泳活动,但一直到了现代高度发展的社会中才获得了更好的发展,并成为现代游泳运动中的重要组成部分。而随着社会发展水平的不断提高,民众对于精神文化生活以及体育健身运动的要求也日益提升,游泳对于健身、娱乐、养生等方面的作用也越来越深入的被人们所认识。此外,随着"大众游泳热"全球性的蓬勃发展,越来越多的人开始参与游泳项目,这也使得其具备了更加广泛的群众基础。

在大众游泳中,对于姿势和技术规范并没有严格的限制,主要是注重其所具有的健身价值,能够借鉴竞技游泳与实用游泳的各种动作技术来进行水中运动,包括健身游泳、娱乐游泳、康复游泳等形式。大众游泳,男女老少均可参与,它不仅具有丰富的内容,简单的形式,并且动作也是自由自在,很容易得到广大群众的认可和喜爱。目前,我国各地普遍开展了冬泳活动,大、中、小学也有游泳活动的开设,这些都属于健身游泳的范畴。在全民健身计划实施的大环境下,国家也在大力倡导和支持大众游泳运动的开展和推广,同时也为我国各个不同阶段的人群确立了相应的锻炼标准。

有一类特殊游泳活动,也属于大众游泳的范畴。这些游泳活动集竞技性、健身性与娱乐性为一体,通过游泳的形式来锻炼身心,感受人体的极限运动能力。特殊游泳活动以创造特殊的世界纪录为运动目标,包括最长时间游泳、最长距离游泳等。此外,世界很多地区还经常开展一些,如环岛游泳、渡江游泳、渡湖游泳等活动。以上这些活动虽然没有被列入到正式的比赛之中,并且参与人数也不稳定,但参与者们却展现出了高超的游泳技术和超凡的体魄和勇气,这些都与大众游泳的目标和宗旨相吻合。

二、游泳运动员的体能特征

游泳运动员的体能特征,主要从其各专项素质特点得以体现出来,具体如下。

(一)专项力量素质

从流体力学相关原理来看,人体在水中,运动速度越快,那么所受到的阻力就会越大。要想获得更快的游动速度,那么运动员必须要使用更大的力量来克服身体所受到的阻力。所以,这就需要游泳运动员具有良好的力量素质。

形态学因素、能量因素和神经调节因素是对游泳运动员力量素质发展水平产生影响的三个方面。

形态学因素包括骨组织的变化、肌肉和肌腱的伸展性、各类肌纤维的比例、肌肉和肌纤维的横截面等;能量因素包括外周血液循环效果、肌和肝脏中的糖原储备、磷酸肌酸的储备、磷酸化合物-ATP 等;神经调节因素包括肌间协调、肌内协调、脉搏频率。

就目前来说,促使肌肉横截面积增大并增加肌肉群,是促使肌肉最大力量提高的最有效方式。

(二)专项速度素质

速度素质在游泳运动中主要表现为出发起跳、完成相应距离所需的时间、动作的划幅和划频。对于短距离游泳接力项目来说,其基础主要是每一个运动员的单程速度,以及到边、接棒技术等。

速度素质与运动员的感受器(视觉、听觉)的灵敏度、中枢神经系统兴奋—抑制的转换速度、神经—肌肉的协调性、工作肌纤维的构造以及力量、协调性等因素有关。

(三)专项耐力素质

在游泳运动中,耐力素质有着非常重要的意义,除了50米主要依靠磷酸原系统供能之外,从100米到1 500米都需要糖酵解和有氧代谢来为机体提供能量。所以,游泳运动员的耐力素质主要与力量耐力、糖酵解系统、有氧氧化系统、意志品质等因素有关。

(四)专项柔韧素质

柔韧素质对于游泳运动员来说十分重要,良好的柔韧性能够帮助运动员掌握运动技术和充分发挥出肌肉力量。良好的柔韧性素质能够增大肩关节、踝关节、腰背部的活动幅度,这对于不同泳姿的运动员来说都具有非常重要的作用。

(五)专项灵敏与协调素质

游泳运动员灵敏素质和协调能力的优劣主要从出发、转身的反应速度和判断能力,以及是否能够准确、快速、合理、省力地运用技术动作等方面来表现出来。游泳对运动员的协调能力也有着比较特殊的要求,由于水中活动所具有的特点,使得整个动作控制的过程复杂化,所以协调能力对于运动员更好地学习和掌握游泳技术有着非常重要的基础性作用。良好的协调性能够更好地帮助运动员对技术动作加以科学合理地掌握和运用,克服各种阻力,以获得更快的速度。

通过在中枢神经系统的指导下,将各种身体能力综合表现出来是灵敏和协调素质的生理学基础。而在人体发育方面,神经系统是发育最早和最快的系统,这就要求我们要从少儿开始加强游泳运动员灵敏素质和协调能力的发展。

第二节　游泳运动力量素质训练

一、游泳运动一般力量训练

对于游泳运动员来说,他们的一般力量水平主要从通过依靠陆上的各类举重练习来得以实现。一般力量训练要紧紧围绕游泳运动的相关特点,其发展要与游泳专项的具体要求相符合,要能够促使游泳专项力量水平提高。游泳一般力量训练要在动作方式、重量、重复次数与组数等练习因素的选择上,着眼于游泳技术动作和各环节技术对力量的要求。在游泳运动中,一般力量训练主要采用负重练习法,常见的负重练习法主要有杠铃练习、哑铃练习、实心球练习、克服体重练习等。

（一）负重练习法

1. 杠铃练习

练习方法:杠铃练习要针对发展游泳专项工作肌群的力量,设计和选用练习方法、练习姿势。游泳力量训练常采用的杠铃练习方法有:提铃下蹲、卧推、俯卧提铃、屈前臂、头上屈伸前臂、手腕屈伸、体后提铃、负重下蹲等方法。

练习负荷:练习负荷要根据力量训练的目的、任务和要求安排与组合,使练习负荷的作用方向,同力量训练的目标一致,才能保证力量负荷的定向化、专项化和个体化。

游泳运动中一些专门部位常见的杠铃练习方法如下:

（1）卧推

目的:加强胸部的力量,主要针对胸大肌和肱三头肌(图7-2)。

方法:仰卧在卧推架上,双手握住杠铃,略比肩宽,呼气时将杠铃举起,位于胸部上方,吸气时屈臂缓慢落下,两只手要紧紧握住杠铃,注意不要折腕(图7-3)。

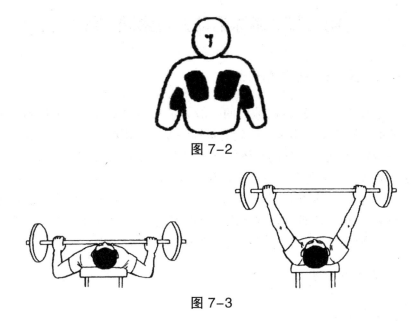

图 7-2

图 7-3

（2）屈体提杠铃

目的：加强背部力量，主要加强背阔肌、肱二头肌和伸前臂肌(图7-4）。

方法：两脚开立同肩宽,脚尖外展约20°（图7-5),上体前屈与地面平行,两膝稍屈使下背肌群没有拉紧感。两手掌心向内,间距同肩宽,两臂下垂伸直持铃。使两上臂移向两侧,横杠贴身提起,直到横杠接触上腹部,然后慢慢放下还原,重复做(图7-6）。

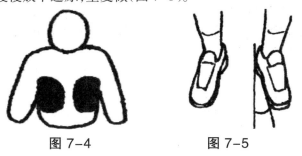

图 7-4   图 7-5

图 7-6

（3）站姿弯举

目的：加强臂部力量，主要加强肱二头肌（图 7-7）。

方法：直立或坐姿，两手臂伸直自然下垂，手握杠铃，掌心向前。两上臂同时以肘为轴经体侧弯起带杠铃，上、前臂用力收紧，稍停 2 ~ 3 秒，持铃缓慢还原至体侧，重复练习（图 7-8）。

图 7-7

图 7-8

（4）窄握卧推

目的：加强胸大肌的内侧部位、三角肌前束和肱三头肌力量。

方法：俯卧在长凳上，两脚平踏在地上，以维持身体平衡。两手握住横杠中间，间距 10 ~ 15 厘米，两臂伸直持铃支撑在两肩上方。两臂慢慢弯屈落下至横杠触及胸部。然后向上推起至开始位置。

（5）卧举杠铃

目的：加强肱三头肌的力量（图7-9）。

方法：仰卧在长凳上,两脚平踏在地上,以更好地保持身体平衡。两手握住杠铃,两手握距略比肩宽,肘关节弯曲成直角。肘部不动,手臂进行缓慢上举,扩胸,手臂往回拉。在整个动作过程中,中间不能出现停顿（图7-10）。

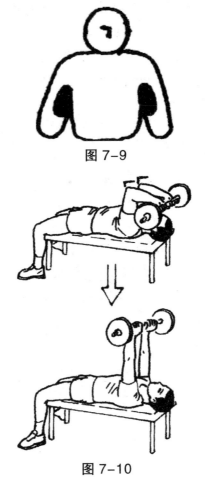

图7-9

图7-10

（6）深蹲

目的：主要是锻炼大腿肌群、臀大肌和下背肌群,同时也能锻炼小腿（图7-11）。

方法：把杠铃置于颈后肩上,两手握住横杠的两端,使杠铃重心两边平衡。两脚分开间距一般与肩同宽,脚尖稍向外分开。两眼始终向前方看。然后使两膝慢慢弯曲,直至下蹲到全蹲的位置。使躯干挺直,背部保持平直,头部稍微抬起(始终看在一点上)。当大腿起立超过水平位置时,即慢慢伸直至回原位置(图 7–12)。

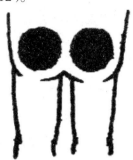

图 7–11

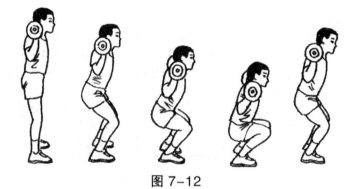

图 7–12

2. 哑铃练习

练习方法:哑铃练习是发展小肌群力量的有效练习方法,尤其对年龄组运动员,负重训练采用轻哑铃器械,有助于全面发展游泳的专项力量。哑铃练习方法有模仿杠铃动作,也有根据哑铃的特点发展游泳专项肌群(大小肌群)的力量。如两手持铃侧平举,发展三角肌力量;两手持铃俯卧平举,发展背部肌群力量;两手持铃仰卧平举,发展胸部肌群力量等。还可结合游泳技术进行练习,发展专项力量。

练习负荷:哑铃练习负荷应根据个人力量水平选择哑铃重量,一般以每次练习不少于 8 ~ 10 次,每次 3 ~ 6 组为宜。

(1)仰卧飞鸟

目的:发展胸大肌和三角肌力量。

方法:仰卧在卧推凳上,两手各持哑铃,掌心相对,举起至两臂伸直,支撑在胸部上方。两手持哑铃平行地向两侧落下,手肘稍微弯曲,哑铃落下至感到胸部两侧肌肉有充分的拉伸感,并使上臂落下至低于肩部水平线。

（2）坐姿侧平举

目的：发展三角肌外侧中、后束部位。

方法：两手各持哑铃下垂体前，两肘部稍弯曲，拳眼向前。两手持铃同时向两侧举起，直到举起至与头部齐高位置。然后，慢慢地循原路落下回原位，再重复做。

（3）箭步蹲

目的：发展大腿肌群。

方法：立正，哑铃置于体侧。跨出一步成弓箭步，并下压。

3. 徒手力量练习

利用自身体重发展力量，其特点是练习方便，对场地器材要求不高，利用人体环节运动的半径变化，调控阻力臂，改变力量训练的负重量，也可附加器械重量提高力量训练负荷。这类练习主要有上肢类力量练习，如引体向上、俯卧撑等；下肢类力量练习，如各种跳跃、跑等练习；腰腹肌类力量练习，如仰卧起坐、悬垂举腿、背屈等练习。这类练习最适合少年儿童早期力量练习。

（1）仰卧起坐

目的：加强腹部力量。

方法：仰卧在地上，把小腿平行地搁在杠上，使大腿垂直于地面，两手可以交叉在胸前或两手交叉互抱于颈后。慢慢地使两肩向膝部弯起，直至肩胛骨离地面10～20厘米时，保持静止1秒钟。然后，回复到开始位置。

（2）俯卧撑

目的：发展胸大肌、三角肌前侧部。

方法：俯撑在地面或支架上，两手间距比肩膀稍宽，两臂伸直，两腿并拢。屈臂下降至全屈臂。

（3）引体向上

目的：发展背阔肌和肩部肌群。

方法：两臂悬垂在单杠上，两手宽握距，正手握紧横杆，使腰背以下部位放松，背阔肌充分伸长，两小腿弯曲抬起。屈臂引体向上至颈后，使后颈接近或触及单杠，后使身体慢慢下降还原。重复练习。

（二）联合力量训练器力量练习

联合力量训练器力量练习是利用联合力量器的各种力量训练功能，发展符合游泳专项特点的力量素质，全面提高游泳运动员力量训练水平。

随着联合力量训练器的不断改进更新,自我选择功能和调节重量是其最大的特点。游泳运动员在联合力量训练器上的练习可分两种:一种是单一动作练习,可有选择、有针对性地提高某局部力量水平;另一种是成套动作练习。可根据训练要求,把不同功能、不同身体部位力量训练有机组合和编排,按其顺序进行重复练习。

（三）实心球练习方法

实心球练习在美国、日本、澳大利亚和欧洲一些国家盛行。游泳运动员通过各种传、抛、推球等动作练习,发展全身肌肉力量和动作速度,同时增强反应能力,使肌肉更适合于游泳,而且还能提高发展力量所必需的控制身体的能力。

实心球练习方法分为两类:一类为基本练习,由一般性的传、抛和推球动作组成;另一类为结合游泳专项动作而设计的一些传、抛、推球练习,具体如下。

1.基本练习

（1）V 上式传球

目的:更好地加强手臂、腹部等部位肌肉的力量以及平衡性。

方法:两人一组,于垫子上相对而坐,相距 1 ~ 3 米,两腿翘起,并成 V 字姿势,通过借助于双手的反作用力,来将实心球传给对方。双手进行胸前接球,在接到球之后要快速传回给对方(图 7-13)。

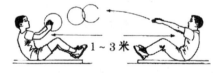

图 7-13

（2）V上式顶上传球

目的：更好地加强手臂、肩部、腹部等部位的肌肉力量以及平衡性。

方法：两人一组，相对坐在垫子上，相距2～3米，将两条腿翘起，成V字姿势并保持。一人双手持球，在保持姿势的同时，将球放在头后，通过双手用力，将球从头的后上方传给对方的头上，对方用双手在头上接球。在接到球之后要借助于反作用力，将球快速传回（图7-14）。

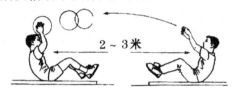

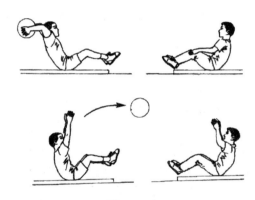

图 7-14

（3）仰卧起坐式传球

目的：更好地加强腹部和臀部的肌肉力量。

方法，两人一组，相对坐在垫子上，相距2～3米，将双膝微屈起，保持姿势。一人双手于胸前持球，并且上体仰卧，通过借助于腹部肌肉的力量，将上体快速抬起，并将球传给对方。对方同样也是立起双膝，双手于脸部前方接球，接球之后上体成仰卧状，重复动作，将球快速传回（图7-15）。

（4）仰卧起坐式顶上传球

目的：更好地加强手臂、肩部、腰部等部位肌肉的力量。

方法：两人一组，相对坐在垫子上，相距2～3米，将两脚稍微分开一些，两膝立起，在运动时，要注意保持好这一姿势，双手于头上持球，上体做仰卧动作，通过借助于腹部肌肉的力量快速使上体抬起，并通过双手用力,将球从头的后上方将球传给对方,对方用双手于头部上方接球,在接到球之后快速成仰卧姿势,重复动作,将球快速传回(图 7-16)。

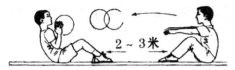

图 7-15

图 7-16

（5）跪式传球

目的：更好地加强臀部、腰部等部位肌肉的力量。

方法：两人一组，双膝跪于垫子上，相互面对，相距3～5米，上身立起，双膝外展，同肩宽。一人双手持球放在胸前，腰部向后坐，两手用力将球传到对方胸前。对方通过肘部、上身、腰部成缓冲姿势，接球时，腰部稍向后下坠。接球之后通过借助于反作用力快速将球传回（图7-17）。

图 7-17

（6）俯卧两头起式传球

目的：加强手臂、腿部、背部等肌肉的力量以及平衡性。

方法：两人面对面趴在垫子上，上身与两腿向上翘起，在保持姿势的同时，一人双手持球，将球向着对方脸部传球。对方通过将两手向头前上方伸出，将来球接住。接球之后，快速传回。传球时，要快速，并且要有节奏（图7-18）。

2. 专门练习

（1）腿推球

目的：更好地加强蛙泳大腿的腿部动作力量。

方法：练习者躺在地板上，将双腿上举，并用两手臂支撑住身体，来更好地保持身体平衡。让同伴将球对着练习者的脚掌掷出，练习者接球时,要通过膝部进行缓冲,用脚掌将球接住。同时,利用膝部的反作用力将球踢回,按时进行,在熟练之后可以使掷球的力度加大(图 7-19)。

图 7-18

图 7-19

（2）上踢

目的：更好地加强打腿的腿部和脚踝的动作力量。

方法：练习者仰躺在地板上，将两腿上举，让同伴将球扔到自己的脚踝处，通过膝部微屈，来将球用两脚抱住，两脚夹球后，将球上踢给同伴（图7–20）。

图 7–20

（3）上下传球

目的：进一步加强划水动作中整个手臂的力量。

方法：练习者仰卧于垫子上，屈膝，同伴站在一旁，将两腿分开，同肩宽，将球由胸上部往下扔。练习者用两手将球接住，在接球的过程中，要注意肘部和肩部的动作要尽量柔和。保持仰卧姿势，并通过接球时所受到的弹力来将球传回给同伴(图7–21)。

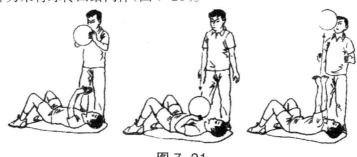

图 7–21

（4）模拟重点触壁动作的传球

目的：更好地对结束动作所用力量的部位进行强化。

方法：练习者成站立姿势，两腿分开，与肩同宽，同伴面对面屈膝跪下。同伴将球从下向上垂直抛出。练习者两手接球，并将球往地板上拍落。拍球要用力，使球直落到地板上，同伴不接球（图7-22）。

图 7-22

（5）伸缩式向上传球

目的：对蛙泳伸臂动作中整个手臂的力量进行强化。

方法：练习者跪立在地板上，两膝分开，同肩宽，腰部向后坐。由胸部开始，腰部向上伸，并借助于这一反作用力，来将球投向上方。要注意，要尽力投球，将球尽可能地投向高处（图7-23）。

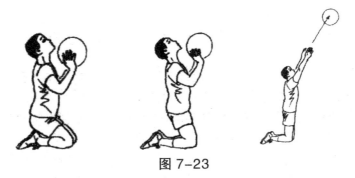

图 7-23

（6）模拟划水动作的顶上掷球

目的：对划水动作中的手臂、肩部、腹部、背部等部位肌肉的力量进行加强。

方法：练习者躺在垫子上，双手持球，将球放在头顶上，将球从头上投向同伴。在投球时，要注意只使用肩部和手臂的力量，肘部要伸直，并且背部、腰部、腿部等都不能离开垫子（图7-24）。

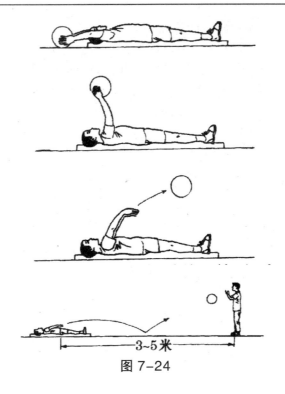

图 7-24

二、游泳运动专项力量训练

（一）陆上专项力量训练

陆上专项力量训练常采用橡皮筋拉力、滑轮拉力、等动拉力、弹簧杠杆拉力等训练方法，其动作与游泳运动四种姿势的划水动作紧密结合，身体姿势可采用直坐、立、卧三种姿势。陆上拉力力量训练主要发展专项的最大力量、快速力量和力量耐力。最大力量拉力训练提高了肌肉收缩的刺激强度，增加了肌肉纤维的募集率，动员了更多的肌纤维参与工作，是50～100米短距离游泳主要力量训练内容，同时对强化正确动作也极其有利。由于最大力量拉力训练的牵引力较大，所以拉力练习过程中固定好身体位置和姿势不容忽视，除克服身体体重的滑轮板练习时身体可平卧滑板上外，其他拉力练习都应采用站立或坐的身体姿势。

1. 快速力量拉力训练

快速力量拉力训练强调动作速度。拉力负荷为自己体重的 10% 左右（优秀运动员约拉 10 千克），动作速度（动作频率）要接近或稍快于比赛动作频率,爬泳、仰泳 10 个动作 4 ~ 6 秒,蝶泳、蛙泳 5 个动作 4 ~ 6 秒。每次拉的次数与专项距离的动作次数基本一致,50 米 20 ~ 25 次,100 米 45 ~ 50 次。除采用动作次数控制之外,也可采用时间控制,如在规定的时间内拉多少次。时间的选择一般在 30 秒 ~ 2 分钟之内。每组间歇时间稍长,使下一组练习时得到较好的恢复,一般重复 3 ~ 4 组。

2. 最大力量拉力负荷训练

优秀运动员能拉自己体重的 15% ~ 20%,女子约 13 千克,男子约 18 千克。短距离、中距离项目运动员一组 20 ~ 30 次,长距离项目运动员要坚持拉 1 分钟。这种最大力量拉力训练能有效地提高肌肉力量和肌肉力量耐力,提高 100 米和 200 米的运动成绩,但最大力量拉力训练对少年儿童不宜采用。

3. 力量耐力拉力训练

力量耐力拉力训练以持续时间长或动作次数多作为评价指标,负荷量为 4 ~ 8 千克,一般要求每次拉 100 ~ 300 次或持续拉 5 ~ 20 分钟。长时间多次的拉力训练要强调动作正确规范,保持动作幅度,动作放松。

为了使陆上拉力训练尽量接近专项运动的供能特征,拉力训练同样可采用水上训练的一些方法,如变速、重复、间歇、游戏、比赛等,使陆上力量训练更加符合水上训练要求,提高陆上专项力量训练效果。

在以动力性拉力力量训练为主的前提下,也可适当采用静力力量训练。静力力量训练能有效地强化动作,增加动作控制肌群的神经冲动,提高刺激强度。静力动作姿势和时间决定了静力力量训练的效果。游泳静力训练的动作姿势的选择要从以下两个方面进行考虑:其一,以游泳推进力的典型动作、关键动作为主,如抱水动作、屈臂高肘动作;其二,发展原动肌或弱肌,采用多种角度的静力练习。静力练习时间一般控制在 5 ~ 30 秒不等,负荷以静力时间为依据进行调节。静力练习负重较重,时间可短一些,约 3 ~ 15 秒;负重较轻,时间则可长一些,重复 3 ~ 6 组。静力练习要与肌肉牵拉动力性放松活动结合,这样有利于保持(提高)肌肉弹性。

陆上力量训练要注意静力性和动力性力量练习的交替与结合,这一点非常重要。

(二)水上专项力量训练

水上专项力量能最直接增大游泳推进力(牵引力)。游泳者在游进过程或做具体的游泳动作中,克服人为增加的阻力,是水上专项力量训练的最大特点。水上力量训练的优越性主要体现在以下三个方面：第一，在具体的专项技术动作（主要指产生推进力的手、腿动作）练习中，直接（划水掌）或间接地（阻力衣）施加阻力负荷，增强力量训练效果，使产生的牵引力加大；第二，在专项运动中（完整配合或分解动作），发展力量有利于改善专项肌肉力量的供能系统，提高供能速率；第三，增加动作负荷，强化技术动作，从而利用游泳运动技术水平的提高。

根据力量负荷形式，可将水上专项力量训练分为增大阻力练习、增大推进力练习和增加练习难度练习三种。

1. 增大阻力练习

增大阻力练习主要是通过增加游进阻力，或改变体位使划水和打腿负荷增大，达到力量训练的效果，如牵拉游、穿阻力衣、夹板划臂、垂直打腿（徒手、负重）等。游进阻力的大小、动作速度的快慢、持续时间的长短、动作幅度的大小都影响力量训练的负荷。增大阻力练习主要通过提高动作速度来发展速度力量，而保持划水效果是其基本要求。

2. 增大推进力练习

增大推进力练习主要是通过增大划臂或打腿动作的对水面，使阻力增大，以提高划水力量。增大推进力练习主要有划水掌、脚蹼等力量训练手段。划水掌、脚蹼的大小、动作速度、动作幅度、游泳速度以及持续时间构成了力量训练负荷的主要影响因素。增大推进力练习主要发展划臂、打腿的绝对力量，以提高克服阻力的动作速度。增大推进力的力量训练负荷要以不破坏技术动作为基本前提，否则力量训练的效果将适得其反。此类型的练习过多，容易对游泳者的动作速度和水感造成影响。

3. 增加练习难度练习

这种练习方法要求水上力量训练同水上训练方法结合起来，使发展肌肉力量和发展专项供能系统同步进行，以提高训练效果；水上专项力量训练应强调力量训练过程也是技术改进和提高的过程；水上力量训练要针对游泳比赛活动各环节的力量的特点发展力量素质，如出发时蹬台起跳、转身时蹬壁等下肢的爆发力，以及转身技术的动作速度（快速力量）等。

（三）水陆力量的综合训练

游泳者的力量训练主要是在陆上训练房进行。陆上力量训练会迅速促进力量素质的提高，从而有效地增长游泳者的绝对力量和爆发力水平。

但是,有时陆上力量素质提高了,水上成绩却并没有增长,甚至会产生肌肉僵硬、动作协调性变差的现象。因此,如何将陆上训练获得的力量素质转化为游泳所需要的专项力量是非常重要的。同时,水中的各种力量练习更符合游泳自身的肌肉用力特点,而陆上训练的方法难以精确地模仿正确的划水动作,只有通过水中的练习才能对成绩起到直接作用。

陆上力量训练的安排应注意强度与水上强度协调,也就是说陆上负荷较大的时候,水上的负荷相应可以减小一些,这样游泳者的整体负荷才能得以平衡。进行陆上力量训练时应注意以下几点。

1. 作用方向一致

采用陆上力量练习器进行专项力量练习时,必须考虑到水上训练的特点。水上和陆上练习的负荷方向一致才是合理的。可采用橡皮拉力、滑轮拉力和等动拉力。这三种练习器各有不同的特点。相对来说,等动拉力更适合专项,它充分考虑到水上阻力的性质(划手速度越快,阻力越大)。在练习的安排上,如水上主要进行速度训练,那么进行力量练习器的训练时,应做力量或速度力量训练。

2. 练习时间的近似

练习时间上的近似可通过陆上和水上力量练习尽可能同时进行的途径实现。在一个训练计划中把陆上和水上力量结合起来安排,陆上练习的持续时间应与水上比赛所需时间相同,这样更有利于陆上与水上训练的结合。

总之,要使陆上力量逐渐过渡到水上,教练员在力量练习安排上应全面考虑,在调整期间或各阶段的开头,可多安排一些陆上力量练习;而在比赛期间,对于那些陆上训练之后感觉游进中很吃力的学生,最好减少力量练习,部分甚至全部改为水上练习。不要忽视陆上力量训练之后的肌肉拉长和水中放松练习,这些练习有助于恢复肌肉弹性,加快力量的转化。

力量训练手段和方法的选择以及这些手段的安排顺序取决于训练时期。在每个大训练周期的恢复开始,训练中周期之初,通常安排发展一般力量练习,如循环训练和中小重量的专门力量练习。该阶段力量训练的任务是增强肌肉、韧带和关节囊。恢复开始训练中周期临近结束时,转入发展极限力量的训练。在一般训练和专项训练中周期,力量训练的任务是发展力量练习的分量,以便在增加速度力量、力量耐力的同时,也使游泳技术得以改进。在专项训练中期,力量训练时数应达到极限值,随后开始逐渐减少力量训练时数。在重大比赛赛前的 7 ~ 12 天,一般不再安排力量训练了。但是实验证明,在短短的几天中力量水平会下降10%～15%,所以近年来,许多知名教练和运动员在赛前和比赛中期适当地安排一些力量训练,直至赛前3～4天才完全终止力量训练。

在各大周期训练过程中,开始应在练习重量不变的情况下,靠增加练习组数和练习频率增加力量训练的练习量。随着极限力量的增加,应增加练习重量。在全年训练过程中,需经几次这样的反复(反复次数视大周期的次数而定)。

三、力量训练注意事项

(1)一般力量训练既要注意发展游泳专项动作的原动大肌群,又要重视小肌群的力量训练,力求使练习动作符合专项动作肌肉收缩的特征。

(2)一般力量训练在不同训练阶段,要针对训练对象和训练任务合理安排训练内容、手段和比重。

(3)力量训练前,要充分做好准备活动。力量训练要与发展柔韧性练习结合。

(4)一般力量训练要注意动作的准确性和动作的幅度。

(5)力量训练中要紧张与放松结合。

(6)力量发展要以不增加肌肉体积为前提(除 50 米运动员)。

第三节　游泳运动耐力素质训练

一、游泳运动一般耐力素质训练

耐力训练的主要目标就是要促使有氧供能系统效率得以提高。在游泳运动中常用的一般耐力训练方法主要有一般有氧训练、无氧阈训练和最大吸氧量训练。

(一)一般有氧训练

一般有氧训练是指能够促使有氧基础能力和一般耐力训练水平得以提高,常用的练习形式主要有变速游、持续游、慢速间歇游等。

(二)无氧阈训练

无氧阈训练是进行有氧训练的一种主要手段。由于在身体机能、有氧训练水平等方面存在差异,运动员的无氧阈水平也是不尽相同的。在具体的训练实践中,训练强度主要是通过个体乳酸阈水平来进行控制。无氧阈训练中,通常以血乳酸水平达到 4 毫摩尔 / 升的速度为训练强度。血乳酸—强度曲线右移,是判断无氧阈速度提高的主要依据。无氧阈训练心率水平在140 ~ 180次 / 分钟之间,以包干训练和间歇训练方法为主。

（三）最大吸氧量训练

将最大吸氧量训练纳入有氧训练,是能量分类的一大突破。虽然最大吸氧量强度训练血乳酸值已经达到了 8 毫摩尔 / 升左右,但运动生理学家依然认为它是进行有氧训练最好的训练手段。

一般耐力训练注意事项:

（1）要将运动员一般耐力训练同其意志品质的培养相结合。

（2）少年儿童的一般耐力发展水平要同其生产发育水平相适应。

（3）在发展不同专项运动员一般耐力时,必须区别对待。

二、游泳运动专项耐力素质训练

发展游泳专项耐力的方法主要有乳酸峰值训练法和耐乳酸训练法两种。

（一）乳酸峰值训练法

游泳运动乳酸峰值训练是以提高练习者最大乳酸水平和乳酸最高水平速度的一种训练方法。根据相关测试结果表明,100 ~ 200 米是游泳练习者所能产生最高乳酸的距离。如果从重复数次的乳酸积累效应分析,训练距离可扩大到 50 ~ 200 米,强度应达到 95% 以上,心率达到本人的最大心率。

需要注意的是,乳酸峰值训练对练习者机体有着非常强烈的刺激,导致过度训练的风险也是非常大,每增加 100 米的无氧训练量,都会使练习者付出极大的生理代价,从而增加了训练控制的难度。根据相关研究认为,每周所安排的无氧糖原酵解类的负荷不能超过三次,一次课的乳酸峰值训练的最大负荷量不能超过 1 000 米。

（二）耐乳酸训练法

在游泳运动中,进行耐乳酸训练是最艰苦训练的负荷等级。耐乳酸训练使练习者在一次负荷中乳酸达到较高水平,并保持一定时间(重复次数),以提高练习者机体耐受高乳酸,达到最高水平刺激的能力。重复次数、组数和间歇是耐乳酸训练的核心。在具体训练过程中,要根据运动员的个体乳酸水平,要将负荷水平控制在最大吸氧量训练的乳酸值水平。

通常来说,一次课的耐乳酸训练不能超过 2 000 米,训练的分段距离一般为 100 ~ 200 米,强度水平应在 90% 以上,心率达个人心率水平的最大值。

第四节 游泳运动柔韧性训练

一、游泳运动柔韧性和关节灵活性发展与提高的方法

(1)游泳运动柔韧性发展的方法特点是在动作完成的过程中,动作幅度达到个人的极限程度,肌肉和韧带都被尽可能拉长到最大程度。柔韧性练习主要包括动力性练习和静力性练习两种。

在活动中拉长肌肉、韧带的方法,即为动力性拉长。

在定位中拉长肌肉、韧带的方法,即为静力性拉长。

柔韧性练习发展的方法主要有两种,即主动练习法与被动练习法。

主动练习法就是运动员自己进行相关练习的方法。

被动练习是指在同伴的帮助之下,运动员进行相关练习的方法。

以上的练习形式和方法,可运用于各种柔韧练习,根据练习要求,既可单独运用,也可组合运用,如主动被动结合,提高练习质量与效果。

(2)关节灵活性同关节的柔韧性两者之间有着非常密切的联系,但两者不能相互替代。关节的柔韧性能够促使关节活动的幅度增大,但并不能解决关节的灵活性问题。关节灵活性不仅取决于胯关节肌群韧带的伸展程度,而且取决于关节活动时参与工作肌群的紧张与放松的协调一致,以及关节活动的频率,即关节活动频率高关节灵活性就好。在游泳运动中,对于关节灵活性的要求是全身性的,但就整个项目的运动特点来说,对肩部、腰部、膝盖、踝关节等部位的要求更高。

发展游泳运动员关节灵活性要与发展关节柔韧性结合,对关节柔韧性的优势加以充分利用,提高关节活动范围,并促使关节活动的灵巧性得以提高。

针对关节灵活性的练习主要有关节的摆动、旋转、转动、绕环等动作,在游泳专项关节灵活性练习中要重点针对肩部、膝盖、踝关节、髋关节、脊柱等部位的灵活性进行练习,通过对频率、速度、方向、幅度等练习手段的

改变,来促使关节活动的频度和强度得以不断提高。

二、游泳运动柔韧性和关节灵活性发展与提高的手段

（一）肩关节柔韧性的发展手段

1. 个人练习（图 7-25 ～图 7-28）

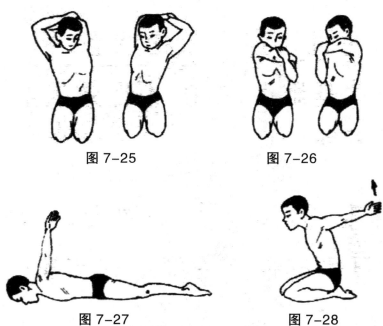

图 7-25　　　　　　　图 7-26

图 7-27　　　　　　　图 7-28

2. 他人辅助练习（图 7-29 ～图 7-49）

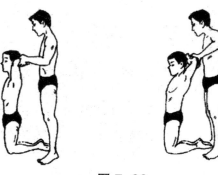

图 7-29

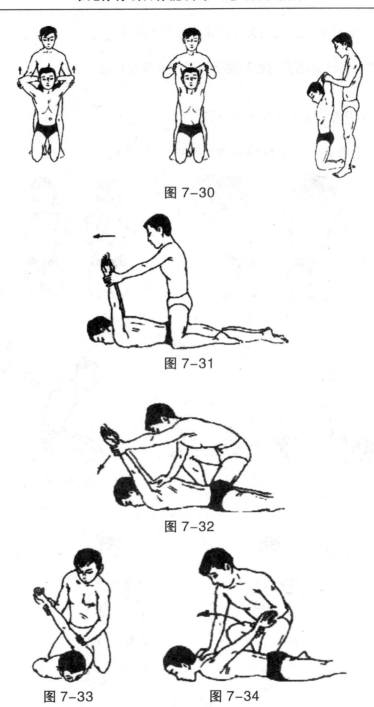

图 7-30

图 7-31

图 7-32

图 7-33   图 7-34

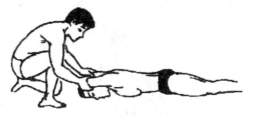

图 7-35

图 7-36

图 7-37

图 7-38

图 7-39

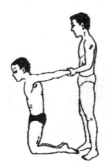

图 7-40

图 7-41

图 7-42

图 7-43

图 7-44

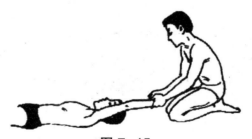

图 7-45

图 7-46

图 7-47

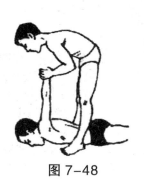

图 7-48

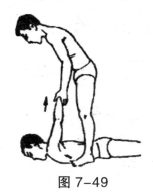

图 7-49

（二）脊柱柔韧性的发展手段

1. 个人练习（图 7-50）

图 7-50

2. 他人辅助练习（图 7-51）

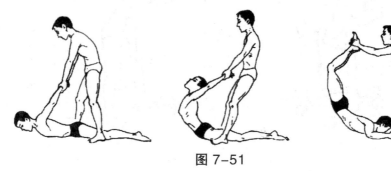

图 7-51

（三）髋关节和膝关节柔韧性的发展手段

1. 个人练习（图 7-52）

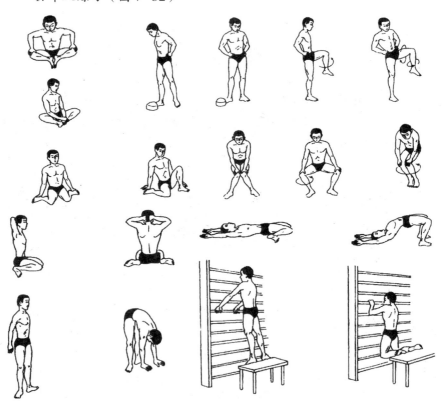

图 7-52

2. 他人辅助练习（图 7-53）

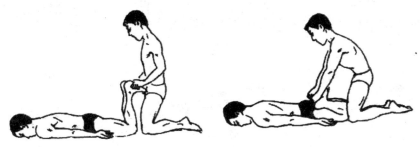

图 7-53

（四）踝关节柔韧性的发展手段

1. 个人练习（图 7-54）

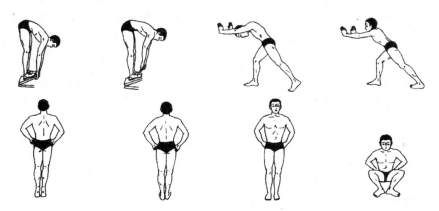

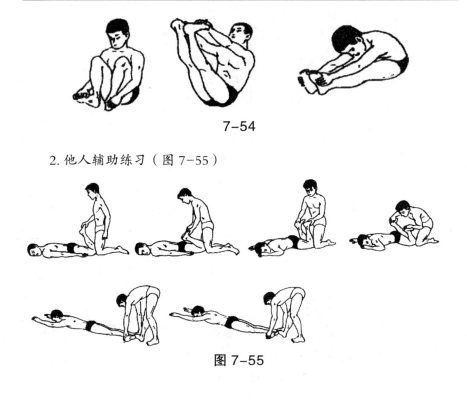

7-54

2. 他人辅助练习（图 7-55）

图 7-55

第五节　游泳运动协调能力训练

　　由于水中运动所具有的特点，使得动作控制复杂化，所以协调性对于运动员学习和掌握游泳技术有着非常重要的基础性作用。由此可见，游泳对运动员的协调能力有着较为特殊的要求。相对于陆上运动来说，游泳运动技术的最大特点就是在水中身体成平卧姿势的状态下，来进行划水和打腿（蹬腿）动作。动作所产生的效果也是由用力过程中动作面的形成和保持来决定的。臂与腿动作的配合也与陆上的手腿动作配合差异较大，具有非同步性特征，也就是说不像陆上手臂和腿进行左右交替的配合节奏和方式。这就需要在游泳技术的学习和掌握的过程中，要保证协调能力的发展同游泳技术动作的基本特点相符合。游泳运动员协调能力的训练发展主要包括两个方面的内容，具体如下。

一、游泳运动基础协调能力

通过进行陆上游泳技术动作的模仿、手臂和腿的配合动作以及陆上其他动作的技能等方面的相关练习,来提高运动员的基本协调能力,从而为运动员游泳技能的发展奠定良好的基础。

二、游泳运动专项协调能力

游泳运动员专线协调能力的发展必须要同水环境相结合,一方面在具体的技术训练过程中,通过进行动作组合和分解等相关练习,来促使运动员的动作控制能力得到发展;另一方面,通过水球、花样游泳、水中健身操、蹼泳、水中游戏以及专门设计的水上协调动作练习等水上其他运动,来发展运动员的水上运动技巧。专项动作控制能力和水上运动技巧对发展和提高游泳运动员的协调能力,提高运动员游泳技术水平有着明显的作用和效果。

游泳运动员的协调能力的发展必须要同游泳基本技术的相关练习紧密结合起来,通过对各类训练方法和训练手段进行设计,来进行技术训练的同时,促使运动员的技术质量和协调性得以不断提高。协调性的练习要经常进行,训练初期应以发展运动员基础协调能力为主,随着训练的深入逐步加大专项协调性练习的比重,提高专项协调能力。此外,游泳运动员协调能力的发展还要同"水感"练习进行紧密结合,"水感"对运动员的协调能力有着非常特殊的影响,这种感觉对运动员控制自身技术动作的能力在很大程度上起着决定作用。

第八章　其他体育项目体能训练指导

不管是什么项目的运动员,都需要通过科学系统的体能训练来提高自己的专项体能素质,从而在专项运动中更好地发挥自身的能力,在比赛中取得优异的成绩。体能训练是无法脱离专项而独立进行的,而且不同运动项目对运动员的体能有不同的要求,运动员只有结合自己从事的运动项目有针对性地进行专项训练,才能获得本项目所要求的体能素质。本章主要就健美操运动、格斗运动、冰雪运动及跳水运动的体能训练方法进行分析与研究,以为从事这些项目的运动员的体能训练提供科学指导。

第一节　健美操运动体能训练

一、健美操力量素质训练

（一）上肢力量训练

1. 一般练习

（1）通过横握杠铃(哑铃)做臂屈伸练习来锻炼肱二头肌。

（2）通过上举杠铃(哑铃)做臂屈伸练习、撑双杠做臂屈伸练习来锻炼肱三头肌。

（3）通过杠铃上举练习来锻炼三角肌。

（4）通过负重屈腕的练习来锻炼前臂肌。

2. 专项练习

健美操运动员上肢专项力量练习可分以下两个阶段来进行。

（1）基础训练阶段

俯撑击掌、俯卧撑、双杠支撑移动(或摆动)、倒立推(或爬行)、双杠屈臂撑等。

（2）专项提高阶段

①计时做单臂俯卧撑、负重俯卧撑、自由倒地成俯撑等练习。

②跳起成俯撑的练习，采用多种动作形式进行练习。

（二）下肢力量训练

1. 一般练习

（1）通过负重蹲跳的方式来锻炼股四头肌。

（2）通过负重提踵的方式来锻炼腓肠肌、比目鱼肌。

（3）通过立定跳远、跳绳等方式来提高小腿肌肉力量。

2. 专项练习

健美操运动员下肢专项力量练习可分以下两个阶段来进行。

（1）基础训练阶段

①原地连续纵跳（或团身跳）。

②原地屈体分腿跳。

③单脚或双脚连续跳等（10 ～ 20 米）。

（2）专项提高阶段

①连续科萨克跳（吸腿跳）。

②原地连续屈体分腿跳。

③负重屈体分腿跳。

④扶肋木进行不同方向的快速踢腿等。

（三）躯干力量训练

1. 一般练习

（1）通过单杠引体向上练习来锻炼斜方肌、背阔肌、菱形肌。

（2）通过硬拉练习来锻炼背阔肌、前锯肌。

（3）通过仰卧起坐、悬垂举腿等练习来锻炼腹部肌肉。

2. 专项练习

健美操运动员躯干专项力量练习可分以下两个阶段进行。

（1）基础训练阶段

①控腹练习。

②分腿支撑与直角支撑交替练习等。

（2）专项提高阶段

①专门性分腿支撑转体练习。

②专门性直角支撑转体练习等。

（四）手腕关节力量训练

健美操运动员可通过如下方法来提高手腕关节的力量。

（1）倒立爬行练习。

（2）连续俯卧推跳练习。

（3）负重手腕屈伸练习等。

二、健美操耐力素质训练

（一）一般耐力训练

（1）中长跑、变速跑练习。

（2）在规定时间内做不同形式的原地跳及跳绳练习。

（3）结合身体力量练习进行循环练习。

（二）专项耐力训练

健美操运动中，跑跳动作一般都是组合出现的，在进行跑跳动作组合练习的过程中，要持续足够长的时间，并要达到一定的练习量。在组合练习中，可进行半套、成套、超成套、多成套等不同形式的练习，训练强度一般为最大强度的 80%～90%，将心率控制在 180～190 次/分钟。

三、健美操速度素质训练

竞技性健美操运动员速度素质的好坏一般是从运动速度的快慢上体现出来的。运动员要以一定的运动速度完成各种复杂的竞技性健美操动作。因此在速度素质训练中，必须加强对动作速度的训练，同时与动作技术结合起来进行组合训练。要先保证自己掌握的动作技术是正确的、规范的，在此前提下进一步提高动作速度。

健美操运动员可通过以下方法来提高自身的动作速度。

（1）四肢负重训练，需持续一段时间才能看到明显的效果。

（2）连续快速屈体分腿跳、连续 4×8 拍大踢腿等专门性动作速度训练。

（3）重复操作化动作训练。运动员先要保证自己的动作技术是正确的,在此基础上尽量快速到达动作结束位置,加强对肢体爆发力及控制力的训练。

（4）通过对外力的借助来促进动作速度的提高。一般由教练员提供助力,让运动员对快速完成动作的感觉加以体会。

（5）在音乐的伴奏下进行快节奏训练。音乐节奏先慢后快,动作速度也先慢后快,跟着音乐节奏进行练习。

四、健美操柔韧素质训练

(一) 上肢柔韧性训练

（1）做徒手体操中各种活动肩、肘关节的动作。
（2）与同伴互扶俯身做正侧压肩的练习。
（3）双手握肋木做直臂压肩韧带的练习。
（4）双手体后握肋木做向前探肩的练习。

(二) 下肢柔韧性训练

1. 正压腿练习

支撑身体重心的腿脚尖朝前,伸直支撑腿的膝关节,摆正髋关节,伸直非支撑腿,脚面外开,挺胸抬头,上体稍前屈。

2. 后压腿练习

摆正髋关节,支撑身体重心的腿弯曲,伸直非支撑腿,膝和脚面稍微外展,挺胸抬头,向后仰上体同时压胯。

3. 侧压腿练习

支撑体重的腿脚尖、膝盖所指的方向与非支撑腿之间保持90°的夹角,伸直支撑腿的膝关节,充分展开髋关节,非支撑腿膝关节伸直,脚面朝上,挺胸抬头,上体侧屈。

4. 劈叉控腿练习

可将前后、左右腿垫高下压,尽量充分拉"胯",或按正、侧、后三个方向把腿举起,控制在一定高度上。

5. 搬腿练习

靠墙而立,上体保持静止不动,教练帮助其进行正、侧、后不同方向的搬腿练习,力量可逐渐增加。

6.高抬腿练习

把一定高度的物体先放在正前方,然后将一条腿置于该物体上,停留一会后换另一条腿,交替几次后将物体放在身体侧方向和身体后方继续进行不同方位的练习。

（三）躯干柔韧性训练

1.体侧屈练习

两脚以与肩同宽的距离左右开立,双手在头顶上方握住,躯干在手的带动下侧屈到自己的极限,保持 10 秒钟的时间。

2.体后屈练习

双手将肋木握紧,两脚以与肩同宽的距离左右开立,挺胸抬头,上体向后仰,直到最大限度,然后保持 10 秒钟的时间。

3.体侧转练习

两脚以与肩同宽的距离左右开立,两臂在身体两侧平举,左肩带动躯干尽最大限度左转,保持 10 秒钟的时间,然后尽可能向右转躯干,同样保持 10 秒钟的时间。

五、健美操灵敏素质训练

（一）手臂灵敏性训练

1.基本动作练习

臂屈伸练习、臂外展和内收练习、臂旋转和环动练习、臂回旋练习等单一手臂动作练习。

2.组合动作练习

将单独的手臂动作编排为整套组合动作进行训练,最后在音乐的伴奏下进行组合练习。

（二）步法灵敏性训练

首先练习简单的步法,然后练习难度稍大的步法,之后将各种步伐动作组合起来进行练习,提高腿部的协调性。待熟练基本动作与组合动作后,配合音乐来提高步法的灵敏性与移动速度。

（三）躯干及肩、髋关节的协调性训练

躯干及肩、髋关节的协调性训练需要按照以下几个步骤来逐步进行。

首先，进行肩关节练习，如左右同时提肩、依次提肩；左右依次向后绕肩和同时绕肩等。

其次，进行髋关节练习，如移髋、顶髋、绕髋等。

再次，进行躯干移动（不同方位）练习。

最后，将肩部练习动作、髋部练习动作和躯干练习动作编成组合动作同时进行训练，以提高三个部位的灵活性和协调性。

（四）上、下肢配合灵敏性训练

先进行手臂练习和步法练习，然后将手臂动作与步法动作变成组合动作进行上下肢协调配合练习，逐步提高上下肢动作的协调性。在配合练习过程中，先保持步法动作不变，配合手臂动作进行练习，然后两拍一动进行配合练习，熟练后进行一拍一动的配合练习。

第二节　格斗运动体能训练

格斗运动对于运动员体能素质的要求是较为全面的。从格斗项目的竞技特征来看，对格斗运动员比赛成绩影响更大的身体素质是速度、力量（爆发力和快速力量）及与之对应的速度耐力和力量耐力。因此，在格斗体能训练中，要重点加强对这几种运动素质的训练。格斗项目不同，对运动员体能要求的侧重点也不同，所以运动员要根据自身专项的特征和实际情况来有侧重地增强自己的体能素质。

一、格斗运动力量训练

（一）速度力量训练

在格斗类运动中，速度力量所占的地位极其重要，尤其是对于踢打类格斗运动员而言，这一素质非常关键。踢打类格斗运动员只有具备了良好的速度力量，才能在对抗中更好地抓住战机，以最快的速度打击对手。摔揉类格斗运动员获得把位，爆发用力摔倒对手也离不开一定的速度力量。所以，在格斗运动员的整个力量训练计划中，速度力量训练所占的比重一般不少于40%。

速度力量训练中采取的负荷强度为最大力量训练的30%~60%。这一负荷不容易导致肌纤维增粗,而且还有利于速度素质和耐力素质的提高,所以对于需要严格控制体重的运动员而言是适宜的。有关速度力量的训练,有人提出应遵循"负荷到8,训练到12"的训练原则,即在速度力量训练中采用一次最多能连续重复8次的负荷重量,在力量增加后,8RM的重量能连续重复12次时,就要继续增加重量,使新的负荷成为8RM。因为速度力量训练中存在着较大的负荷区间,所以负荷和重复次数的搭配方式有很多。当训练负荷较大时,每组动作重复8~10次比较合理,训练负荷较小时,每组动作重复10~12次左右。确定每个动作练习重复的组数时,需满足的基本条件是不降低快速节奏和重复次数,一般每个动作重复练习组数为3~5组。以机体基本恢复为准来安排间歇时间。

速度力量训练可以通过以下几种手段来进行。

1. 负重练习

(1)抓举杠铃练习。

(2)连续快速卧推杠铃练习。

(3)连续快速高翻杠铃练习。

(4)绑沙袋拳法或腿法练习。

(5)负重深蹲跳或交换步跳练习。

(6)靠摔木桩或假人练习。

(7)摔布人或沙包练习等。

2. 克服自身体重练习

(1)蛙跳练习。

(2)平地上单腿连续快速跳练习。

(3)台阶冲刺跑练习。

(4)引体向上练习。

(5)连续快速俯卧撑双拍掌练习等。

3. 克服弹性物练习

(1)借助橡皮带进行冲拳踢腿练习。

(2)借助拉力器进行冲拳踢腿练习等。

4. 击打练习

（1）快速摔布人练习等。

（2）绑沙袋进行快速击打手靶（或脚靶）的练习。

（3）去除沙袋进行击打手靶（或脚靶）练习。

5. 对抗练习

发展速度力量常见的对抗练习形式是双人抢位快摔。

（二）最大力量训练

在格斗比赛过程中，格斗运动员一般不需要将自己的最大力量展示出来，调查表明，格斗运动员的最大力量在其他运动项目中也不算优秀，而且最大力量训练会使运动员的肌肉变得粗大，这对于体重的控制是不利的。所以，最大力量训练在格斗项目体能训练中仅占30%或20%以内甚至更小的比例。与踢打类格斗运动员相比，摔揉类格斗运动员的最大力量训练比例稍大。

格斗运动最大力量训练手段具体如下。

1. 负重练习

负重练习的具体手段有负重卧推练习、负重提拉练习、负重深蹲练习、负重抓举练习、负重挺举练习等。

2. 击靶练习

击靶练习的具体形式有击打墙靶、击打胸靶、击打同伴的主动迎击靶等。

3. 对抗练习

发展最大力量的对抗练习手段常见的有双人顶、双人拉、双人推、双人对抗抱摔等几种。

（三）力量耐力训练

现代格斗运动比赛中竞争非常激烈，一般只有到了比赛最后才能决定出谁胜谁负。格斗运动员要想在比赛中坚持到最后，并获得良好的体能优势，就需要在日常训练中加强力量耐力，尤其是快速力量耐力的训练，这样即使到了比赛的最后阶段，也能正常发挥自身的技战术水平，或者在对方体力不支时给对方造成沉重打击。一般来说，在格斗运动员整个力量训练计划中，力量耐力训练占30%以上的比重，而且在训练过程中重点进行提高快速力量耐力的训练。

力量耐力训练中所采取的运动负荷一般为最大力量的40%以下。结合格斗运动的特征和运动员的实际情况,在力量耐力训练中每个动作重复练习5～8组为宜。在安排组间的间歇时间时,要考虑训练目的,如果是为了对快速力量耐力进行训练,需在机体基本恢复正常状态后再开始下一组练习,如果是为了提高普适性力量耐力,需适当减少间歇时间。

格斗类力量训练中,力量耐力训练手段基本上与速度力量训练手段相同,但二者的负荷特征是存在一定差异的。力量耐力训练中,负荷重量较轻,每次重复次数较多和每个动作的重复组数较多,容易使肌肉疲劳。力量耐力训练中,还会用到训练练习的手段,即将几个单个的动作编成组合动作进行练习。例如,散打运动员在力量耐力训练中,可采用的循环练习手段有手持轻哑铃拳法练习＋绑沙袋腿法练习＋扛摔沙包＋肋木悬垂举腿或举腿绕环＋负重俯卧体后屈＋连续快速轻杠铃深蹲跳起＋连续快速轻杠铃卧推＋双人揉摔对抗。循环练习融合了专项技术,有利于人体上下肢、前后肌群的协调与共同发展。循环练习中,重复组数要视运动员的具体情况而定,一般为3～6组。如果每个循环的重复组数太少,是无法达到良好训练效果的。每组之间的间歇时间视运动员的恢复情况而定,在间歇中要保持积极性的活动状态,不能完全停下来休息。

（四）格斗运动力量训练注意事项

（1）在格斗力量训练中,应根据力量训练的不同目的对运动强度、负荷、重复次数与组数进行合理安排。

（2）根据不同格斗项目的体能特征来协调发展不同肌群的力量。

（3）进行一般性力量训练后,及时将获得的力量素质转化到专项素质,具体转化方法就是结合专项技术进行训练。

（4）循序渐进提高力量素质,训练负荷由小到大依次增加。

（5）长期系统地坚持训练,以免获得的力量素质很快消退。

（6）训练放松肌肉,进行一定的放松性练习,以促进肌肉弹性的提高,避免肌肉处于僵化状态。

二、格斗运动速度训练

（一）反应速度训练

一般来说,运动员的赛场经验越丰富,就越能准确预测对方的动作,从而迅速做出相应的反应。所以,对格斗运动员的反应速度素质进行训练,关键是要促进其预测和判断能力的提高。进行不同条件下的实战和比赛、录像观摩等是促进运动员预测和判断能力提高的有效手段。条件实战不但可以使运动员的反应速度提高,同时还可以使运动员的技战术运用能力得到充分的增强,使其实战经验更加丰富。所以在格斗训练中要加强实战训练。

有利于提高格斗运动员反应速度素质和预测能力的训练手段主要有以下几种。

1. 示靶击打

教练员先对出靶位置、靶面、相应击打动作进行明确规定,然后不规律地出靶,运动员用相应的动作快速准确地击靶。

2. 打移动靶

教练员在移动过程中突然出靶,运动员快速击打(也可进行组合击打)。教练员可用靶反击,此时运动员要迅速进行防守,同时加强反击。

3. 揉摔练习

揉摔练习主要用来对运动员在摔法中的触觉反应速度进行训练,促进其反应速度的提高。在练习过程中,双方先相互抱缠,一方控制力度摔对方,另一方迅速防摔、反摔。在不控制力度的情况下进行真摔练习可取得更好的效果。

4. 防反练习

教练员规定练习双方,一个进行主动进攻,另一个及时防守反击。防守者根据不同的情况快速采取相应的有效的防守反击动作。具体练习过程中,接触式练习和不接触式练习均可。教练员可对进攻动作和防守动作进行规定,也可由运动员自由发挥。

（二）动作速度训练

格斗运动中,出拳、出腿、施摔的速度以及拳、腿、摔组合的速度等动作速度总是在技术动作出现的,所以保持正确的技术动作,与技术动作结合起来进行训练是进行动作速度训练的要点。

动作速度与神经系统发出指令的强度有关。所以在动作速度训练中必须保持高度集中的思想和注意力,要求自己以最快速度完成每个动作,并争取超过自己的最大速度,不断突破。高能磷酸盐系统和糖酵解的能量是动作速度的能量物质基础,所以大强度的重复训练法是发展动作速度的主要方法。每组练习次数和每个动作的练习组数以速度不降低为准,安排充分的间歇时间。

格斗运动员动作速度的具体练习手段如下。

1. 分解练习

分解完整的技术动作,然后采用大强度重复训练方法进行分解练习。

2. 减阻练习

先对参与训练的肢体部位进行阻力爆发训练,练习 1 ~ 2 组后再进行速度练习。

3. 变换练习

加上沙袋—去除沙袋的拳法交替速度练习或腿法交替速度练习。

4. 助力练习

借助外力提高动作速度。例如,在运动员出拳时,同伴拍其肩部,使运动员的出拳速度能够更快一些。

5. 声响刺激

在格斗运动速度训练中,教练员可利用高频率的声音节奏来对运动员进行刺激,促进其提高动作速度和频率的提高。

在格斗运动中,还有很多方法都可以发展动作速度,如游戏和比赛法,这两种训练方法不仅十分有效,而且颇有趣味。但在动作速度训练过中,要避免运动员出现"速度障碍"的问题。所以,训练时要注意加强对运动员对不同速度进行感知能力的培养,利用牵引或外界的助力来将原有的速度定型打破,成功将速度障碍突破。另外,运动员在疲劳状态下尽量不要做发展动作速度的练习,否则容易出现这一问题。

(三)位移速度训练

下肢快速移动和身体重心灵活稳定地转换对于格斗运动员而言是非常重要的技能。拳谚中"步不快则拳慢,步不稳则拳乱"就是说的这一点。而运动员要具备这一能力,要保持良好的位移速度,不仅要促进中枢神经系统兴奋与抑制转换速度的加快;还要促进腿部肌肉力量的增加。

格斗项目的位移速度具有一次性、间断性、多元性以及多向性等特征,需要运动员在不同方向灵活地调整重心。因此,格斗运动的位移速度训练模式不能与田径运动的位移速度训练完全一样,其有自己的特点。

1. 高频率步法移动练习

（1）短距离冲刺跑。

（2）高频率小步跑、往返跑、高抬腿、前(后)滑步。

（3）高速单摇跳绳等。

2. 高频率步法转换练习

（1）各种不同步法的前进与后退。

（2）快速左右移动的转换练习。

（3）结合口令或手势进行高频率步法转换练习,促进移动速度和反应速度的提高。

3. 腿部爆发力练习

（1）快速纵跳、蛙跳、单足跳。

（2）快速跳深、冲台阶等。

（四）格斗运动速度训练注意事项

（1）在对格斗运动专项速度特征加以分析的基础上进行专项训练。在反应速度训练中加强对视觉、触觉和听觉的训练；动作速度训练中应与技术动作练习相结合；位移速度训练中采用各种不同的步法。

（2）在运动员疲劳时可进行反应速度训练,但不可进行动作速度和位移速度训练。一般在运动员比较兴奋、情绪饱满时安排这两项训练。

（3）采用极限强度或次极限强度进行速度训练,确定持续时间时,以不使每组练习速度下降为基本原则,充分安排间歇时间。

（4）将肌肉放松与协调的问题重视起来。

（5）速度素质的训练需结合其他素质进行,尤其要加强速度耐力的训练。

（6）防止在训练中出现“速度障碍”现象。若出现,采用牵引性的外加助力练习来处理。

三、格斗运动耐力训练

（一）耐力训练方法与手段

格斗运动中运动负荷强度非常大,该运动的专项耐力是以无氧耐力为主的无氧与有氧混合供能形式的耐力,这是由格斗运动不停移动、强烈对抗、长时间拼搏等特征决定的。踢打类格斗运动员要特别重视速度耐力的训练,摔揉类格斗运动员要加强对力量耐力的训练,通常采用中、长时间的重复训练法、间歇训练法以及短时间的持续训练法。采用专项或接近专项的训练手段有利于使格斗运动员在专项耐力训练中取得良好的效果。

格斗专项耐力的训练手段一般有如下几种。

1. 坐庄练习

练习者坐庄,3～5名同伴轮流与其展开条件实战,练习局数比比赛局数多2局左右。

2. 空击练习

拳、摔、腿各种技术及其组合技术的攻守练习。

如果训练目的是使速度耐力提高,要快速地连续地进行练习,持续1分钟左右的时间,间歇半分钟,重复练习组数为4组;若训练目的是促进专项比赛耐力的提高,采取与比赛相同的负荷进行练习,持续4分钟左右,间歇1分钟左右,重复练习组数为5组左右。

3. 打靶练习

练习方法、要求和空击练习相同。但在进行比赛专项耐力训练时,可以和专项反应速度结合起来进行组合练习。例如,在练习过程中教练员持靶不规律地突然亮靶,练习者迅速准确击打;教练员进攻或反击,练习做出相应的攻守反击动作。

4. 打沙包练习

练习方法和要求与空击练习相同。

5. 对抗练习

两名练习者进行条件实战或实战练习,练习局数比比赛局数多2局左右。

(二)格斗运动耐力训练注意事项

(1)重点进行力量耐力和速度耐力训练。

(2)训练过程中调整呼吸,呼吸与动作相协调。疲劳时采取腹式深呼吸的方式来与动作节奏保持一致。

(3)加强意志品质的培养与训练,这对于耐力素质训练效果的提高具有十分重要的意义。

四、格斗运动柔韧训练

（一）柔韧训练方法和手段

在格斗运动各项基本运动素质中,柔韧素质比较次要,但并非说格斗运动员不需要进行柔韧素质训练,或这项素质对格斗运动员而言不重要。事实上,柔韧素质对于格斗运动各员而言同样是不可缺少的身体素质之一。如果运动员肩关节柔韧性差,则无法灵活出拳;如果髋关节柔韧性太差,无法踢出有威力的腿法。运动员学习和掌握格斗技能,增强自身的肌肉力量,提高自身的动作速度,减少运动器官内部的阻力,更加轻松省力地完成技术动作都离不开良好的柔韧素质。另外,改善柔韧性还能够使运动创伤的发生率降低。

拉伸法(直接拉伸要发展部位的有关肌肉和韧带)是提高柔韧素质的基本方法,具体训练手段如下。

1.动力性拉伸

（1）涮腰、甩腰等练习。

（2）肩部环绕、甩肩等练习。

（3）摆腿、踢腿等练习。

在动力性拉伸训练中,逐渐增加动作幅度,提高动作速度,避免突然加大幅度和速度而导致肌肉拉伤。

2.静力性拉伸

（1）主动拉伸

压腿、压肩、劈叉、体前屈、腰下桥等练习。

（2）被动拉伸

在助力下进行压腿、压肩、俯卧体后屈、劈叉、搬腿等练习。

在静力性训练中,不可突然用力,也不可用力过猛。

（二）格斗运动柔韧训练注意事项

（1）以格斗运动的特点为依据,全面进行柔韧性练习,肩、胯部位是重点训练部位。

（2）训练前做一些准备活动,避免出现肌肉拉伤的情况。组间休息时也可进行准备活动。

（3）格斗运动员应将柔韧练习和力量练习结合起来,促进力量素质与柔韧素质的协调发展。

（4）为避免随着年龄的增加,柔韧素质逐步退化,应经常性地保持柔韧训练,在每次课中都适当安排一定的柔韧练习。

五、格斗运动灵敏训练

（一）灵敏训练方法与手段

对于格斗运动员而言,良好的灵敏素质是至关重要的基础素质。格斗运动员能否在各种复杂变换的条件下迅速、准确、协调地做出动作是衡量其灵敏素质好坏的一个重要标志。

格斗运动员要从以下三个方面来发展灵敏素质。

首先,通过反应速度和起动速度训练来发展速度性。

其次,从培养运动员的时空判断能力、肌肉本体感觉和专门化知觉等几个方面来提高准确性。

最后,从培养运动员的模仿能力,增加运动技能储备量方面等几方面来提高协调性。

上述三方面的训练应有机结合起来进行,在练习中采用较大的练习强度,练习时间不宜过长,次数不宜过多,要充分安排间歇时间,以免对训练效果造成影响。

下面是格斗灵敏训练中的常用手段和方法。

1. 假想练习

在各种步法移动中对各种比赛突发情况进行假想,然后随机应变突然做相应的躲闪、攻守、反击等动作。

2. 单人练习

（1）立卧撑前后交叉拍脚、立卧撑转体跳、换步蹲跳。

（2）撤换步手触地往返跑、十字变向跑。

（3）步法移动中突然起动、变向、急停等练习。

3. 对抗练习

（1）一对一踩对方脚尖、触对方肩部等练习。

（2）在规定区域内,一人防守,另一人想办法突破防守,在突破过程中,不许推、拉对方。

4. 其他练习

（1）借助其他项目的练习

竞技体操练习、健身操练习、各种球类练习等。

（2）游戏练习

打小鸟游戏、贴人游戏等。

（二）格斗运动灵敏训练注意事项

（1）一般多在训练课的前半部分安排灵敏性训练，因为此时运动员体力充沛、精神饱满，神经系统兴奋性较高。此外，在训练课结束之前也要适当安排灵敏训练，因为格斗比赛后期也要求运动员具有较高的灵敏性。

（2）从少儿时期开始就进行灵敏素质训练，抓住该项素质发展的最佳时期及敏感期。

（3）必须抓好各相关基本身体素质的训练，这样才能提高灵敏素质这一复合素质。

（4）与专项格斗技战术训练结合起来进行灵敏素质训练，促进专项灵敏素质的提高。

第三节　冰雪运动体能训练

冰雪运动分冰上运动和雪上运动两种，常见的冰上运动项目有花样滑冰、速度滑冰、短道速度滑冰、冰球、冰壶等；常见的雪上运动有高山滑雪、越野滑雪、跳台滑雪、自由式滑雪、雪橇等。本节主要就滑冰运动中的花样滑冰、速度滑冰及滑雪运动中的高山滑雪、越野滑雪共四个项目的体能训练进行分析。

一、花样滑冰体能训练

（一）弹跳能力训练

花样滑冰运动中自由滑动作的核心是跳跃动作，单人花样滑冰的总体难度水平一定程度上是由跳跃动作决定的，这就要求花样滑冰运动员下肢具备良好的弹跳能力。弹跳能力训练方法如下。

（1）冰上专项练习是提高运动员弹跳能力的主要手段。

（2）负重跳、立定跳、原地纵跳、单双足连续跳等手段也是发展弹跳力的常见练习手段，这基本上与力量素质中下肢力量练习手段相同。

（二）控制能力训练

在多种体位和姿势下具备较好的控制能力是对花样滑冰运动员的基本素质要求。花样滑冰运动中，燕式平衡、阿拉贝斯、双人滑和冰上舞蹈等动作如果刚开始就在冰上练习是很难掌握的，运动员都必须先经过陆上训练。因此，花样滑冰运动员在进行冰上训练前必须先进行陆上技术动作控制能力的训练，训练过程中可采取模仿训练法。

（三）协调能力训练

协调能力是花样滑冰运动员不可缺少的重要素质，只有具备这一素质，运动员才能更好地完成高难复杂的技术动作。协调能力与专项感知觉、平衡能力的关系十分密切，所以复杂性、非传统性和新鲜性等特点在滑冰运动协调能力训练中有突出的反映。

运动员身体素质发展程度、条件反射建立的数量会直接影响协调能力的高低，身体素质水平越高、学习动作的数量越多、条件反射建立越多，就越能够提高协调能力。运动员的年龄特征、个性心理特征（神经类型、思维敏捷性及注意力集中程度等）也会影响其协调能力。

1. 协调能力训练手段

花样滑冰运动员可采用以下方法和手段来提高自身的协调能力。

（1）学习更多的花样滑冰基本技术动作。

（2）在训练过程中，准备活动、身体训练手段、舞蹈练习、技术动作的组合要经常变换，多在不熟悉的条件下练习。

（3）采用游戏方式来增加练习的复杂性，不断变化动作速度、动作节奏及动作方向，运用灯具、音响等刺激物来及时改变动作信号。

2. 协调能力训练的注意事项

随着年龄的增长，运动员的反应能力、平衡能力、节奏能力及空间定位能力会不断提高，因而协调能力也会不断提高，但在不同龄阶段训练的重点是不同的，具体如下。

第一，在6—7岁应学习对协调性有较高要求的基础滑冰动作，提高感觉动作的能力。

第二，在7—10岁加强反应能力训练，并开始训练专项协调能力，提高平衡感和节奏感。

第三,在 10—13 岁应提高滑冰动作的准确性,加强对专项协调能力的训练,从而进一步提高协调能力。

（四）平衡能力训练

花样滑冰运动员提高身体控制能力、完成高难度动作都离不开良好的平衡能力,因而运动员应不断提高自身在不稳定姿势下保持最佳平衡的能力,使自身的平衡能力趋于稳定,在干扰条件中依然能够保持平衡。

在静态和动态平衡能力训练中,需重点完善前庭器官功能,在这方面的练习中要借助各种辅助装置和秋千型、旋转型、离心机型等专门练习器。这不仅有利于提高身体平衡功能的抗干扰性,还有利于提高在旋转动作过程中保持平衡的能力。

二、速度滑冰体能训练

速度滑冰体能训练分陆上训练和冰上训练两种方法,下面主要就第一种训练方法展开分析。

（一）有氧耐力训练

1. 模仿动作练习

改进技术、进行有氧耐力训练时多采用模仿动作练习方法,具体练习手段有滑跑、滑行、静蹲、静蹲跳等。将跑步与模仿动作组合起来进行综合性练习效果更好,具体训练手段如下。

（1）10 分钟跑 +3 分钟滑行 +1 分钟慢动作滑行。
（2）10 分钟跑 +1 分钟滑行 +1 分钟弯道交叉步 +1 分钟滑行。
（3）5 分钟跑 +3 分钟慢滑行 +2 分钟慢弯道交叉步。
上述练习中,25 分钟的跑、12 分钟的专门性练习,总计 37 分钟。
（4）4 分钟跑 +4 分钟滑行 + 其他模仿动作,4 组。
（5）4 分钟跑 +4 分钟滑跑,4 组。
上述练习中 32 分钟的跑,32 分钟的模仿,总计 64 分钟。
（6）4 分钟跑 +6 分钟综合性模仿动作,7 组。
上述练习中,28 分钟的跑,42 分钟的模仿动作,总计 70 分钟。

2. 弯道模仿动作练习

改善速度滑冰运动员专项能力时多采用弯道模仿技术性练习方法,

训练总时间、每组持续时间应比直道模仿动作少,练习总时间最多为半小时,每次练习持续时间最多为 12 分钟。在练习过程中,提高弯道滑跑频率的练习要在保证正确技术的基础上进行。训练范例如下。

1、2、4、6、6、4、2 分钟各 1 次,间歇时间等同于练习时间。在 2 ~ 4 分钟练习中,每分钟有 30 秒钟是快速练习,在 6 分钟练习中,每隔 1 分钟进行 1 分钟快速练习。

3. 滑板练习

滑板练习是促进速度滑冰运动员直道蹬冰技术提高的重要手段,该练习有助于提高蹬冰效果。

滑板练习时间一般为 40 分钟左右,负荷强度控制在心率 140,160 次/ 分钟,练习中要保证技术的正确性。

在滑板练习中为提高训练负荷,可进行一定的负重训练,负重范围为 5 ~ 15 千克,可安排练习前半部负重,后半部不负重。

4. 滑轱辘

在改进技术、增强有氧能力的专项训练中,采用以技术为主的滑轱辘练习方式是非常有效的。很多冰雪强国多采用这一练习方式。每周训练中至少安排 2 次滑轱辘训练课,每次训练时间不少于 1.5 小时,主要用于改进专项技术,提高有氧耐力水平。

(二)无氧阈训练

无氧阈训练中,要在限定区域内安排负荷强度。如果是以与无氧阈强度相同的负荷或稍低于无氧阈强度的负荷进行训练,则练习时间相对较长,如果是以高于无氧阈强度的负荷进行训练,则难以持续较长时间。负荷越高,持续练习时间越短。要以动员训练水平为依据定期测定和评定训练负荷,对训练模式进行科学安排,以便促进运动有氧代谢系统功能的提高。

无氧阈训练范例见表 8-1 和表 8-2。

训练目的:提高速度滑冰运动员的无氧阈能力。

训练方法:逐级增加负荷的训练法。

训练手段:滑板练习。

训练要求:逐级增加负荷,直到增加到最大极限。

表 8-1　滑板无氧阈负荷训练第一次训练课 [1]

准备活动后：HR　80 次 / 分钟 HL　0.9 毫摩尔 / 升					
组次	做功时间（分钟）	步 / 分	间歇时间（分）	采血时间（分）	负荷后脉搏（次/分钟）
1	3	30	3	2	150
2	3	34	3	2	150
3	3	38	3	2	156
4	3	42	3	2	174
5	3	46	3	2	186
负荷后				5	112
				8	102

AT 值(无氧阈)HR156 次 / 分

表 8-2　滑板无氧阈负荷训练第一次训练课 [2]

组次	做功时间（分）	步 / 分钟	间歇时间（分）	采血时间（分）	负荷后脉搏（次/分钟）
1	3	30	2		144
2	3	34	2		156
3	3	38	2		156
4	3	42	2		168
5	3	46	2		174

（三）无氧能力训练

下面重点分析无氧能力训练中无氧糖酵解系统的专门性训练手段。

1. 滚动台练习

结合屈走、弯道交叉步、跑步进行滚动台练习，在模拟专项负荷、提高专项技术和专项耐力素质中，这是非常重要的训练手段。训练过程中根据训练任务和运动员水平来安排负荷量和强度。

滚动台练习的具体方式如下。

（1）滑板练习

1 分钟练习 /1 分钟休息，共 24 分钟；乳酸 2 毫摩尔 / 升, 心率

---

① 全国体育院校教材委员会审定 . 冰雪运动 [M]. 北京：人民体育出版社，2004.
② 同上 .

140 ~ 150次/分钟有氧水平。

（2）滚动台弯道练习

10秒钟弯道/10秒钟跑，2组，每组4分钟；乳酸8 ~ 10毫摩尔/升，心率180次/分钟左右。

（3）力量练习

低姿负重深蹲起，每组8次，5组，间歇3分钟，采用最大力量的80%来进行练习。

2. 山地速度耐力训练

山地速度耐力训练要求运动员具备良好的大腿肌群无氧能力、心血管系统能力，这样通过训练才能够获得最大乳酸效果。山地跑速度耐力训练时间一般为45秒 ~ 3分钟，重复进行6 ~ 10次练习，两次之间间歇10分钟左右的时间。具体练习手段如下。

（1）3 ~ 4分钟上坡屈走练习。

（2）在坡度为10° ~ 15°的坡上进行2 ~ 3分钟上坡跑练习。

（3）在坡度为15° ~ 25°的坡上进行1.5分钟大坡度跑练习。

（4）跑与屈走交替坡路练习，持续2 ~ 3分钟。

（5）缓坡上10次前屈跳加20步屈走，持续2 ~ 3分钟。

（6）大坡度坡上进行10步屈走加4次前屈跳练习，持续1 ~ 2分钟。

（7）缓坡上屈走与跑各占一半的练习，持续3分钟。

（8）缓坡上跑与屈走各占一半的练习，持续3分钟。

（9）缓坡上1分钟后退跑练习。

3. 小场地速度耐力屈走

每周可进行一次小场地速度耐力屈走练习，男子从500米到10 000米，女子从500米到5 000米。这有利于促进无氧代谢能力的提高。完整的训练过程如下所述。

（1）训练前

通常在训练前，先进行8 ~ 15圈的准备活动，其中几圈要轻松做，几圈要在弯道加速做。

（2）训练中

进行三项练习，一般为3 000米、1 500米和1 000米，每项之间都应进行长时间休息。每项练习都要计时，以便提高练习速度。

（3）训练后

训练结束后做一些整理活动，一般采取6×1圈的方式来放松和促进身体疲劳的恢复，每圈之间用慢跑半圈过渡。

（四）阻抗与力量训练

1. 力量训练一般要求

（1）每周进行不同负荷的力量训练,可安排次。第一次重点训练力量耐力,第二次训练爆发力,第三次全面训练力量和提高心肺耐力。每次训练后,进行调整性训练,以恢复体能。

（2）以训练任务为依据安排每次的训练时间。通常一次 1 ~ 2 小时,每次练习充分休息。

（3）一般在速度和技术训练后,间隔 7 小时左右再进行下肢和腰腹肌力量训练。

（4）力量训练后进行整理活动,主要活动方式有 10 ~ 15 分钟慢跑、柔韧性练习等,以促进疲劳恢复。

2. 力量训练手段

（1）负重训练

①发展速度力量的负重练习:中等重量,每组 8 ~ 15 次,重复 1 ~ 2 组,保持快节奏。

②发展力量耐力的负重练习:小到中等重量,每组 50 ~ 100 次,重复 1 ~ 2 组,保持中等节奏。

③发展爆发力的负重练习:中等或大重量,每组 6 ~ 10 次,重复 1 ~ 2 组,保持慢节奏。

（2）负杠铃蹲起

①前跨屈腿成弓步蹲起。

②肩负杠铃蹲起。

（3）中等专门性力量练习

①负重最大力量的 40% ~ 52%,15 次 ×3 组,间歇 4 分钟。

②负重最大力量的 80% ~ 90%,3 次 ×3 组,间歇 4 分钟。

③负重最大力量的 50%,最快速度蹲起练习 20 秒钟内越快越好,做 3 组,每组间歇 30 秒钟。

④3 组 ×10 次最大力量的模仿跳练习。在最后安排此项练习,目的是提高专门技术水平。

（4）大强度的专门性力量练习

①深蹲起练习。

②前跨屈腿成弓步蹲起练习。

③机器设备辅助练习。

（5）肌肉耐力训练

肌肉耐力训练有利于促进毛细血管的增加和心血管系统、呼吸系统功能的增强,具体训练手段见表8-3和图8-1。

表8-3 肌肉耐力训练

训练手段	器材	重复次数	动作要求	图示序号
下蹲	沙袋	100	膝关节角度不小于90°	图8-1（1）
体前屈	杠铃	50	提杠铃体前屈微屈膝	图8-1（2）
大腿肌外展	沙袋和橡筋	50	站立姿势大腿肌完全展开时受到牵拉	图8-1（3）
			大腿外展侧卧姿势,开始阶段肌肉受牵拉	图8-1（4）
仰卧提腿	沙袋	50	快速提腿至胸部,轻松缓慢回原位	图8-1（5）
单屈蹲	沙袋、木凳	50	沙袋置于腰部	图8-1（6）
屈体	沙袋、条凳	50	体前屈保持膝部微屈	图8-1（7）
抬胸	沙袋、条凳	50	俯卧在条凳上,大腿根置于条凳一端的边沿	图8-1（8）
大腿肌肉内收	橡筋	50	站立姿势,负荷腿内收并超过支撑腿	图8-1（9）
			滑行姿势,沿两脚中心线回收	图8-1（10）
单腿蹬起	沙袋、木凳	50	沙袋置于肩部,屈膝不超过90°	图8-1（11）

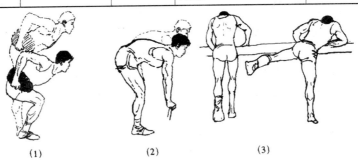

(1)　　　　　(2)　　　　　(3)

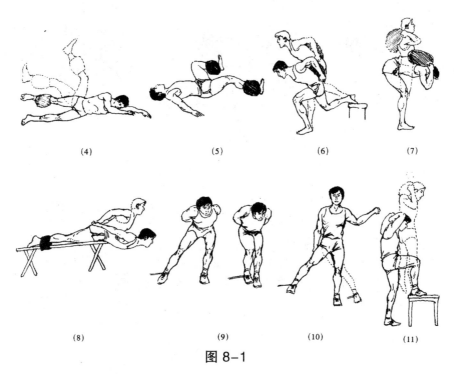

图 8-1

（6）等长力量训练

股四头肌的等长力量训练有利于促进速度滑冰运动员低姿势滑行能力的提高。每周可进行一次等长力量训练，每次练习时间要少于45秒钟。具体见表8-4和图8-2。

表 8-4　等长力量训练

训练手段	动作要求	图示序号
静蹲跳	滑行姿势，上下轻微蹲跳	图 8-2（1）
踢腿	一腿支撑，另一腿前踢和后伸	图 8-2（2）
腿环绕	一腿支撑，另一腿做侧踢和收腿动作	图 8-2（3）
滑行	滑行姿势，慢动作，每腿保持几秒钟平行	图 8-2（4）
弯道滑行	用慢动作做左右腿的蹬冰练习	图 8-2（5）
顶墙坐	按图示静力顶墙做数秒	图 8-2（6）
深蹲上跳	深蹲5秒钟然后向上跳，腿部触胸	图 8-2（7）

图 8-2

三、越野滑雪身体训练

（一）力量训练

腿部蹬动力和臂部推撑力在完成越野滑雪技术中获得滑进动力的基础,其中腿部蹬动力起关键性作用。因此,提高腿部力量是提高越野滑雪运动员滑行速度的重点所在。

越野滑雪专项力量训练应注意以下几点。

（1）保持经常性训练,预防力量下降。

（2）逐渐增加负重来进行训练。

（3）全面并有针对性地进行力量训练,全面提高大小肌肉群的力量,发展专项力量素质。

（4）尽可能调整呼吸节奏,慢呼气,与最大用力相协调。憋气会影响训练效果。

（5）训练结束后进行整理活动,以放松肌肉。

（二）耐力训练

周期性、耐力性项目越野滑雪对运动员的有氧代谢能力和无氧代谢能力均有较高的要求。

1. 有氧耐力训练

间歇训练、持续训练、乳酸阈训练、无氧阈训练是有氧耐力训练的主要手段。在乳酸阈、无氧阈训练中,教练员要对运动员的乳酸阈值进行测定,然后在此基础上对训练强度进行有计划、针对性的安排,从而对有氧耐力训练的整个过程进行控制。

2. 无氧耐力训练

有氧耐力训练可提高输送氧气的能力,增强心脏功能,能够为无氧耐力训练奠定良好的基础,所以说有氧耐力训练是发展无氧耐力的基础,因此需先安排有氧耐力训练,再安排无氧耐力训练,或者可同时安排二者的训练。

（三）陆地专项训练

在无雪季,越野滑雪运动员可通过陆地专项训练来提高身体素质,主要训练手段如下。

1. 模仿训练

模仿训练有徒手模仿和持杖模仿两种训练形式,这一训练方法对于滑雪节奏的形成,全身肌肉群的发展具有重要的意义。在不同地形中进行模仿训练有利于提高滑雪运动员的肌肉力量和专项速度。

持杖模仿时,步频稍快,这有利于促进训练实效的提高。

2. 滑轮训练

越野滑雪运动员在速度和耐力训练中,采取滑轮训练方法可收到良好的效果。滑轮训练对手、肩关节、背部肌肉的发展都有积极影响。训练过程中,进行越野滑雪传统技术和自由技术交替训练可提高滑雪技术水平。

3. 自行车训练

自行车训练有利于腿部力量的均衡发展。将自行车训练、耐力长跑、持杖徒步登行综合起来进行训练,可全面锻炼身体素质。

(四)高原训练

完整的高原训练分以下三个阶段进行。

1. 适应阶段

这是越野滑雪运动员适应新环境的阶段,训练负荷以小负荷为主。

2. 爬坡阶段

越野滑雪运动员对高原缺氧环境有所适应后,可逐渐增加训练强度,采取中等至中上等的负荷强度。

3. 正常训练至负荷高峰阶段

采取与平原训练相同的负荷强度来安排训练,促进耐力素质、有氧代谢水平及耐受高乳酸能力的提高。

在高度为 2 000 米左右的高原上进行训练时,坚持 45 ~ 50 天的时间是比较科学的。训练次数要少于平原训练,休息时间要多于平原训练。

四、高山滑雪体能训练

(一)力量训练

半蹲是滑雪的基本姿势,为了在不同坡面上都能顺利转弯,保持一定的滑行速度,高山滑雪运动员需不断改变和调整身体重心和身体位置。运动员大都依靠腿部、臀部及躯干部的肌群力量来保持平衡、更好地发挥技术、控制状态。另外,点杖时需要依靠胸部及上肢的力量。因此运动员需重点考虑如何结合自身的状况来发展有关肌群。

下面简单阐述高山滑雪运动中一些重要肌群的力量训练手段。

1. 躯干肌群训练

维持基本姿势和调整姿势是躯干肌群的主要作用。具体训练手段如下。

(1)提拉杠铃。杠铃重量 10 ~ 20 千克,每组 10 次,重复 3 组。

（2）俯卧后屈。每组 10 次,重复 3 组。

（3）仰卧起坐转体。每组 10 次,重复 3 组。

2. 下肢肌群训练

维持基本姿势,完成技术动作是下肢肌群的主要作用,具体训练手段有以下几种。

（1）负重半蹲

主要发展股四头肌、小腿三头肌的力量。负重重量为最大肌力的 70% ~ 80%,每组 10 次,重复 3 组。

（2）负重侧举腿(图 8-3)

主要发展臀中肌、内转肌群、股四头肌的力量。负重重量为 5 ~ 10 千克,每组 10 次,重复 3 组。

图 8-3

（3）俯卧负重后屈小腿(图 8-4)

主要发展股二头肌的力量。负重重量为 10 千克,每组练习 10 次,共重复 3 组。

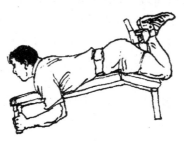

图 8-4

（4）轻负重屈膝足尖侧跳(图 8-5)

主要发展小腿三头肌及踝关节肌群的力量。负重重量为 5 千克,每组 10 次,共重复 3 组。

图 8-5

（5）负重 3/4 蹲转膝（图 8-6）

主要发展股四头肌、小腿肌群的力量。负重重量为 10 ~ 20 千克,每组左右各 10 ~ 20 次,重复 3 组。

图 8-6

（二）柔韧性训练

对高山滑雪运动员而言,柔韧性极为重要,运动员有良好的柔韧性不但能够使动作幅度更大,将难度较大的动作完成,而且可以有效预防外伤,因此在准备活动后和练习结束前安排柔韧性训练是非常有必要的。

在日常练习中,高山滑雪运动员可参照图 8-7 中的方法进行柔韧性练习。

高山滑雪运动员进行柔韧性练习需注意以下几个要点。

（1）放松全身。

（2）慢而静地练习。

（3）以感到肌肉、筋腱紧张为宜,不宜有强痛感。较大的伸展一般维持 0.5 ~ 1 分钟就可以了。

（4）训练中自然呼吸。

（5）为提高肌肉感觉,需有意识地进行重点部位的肌肉拉伸练习。

图 8-7

（三）综合训练

在非雪期,高山滑雪运动员不仅要进行单项的身体素质训练,还应与专项技术结合起来进行综合练习,以提高专项体能。结合专项技术的训练手段有如下几种。

1. 六角跳练习

在地上画一个六角形,边长各为 60 厘米,站在六角形中心,双脚跳到一个边线外,再跳回中心,连续依次跳完各个边。这一练习有助于协调能力、平衡能力的提高。

2. 有杆六角跳练习

练习方法与六角跳相同,但六角跳的边由不同高度的杆构成。此练习有利于促进速度和调整能力的提高。

3. 侧向双足跳练习

侧向双足跳练习有利于提高腿部力量和身体的协调性。训练方法为并拢双足,向侧跳出后再跳回,左右距离一般在 0.6 ~ 1 米的范围内。此练习同时还有利于无氧能力的提高。

4. 平衡练习

用 T 字形板进行平衡练习,提高平衡、控制能力(图 8-8)。

图 8-8

5. 自行车练习

自行车练习可提高滑雪运动员的有氧和无氧能力。在练习过程中,以较高的速度转弯还有利于促进平衡能力的提高。

第九章　体能训练的恢复与测评研究

对于所有体育运动项目来说,体能训练的恢复与测评都具有重要意义。有效完成体能训练恢复与体能训练测评,不仅有助于运动员身心健康发展,同时也有助于改善训练效果和运动成绩。本章从疲劳的恢复措施、运动损伤的恢复性训练、体能训练的测试、体能训练效果的评价这四大方面展开阐析,从而为各类体育项目的体能训练提供理论指导。

第一节　体能训练后疲劳的恢复措施

一、疲劳的概述

（一）疲劳的概念

疲劳是指人体活动一定时间后,组织器官甚至整个机体的工作能力出现暂时下降的现象。疲劳是正常生理现象,是运动至一定阶段后肯定会出现的一种生理功能变化,往往会用"累"来表达。从某种程度来说,疲劳是运动负荷适宜程度的重要反映。未能出现疲劳的训练往往是无效训练,未能恢复的训练是不安全的训练。倘若训练结束后没能在最短时间使疲劳消除,使体力得到恢复,随着疲劳的逐步积累,一定会对训练者身体健康产生危害。训练与恢复都十分重要,要想保证运动环境的安全性和健康性以及训练效果的最佳化,必须采取训练、恢复、再训练、再恢复的持续训练模式。

（二）疲劳的症状表现

在运动过程中,人体产生的疲劳往往是综合性生理过程。产生的疲劳首先会伴随内环境变化与各项生理功能的失调,最终造成中枢神经系统出现保护反应。疲劳的症状表现主要有以下几个方面。

（1）自我感觉方面的常见表现是全身疲倦、无力、头重、嗜睡等。

（2）精神方面的常见表现是精神不集中、情绪失落、没有热情、焦躁不安、失去耐心、不间断地出现差错等。

（3）全身方面的常见表现是面色苍白、眩晕、口舌干燥、声音嘶哑、肌肉抽搐、呼吸困难、腰酸腿疼等症状。

（三）疲劳的产生原因

疲劳的产生原因有许多，例如，体能能源物质消耗太多；肌肉运动收缩时产生部分代谢产物，同时大量积聚；经过很长时间运动后排除大量汗液，身体内部水和盐出现代谢紊乱以及内环境稳定性失调。相关研究证实，体能训练疲劳是综合性质的复杂过程，其与身体很多方面的因素和生理变化存在密切关系。运动性疲劳得以产生的直接性原因包括以下几个方面。

1.运动能力与身体素质的变化

运动能力与身体素质不仅和各个身体器官存在密切联系，也和人体系统功能存在密切联系。当身体各个器官功能表现出下降趋势时，也会对运动能力与身体素质造成影响。

2.体内能源储备的减少和身体各器官功能的降低

相关研究证实，当因为运动产生疲劳时，体内能源物质的消耗量会很多。例如，当快速运动 2 ~ 3 分钟直至十分疲劳时，肌肉内部磷酸肌酸往往会降低至接近最低点；在很长的持续运动中，由于消耗了很多的糖。肌糖原和血糖含量都会急剧下降。能源储备的消耗和减少，往往会造成训练者身体各个器官功能出现大幅度降低。除此之外，在肌肉活动过程中代谢产物的不断堆积、水代谢和盐代谢的不断变化等影响下，机体工作能力会大大下降，最终产生疲劳。

3.精神意志因素

当身体出现一定程度的疲劳时，常常会在主观方面产生疲劳感觉，该疲劳感觉可以被称之为疲劳的主观信号。在运动过程中，神经系统是人体各个器官和系统进行活动的指挥者，当神经系统功能出现下降时，神经细胞抑制过程的持续强化会造成疲劳加深。在这种情况下，人体情绪意志状态和人体功能潜力动员情况存在紧密关系。从本质来看，当人体感觉到疲劳时，机体依旧存在较大的功能潜力，健康向上的情绪意志往往能够有效动员机体潜力，从而实现延缓疲劳的目标。

（四）疲劳的生理本质

20世纪七八十年代,相关人士开始对疲劳展开专门性研究。1982年,运动性疲劳明确定义在第5届国际运动生化会议上被正式提出,即有机体生理过程中无法保持机能在特定水平上和（或）无法保持预定的运动强度。把运动性疲劳解释成因为运动（训练）造成机体机能水平下降和（或）运动能力下降,进而无法保持一定的运动强度,然而经过有效休息之后又能够恢复的现象。

"没有疲劳就没有训练"。运动性疲劳的是衡量运动负荷能不能够刺激机体出现适应变化,从而上升到崭新适应水平的可感知指标。然而,如果无法在恰当时间内消除疲劳,则必然会对接下来的运动训练产生影响,同时有可能会由此造成过度训练。过度训练是因为运动性疲劳持续积累,使得恢复难度很大的一种身体机能彻底紊乱的运动性疾病。

运动性疲劳不但是运动中正常生理现象,而且是无害的。可以将运动性疲劳理解成警报信号或健康的保险阀。运动性疲劳是综合性生理过程,是将中枢神经系统的作用当成主导,在中枢神经系统与周围组织彼此作用下,使得神经与感觉系统、运动系统、内分泌系统、内脏器官的活动产生烦琐且彼此关联的变化。

运动性疲劳由代偿性疲劳阶段和非代偿性疲劳阶段组成。代偿性疲劳阶段维持运动能力的手段是提高中枢神经系统兴奋性、促使机体其他系统愈发紧张,这种情况下每个工作单位的能量消耗比较多,动作结构也会随之出现变化,如当步幅出现缩小时,往往会增加动作速率使跑速处于稳定状态;非代偿性疲劳阶段的特征是运动能力出现下滑,虽然运动员会相当吃力,但依旧难以战胜该状态。

二、疲劳的判定

一般情况下,判定疲劳往往会选择主观感觉、客观检查、运动者经验等,这里仅对前两种展开详细阐析。

（一）主观感觉

人体在参与体能训练的过程中,主观感觉往往和工作负荷、心功能、耗氧量、代谢产物堆积等很多项因素存在密切联系。因此,训练过程中自我感觉是对运动性疲劳进行判断的一项关键性标志。

人体产生运动性疲劳后,往往会反映出特定症状。针对体能训练后疲劳的主观感觉,仅能和常见症状展开比较。如果出现常见症状负荷,则表明机体产生了运动性疲劳。常见症状往往反映在以下几个方面。

（1）面色发红或苍白。

（2）食欲不佳,食量减少,睡眠差,入睡迟可失眠。

（3）下肢肌肉有酸沉感,动作迟缓。

（4）感到精神不振,厌烦运动。

（5）排汗量增加,在相同的运动负荷中,排汗量较以往增加。

倘若通过主观感觉对体能训练后疲劳的程度展开评价,可以结合疲劳程度简易判断标准(表9-1)展开对照,从而确定疲劳的程度。

表9-1 疲劳程度的简易判断标准

内容	轻度疲劳	中度疲劳	非常疲劳
自我感觉	情绪高亢、无任何不适应	情绪下降、疲乏、腿沉重无力或疼痛、心痛	情绪低下、非常疲乏、腿痛、心悸明显,并出现头痛、胸痛、恶心（甚至呕吐）等,症状持续时间较长
面色	稍红	相当红	苍白或发灰,有时呈紫蓝色
排汗量	不多	甚多,特别是肩带部分	非常多、特别是整个躯干部分、颊部以及运动衣上出现白色盐迹,甚至出冷汗
呼吸与气喘程度	中等加快、气喘不明显	显著加快、轻、中度气喘	有显著加快并表浅、有时气喘,甚至出现呼吸节律紊乱
动作	步态轻稳、动作协调	步态有小稳现象,甚至步伐摇摆、动作协调性差	步态明显不稳、步伐摇摆显著、往往掉队、出现不应有的动作错误和不协调动作
运动成绩	未下降	不稳定	持续下降或明显下降

以上仅仅是粗略分析运动性疲劳,瑞典生理学家冈奈乐·伯格（Guenzel Borg）制定了对疲劳进行判断的主观感觉等级表（RPE）。主观感觉等级表的常见作用是将之前粗略的疲劳性分析转变成相对精确的半定量分析。测量方法是组织受试者完成递增性功率自行车或固定跑台运动,把测试结果和主观感觉等级表(表9-2)进行比较,运动中受试者每增加一个强度或间隔一段时间,就需要指出自我感觉等级。不但能够计算出受试者完成特定负荷的心率,换句话说就是表中的等级乘以10,而且能够推算出运动过程中所做的功和最大摄氧量,能够依次在产生疲劳前和产生疲劳后测定同样负荷的运动,倘若训练者机体产生疲劳,则RPE等级也会随之增加。另外,这一方法也能测试受试者有氧耐力和抗疲劳能力。

表 9-2　主观感觉等级表

自我感觉	等级
非常轻松	6 ~ 7
很轻松	8 ~ 9
尚轻松	10 ~ 11
稍累	12 ~ 13
累	14 ~ 15
很累	16 ~ 17
精疲力竭	18 ~ 20

（二）客观检查

在客观检查体能训练后的疲劳时，必须从生理指标与医学判断两方面展开。这里主要对生理指标与医学判断的具体依据进行论述。

1. 生理指标

（1）体重

经过较长的运动后，训练者分泌的汗液会有所增加，体重会出现下降，体重下降程度和运动量大小存在密切联系。

（2）肌力

参与体能训练的训练者可以早上和晚上分别测一次握力、腿力以及背力，或者在运动前和运动后进行测试。通过测量贯彻前后两次的差数与恢复状况。倘若第二天早上已经恢复则说明是正常肌肉疲劳；倘若第二天早上观察的差数比较大，则说明没有彻底恢复且存在过度疲劳问题，必须科学调整运动负荷。

（3）肌张力

肌肉疲劳时，随意放松能力会出现下降，肌肉放松张力会出现增加趋势，肌张力振幅会随之减小。

（4）肌肉力量

对于体能训练后的疲劳来说，肌肉力量下降是最显著的特点。运动结束后，当肌肉力量出现显著降低且难以在短时间内恢复，则可以当成肌肉疲劳。在对疲劳展开评定时，能够把参与工作的主要肌群当成重要依据来对测试内容进行确定。例如，针对腰背肌工作为主的运动，可以采取背力测试；针对上肢工作为主的运动，可以采取握力测试或屈臂力量测试。在测试时，背力计和握力计是需要选择的主要工具。

测试方法是：在运动尚未开始前对肌肉力量持续测定很多次，计算出平均值，运动完成后采取相同手段进行力量测定。倘若肌肉力量平均值比运动尚未开始前的水平低，或者几次力量测试值出现持续下降，则可以判定成肌肉疲劳；倘若一次练习后连续几天肌肉力量均难以恢复，则可以判定为疲劳程度比较深。

（5）小腿围度

长距离跑或竞走后，由于下肢血液滞留及组织液增多，可使小腿围度增加，其增加程度与疲劳度成正比。

（6）小腿皮下水肿检查

用拇指压小腿胫骨前面皮肤，当去除按压，若留下皮肤凹陷不能立即消失者为阳性。凹陷的深浅与皮下组织液积聚和疲劳程度有关。

（7）心率

心率（HR）是评定运动性疲劳最简易的指标。一般来说，基础心率、运动中心率以及恢复期心率是判定体能训练后疲劳的心率指标。

①基础心率

基础心率是指在安静、室温的条件下，清晨、清醒、起床前静卧时的心率。通常情况下，基础心率会通过清晨起床前的心率或脉搏来表示。基础心率是对机体最基本的机能状况的体现，当机能处于正常状态时，基础心率也会处于比较稳定的状态。倘若完成大运动负荷训练后，在不存在其他任何因素的情况下，第二天清晨起床前的基础心率比平时增加 10 次 / 分钟以上，则能够判定为存在疲劳现象；倘若接连几天都表现出持续增加，则进一步证实疲劳正在逐步积累，应当适度调整运动负荷。

②运动中心率

测定运动中心率的方法有两种：第一，通过遥测心率方法来测定运动中心率的变化情况；第二，利用运动后即刻心率来代替，可以结合实际情况做出有针对的选择。在训练水平不断提高的情况下，遵循"训练—适应"理论，完成相同运动负荷时，心率会呈现出逐步减少的走向。倘若在一段时间内，都是完成相同强度的定量负荷，运动中心率呈现出了增加趋势，这说明身体机能状态不理想。

③运动后心率恢复

人体完成一定强度的体能训练后，经过一定时间的休息后，心率会逐步恢复到训练前的状态。然而，倘若身体疲劳程度比较深，则会造成心血管系统机能下降，使得运动后心率恢复时间出现增加，这能够充当诊断疲劳程度的指标。

（8）血压

大动脉血管内血液对血管壁产生的侧压，就是血压。血压是表现疲劳程度的常用指标，属于心室射血与外周阻力彼此作用的结果。血压作为一项生理指标，常常会利用晨血压和运动状态下血压来表现。

①晨血压

当身体技能比较好时，清晨安静血压则会相对稳定。如果安静血压比平时大约升高 20%，同时经过两天以上依旧未能恢复，则往往是机能降低或出现疲劳的反映。

②运动状态下血压

一般情况下，当运动强度增加时，收缩压会逐步升高，舒张压会固定不变或上升与下降幅度不明显，是相对正常的状况。需要注意的是，倘若出现以下两种情况，则反映出训练者机体已经产生疲劳，同时需要对运动负荷做适度调整。第一种情况是运动过程中脉压差增加幅度比平时减少，产生无力型反应，这反映出已经出现中度疲劳或重度疲劳。第二种情况是当出现"无休止音"或梯形反应，则表明已经出现过度疲劳。

（9）反应与视觉闪光融合阈测定

对于短跑运动员和跨栏运动员来说，常常具备神经反应快和灵活性高的优势，疲劳时反应时间会有所延缓，出现的错误比较多，对断续闪光产生融合的临界频率比较低。

2. 医学判定

对运动型疲劳做出医学判定时，往往必须借助几项指标，分别是脉搏、皮肤空间阈、呼吸肌耐力测定、肌电图、心电图、血红蛋白、尿蛋白、血尿素以及定量运动负荷试验等。

（1）脉搏

在判定训练者疲劳程度时，可以测定晨脉，或者运动前、运动后、恢复期三个阶段的脉搏。脉搏频率增长幅度和疲劳程度之间是正比关系。

（2）皮肤空间阈

针对皮肤对两点的定位距离进行测定。运动结束后疲劳时的触觉机能往往会出现下降，运动结束后触觉机能比安静状态时大 1.5 倍以上为轻度疲劳，大 2 倍以上为重度疲劳。

（3）呼吸肌耐力测定

让受试者连续测 5 次肺活量，包括在内吹气时间，每次间隔 15 秒，记录各次结果，疲劳时，肺活量逐渐下降。

（4）肌电图

肌电图是指肌肉兴奋时产生的电变化。测定肌电图的意义是：不但能准确反映肌肉收缩程度，而且能准确反映肌肉兴奋程度。在运动中，肌电图变化能够进一步确定神经系统功能状态和骨骼肌功能状态，肌肉疲劳程度能够利用肌电图反映出来。

（5）心电图

在运动过程中，骨骼肌产生疲劳的同时，心肌同样会出现疲劳，造成心电图产生异常变化，如果在排除其他因素的基础上产生早搏且运动后早搏次数增多、完全性右束支传导阻滞或有持久存在的不完全性右束支传导阻滞、ST 段下移、房室传导阻滞等，这些因素中的所有异常都反映出身体经存在重度运动性疲劳，同时警示有可能已经存在过度疲劳，一定要予以关注。

（6）血红蛋白

采用的运动强度与运动量缺乏科学性是造成运动性贫血的重要原因。与此同时，深入营养不科学、身体健康水平和机能水平下滑也是造成运动性贫血的原因。

（7）尿蛋白

测定每天早晨以及运动结束后的尿蛋白，并且将其作为依据，来进一步体现与掌握身体对运动量与运动强度的适应状态以及具体的疲劳程度。

（8）血尿素

每百毫升 28 ～ 40 毫克是成人在安静状态下的血尿素。在运动过程中，肌肉中的蛋白质与氨基酸分解代谢会呈现出加强趋势，血尿素数量能够增高至 10% ～ 100%。当身体机能状态处于正常阶段时，运动结束后第二天清晨血尿素增高幅度小于 50%，则表明身体存在中度运动性疲劳或重度运动性疲劳，一定要密切关注。倘若 1 ～ 2 天后清晨血尿素依旧呈现出逐日上升的状态，则说明已经从重度运动性疲劳逐步过渡为过度疲劳，针对这种情况一定要有效调整运动负荷，从而使疲劳症状得到缓解。

（9）定量运动负荷试验

要想有效发挥内脏器官的机能能力，必须使机体进行运动负荷试验。由此可知，定量运动负荷试验使检查机能的有效手段，心脏血管机能是检查的重中之重。详细来说，在确定负荷种类以及实际负荷量时，应当将关键性依据定位为机能检查目标、受试者健康状态、性别、年龄、训练水平。这里以一次运动负荷试验为例，对定量运动负荷试验进行论述。

30 秒 20 次起蹲和 15 秒原地快跑是测验一次运动负荷的常见方法。完成试验后,能够把以下两种标准作为依据进行评定:负荷后脉搏显著增加(增加率大于 70%),血压上升不显著或显著,3 ~ 4 分钟内依旧没有恢复的受试者,则评定为机能比较差、身体存在疲劳;负荷后脉搏增加幅度较小,血压中等升高,3 ~ 4 分钟内已经大体恢复的受试者,则评定为心脏血管机能较佳。

三、疲劳的调整与恢复

(一)运动机体能源储备的恢复

在体能训练过程中,因为运动量、运动强度以及运动时间都存在差异,所以能量物质恢复的具体时间与具体速度也存在差异。

1. 氧合肌红蛋白的恢复

肌肉中是氧合肌红蛋白得以存在的地方。当肌肉出现收缩时,氧合肌红蛋白可以在短时间内解离释放氧同时被利用,同时运动结束后被分解完成的氧合肌红蛋白会在几秒钟的时间里彻底恢复。

2. 磷酸原的恢复

磷酸原需要的恢复时间比较短,剧烈运动结束后被消耗的磷酸原会在 20 ~ 30 分钟内合成 50%。力竭性运动结束后半小时,磷酸原能够大约恢复 70%。由此可知,在短于 10 分钟的全力运动的训练过程中,二次运动间歇时间必须以 30 分钟长为宜。

3. 肌糖原储备的恢复

肌糖原不仅能给予肌肉收缩必要的能量,同时是有氧氧化系统与乳酸系统的供能物质。如果运动强度与运动持续时间发生变化,则肌糖原恢复时间也会发生变化。经过较长的运动后往往会消耗完肌糖原,摄入高糖膳食,被机体消耗的肌糖原往往能够在 46 小时内彻底恢复;如果摄入长达 5 天的高脂肪和蛋白质膳食,则肌糖原恢复程度会比较低。在比较短的时间内,经过强度很高的间歇运动后,不管是摄入一般膳食或高糖膳食,彻底恢复肌糖原均需要 24 小时。

4. 乳酸的清除

对于体能训练而言,训练者机体内糖酵解能够产生乳酸。绝大多数情况下,乳酸会用于肝糖原合成被再利用,有些乳酸经过血液循环后常常会到达心肌、肝、肾脏，进而转变成糖异生作用的底物。在训练后恢复期，休息方式会对训练者机体清除乳酸的速度产生重要作用。长期坚持参与散步和慢跑等适量的活动，会比静坐、躺卧休息方式机体清除乳酸所需时间短一些，原因在于适量活动能够使血液循环加速，输送到肌肉中的氧比静止状态下多很多，肌肉代谢能力也会有所提高，对清除乳酸、缓解肌肉酸痛、恢复疲劳都有积极作用。对于活动性休息来说，血乳酸消除的半时反应为 11 分钟，恢复到安静状态下的水平大约需要 1 小时；对于休息性恢复来说，乳酸消除的半时反应为 25 分钟，恢复到安静状态下的水平大约需要 2 小时。

（二）运动性疲劳的延缓

1. 坚持锻炼

在日常的体能训练中，要持之以恒地参与体育锻炼以及运动训练，尽全力使自身身体素质得到大幅度提升。当身体素质处于良好状态时，能够起到缓解运动性疲劳的作用。

2. 合理安排锻炼内容

在锻炼过程中，必须做好科学安排运动内容，从而防止由于局部负担过重造成局部疲劳，从而在较早时间会出现全身总体工作水平下滑的现象。此外，一定要交替选择运动内容，从而科学变换身体所有部位活动负荷，以此来延缓机体产生疲劳的时间。

3. 发展与运动项目相适应的供能能力

当运动项目不同时，功能系统也会体现出不同特点。例如，短跑运动、中跑运动以及长跑运动对应的主要供能系统分别是 ATP-CP 系统（磷酸原系统）、乳酸能系统、有氧代谢系统。

4. 合理饮食

科学安排饮食营养有助于机体内部能源的有效储备，同时对延缓体能训练过程中出现的疲劳也有积极作用。

5. 强化意志品质训练，提高心理素质

强化意志品质训练且提高心理素质，不但对疲劳状态下改善训练者的精神意志有积极作用，而且对延缓疲劳的产生时间有积极作用。

（三）运动性疲劳的恢复

1.静止性休息

最佳状态的静止性休息能够保障睡眠质量。要想使水平质量达到理想效果，必须注意以下事项。

（1）睡眠要形成规律，逐步形成按时入睡和按时起床的良好习惯。

（2）针对睡眠不足的情况，应当在白天补足，最佳午睡时间是30～60分钟，这样能够在一定程度上补充睡眠。

（3）要保障睡眠时间充足，保证每天睡眠时间为8小时是大学生应当达到的要求。

（4）将睡眠环境改善到最佳状态。适宜的居室温度、居室湿度以及寝具舒适度均能够对睡眠发挥积极作用。

2.活动性休息

活动性休息也叫积极性疲劳消除。当机体产生疲劳时，参与体能训练的训练者应当及时调整运动练习或完成一些放松动作，这两种方式都能够消除疲劳。积极性疲劳消除的意义体现在以下几个方面。

（1）预防神志昏迷、眩晕及恶心

在完成相关运动后，转变成低强度和慢节奏的轻活动，肌肉泵血功能维持持续状态，机体血液循环系统活动不存在十分明显的变化，则可以有效避免训练者产生神志昏迷、眩晕及恶心的现象。

（2）加速血液中乳酸的排泄

机体内部乳酸堆积是造成疲劳的一项原因。认真完成运动结束后的整体活动，能够促使流经收缩肌群的血流速度不会变缓慢，从而用最短时间带走并排泄完血液中包含的乳酸。除此之外，乳酸累积与氧债之间存在紧密联系，当乳酸清除效率大幅度提升时，氧债消除时间也会随之减少。

（3）防止过剩换气

当训练者完成剧烈运动后，因为训练者在运动过程中所欠氧债比较多，所以常常会出现急促的大喘气。当训练者机体过渡到轻运动时，补偿氧债的过程中往往能够达到逐步化，不会造成过勤换气。

3.其他消除疲劳的方法

（1）节假日调整

经过长达一周的体能训练，休息日是疲劳恢复和避免疲劳累积的有效方式。因此,训练者感觉劳累时,应当在星期天展开自我调整。

（2）音乐放松调节

快乐情绪能够起到加速疲劳恢复的作用。例如,听悠扬音乐、完成自我心理控制、完成放松调节等,均有助于体力恢复。

（3）沐浴

沐浴不仅能清洁皮肤,也能使身体血液循环得到改善,还能有效排泄身体内部的代谢,另外能有效缩短消除疲劳的时间。40℃的温水浴消除疲劳的效果最明显,最佳入浴时间大约是 20 分钟。除此之外,涡流浴、桑拿蒸气、不同种类的保健浴均有助于消除疲劳,但一定要采取合理规范的沐浴方式。

（4）按摩

用轻手法按摩的实际效果最为显著。对体能训练者采取按摩手法,能够有效强化皮肤与肌肉的血液循环和淋巴循环,穴位刺激也可以对神经发挥作用。需要说明的是,按摩时间应当大约为 30 分钟,时间不可以过长、手法不可以过重。

（5）物理性恢复手段

光疗和电疗等不但能够推进疲劳肌肉的代谢,而且能够加快疲劳消除的速度。除此之外,消除疲劳的手段还有吸氧、空气负离子吸入、局部负压法、针灸、气功等方法。

（6）补充营养

疲劳的一个重要原因是能源物的耗竭,因此恢复运动性疲劳还应补充必要的营养物质。摄取营养时要注意膳食平衡原则,不能盲目补充,也不能补充过量。过量的食物还会加重身体的负担,且易造成脂肪的堆积。

第二节　运动损伤的恢复性训练

一、损伤恢复计划的构成部分

从本质上说,体能训练过程中的频率、持续时间、运动量、运动强度、休息时间以及恢复等因素,均对恢复后的训练计划具有举足轻重的作用。不管哪种形式的运动训练,均需要在无疼痛的情况下开展。虽然所有训练阶段的运动训练都有重要作用,但恢复阶段训练者发生再次受伤的可能性比较大值得高度重视,训练者一定要在不存在任何疼痛的情况下参与训练,所有可能造成再次受伤的活动都要禁止。

（一）强度和疼痛

"没有痛苦就没有收获"的理念运用在恢复性训练阶段是不适宜的。在训练过程中，训练频率、训练持续时间、训练强度均不可以造成疼痛或和损伤类似的症状。表9-3不但能辅助运动医学专家与教练员持续监控疼痛状况，而且能辅助他们掌握训练者现阶段的各方面情况。

表9-3　疼痛级别的分类

疼痛级别	描述
1级	无疼痛
2级	训练后中等酸疼度，24小时后消失
3级	训练前中等酸疼度和僵硬，热身后消失，活动完又感到中等酸疼
4级	活动前僵硬，活动中中等疼痛，不影响正常的运动
5级	活动中的疼痛感影响正常水平的发挥，补偿机制明显
6级	持续的疼痛，甚至在休息的时候不能运动

疼痛量表最行之有效的作用是可以对训练者参与补偿性运动发挥阻止作用，除非训练者可以参与不存在损害的运动。这种补偿性运动不但会造成身体其他部位受伤，而且会由此产生和运动生物力学不吻合的工作，导致最佳运动状态的恢复推迟。

（二）特异性

完成综合疼痛监控之后，运动队训练计划中必须选择数量更多的训练手段。在该阶段，要保证训练手段的多样性和针对性，为保证训练计划的有效性，在图9-1显示的部分区域中，一定要展开密切关注。在对活动间歇、肌肉运动形式、实际负荷量进行安排时，必须将其和运动生理学中的有关知识联系起来。因此，不但要全面掌握训练者关节运动的具体位置以及运动过程中稳定、加速度、减速的量，而且要全面掌握和其存在关联的生物学方面的信息。

训练动作、供能系统、损伤预防应当是分析内容包含的三个方面。训练动作具体指用力肌肉、关节角度、收缩形式；供能系统具体指对具体是有氧供能或无氧供能、间歇的具体形式、运动持续时间、运动持续频率做出分析；损伤预防具体是指最容易发生损伤的部位（肩、躯干、肘和膝）、训练者损伤史。

图 9-1

（三）休息和恢复

从整体展开分析，在恢复性训练时期的休息与恢复概念都必须予以密切关注。有很多身体健康状态良好的运动员均可以完成每天的训练。对于该时期的训练，休息时间应当在日常训练的基础上有所增加，往往会安排在训练空档与赛季空档。此类较大程度的间歇极为必要，其能向肌肉与受伤组织提供恢复时间、调节时间，从而更好地适应之后专项训练的刺激。

二、在恢复中运用适当的方法

高水平少年网球运动员的例子能够很好地说明正确运用方法的重要性。分析运动员的动作和其生理学上的问题，能帮助运动员很容易地恢复而投入到训练中去。

对于生理学而言，机体供能系统的工作属于十分关键的变量。倘若无法清晰掌握运动员在恢复期生理学上的参数，不但会对身体恢复产生推迟作用，而且会导致训练者发生运动性损伤的风险增加，从而对训练的运动成绩发挥负面作用。以网球运动为例，运动员在每场比赛中平均要做完 300 ~ 500 次爆发性动作。对于网球运动而言，每个局点持续时间往往不会超过 10 秒钟，同时间歇 25 秒之后，会进入下一个局点。平均每分持续 10 秒，每一分的间歇时间 25 秒。对于每分钟的争夺来说，运动员平均变向 4.2 次，跑的距离往往会大于等于 4 米。对于职业网球运动员而言，跑步速度往往能达到每小时 18 英里，一场比赛超过 6 英里。

分析和掌握这些运动方面的专项信息，有助于制定生理学方面的各项计划。针对最大运动负荷时间是 10 秒以及休息时间是 25 秒的信息，能够由此推算出 1 ∶ 2 或 1 ∶ 3 的运动间歇比率。换句话说,当运动员做完一个运动单元后,建议其休息 2 个单元或 3 个单元。该类间歇式运动在整个争夺过程中往往依靠无氧供能系统,同时其还要求具备状态良好的有氧供能系统,进而推动运动员能够经过每一分钟的间歇后在短时间内恢复体力。与此同时,一场网球比赛常见的持续时间是 3 ~ 5 小时,所以有氧供能系统需要达到更好要求。

经过对运动展开分析后,显而易见某些训练参量就存在于其中。篮球运动、足球运动以及网球运动均为间歇式运动。以网球运动为例,运动员在恢复期或素质训练中,应该采用短时的 10 ~ 15 秒最大负荷训练,然后进行一个大约 20 ~ 30 秒的恢复期。即使骑固定自行车等相对简单的训练,依旧需要制定出具有专门性的训练计划,同时还要安排详尽可行的间歇,包括在最大量之后,需要特殊安排一个亚最大量的休息期。例如,在损伤恢复后的训练中才可以安排侧向滑步等训练,进而构建出间歇训练模式。对于网球运动员而言,短距离与高频率的变向训练以及维持行之有效的间歇训练手段是尤为适宜的。

特定量的有氧训练对损伤后的恢复训练具有十分明显的积极作用。倘若训练过程中完全不存在有氧训练,则持续 2 ~ 3 小时的网球运动将会对运动员形成潜在损伤,组织和实施有氧训练对训练者改善有氧运动有积极影响。大肌肉群活动和重复的节奏性强的运动手段是有氧运动的常见组成部分,训练者参与最大心率的 60% ~ 85% 运动,维持心率提升或最少 20 分钟的稳定负荷。

运动员发生相对严重的下肢损伤之后,恢复训练中一定要定期安排创造性训练方法来实施有氧训练,原因在于跑步和其余负重运动大多包含在常见的有氧训练中。如图 9-2 所示,采用该上肢测功仪可以大幅度提升运动员上肢、心脏功能以及携带氧气的能力,以及参与游泳运动的实际效果差别较小。当下肢出现损伤之后,向负重训练的过渡期,训练者应当积极参与不同种类的水中活动,有效减少体重的压力,从而取得良好的训练成效。此类缓解体重负担的训练手段能够取得比较理想的效果,但所需设备需要达到较高要求。不存在切实可行的有氧训练基础,不但会造成训练者在很早就产生疲劳,而且训练者出现再次受伤的可能性比较高。

图 9-2

三、运动专项恢复计划

在专项训练计划中,不但要明确说明生理学方面的变量,而且要明确说明训练者的肌肉状况。针对训练者应当采取的运动强度、持续时间、休息、频率等方面的信息,则必须分解与搜集运动员的动作。这里再以网球运动员或投掷运动员为例来论述该概念。绝大多数上肢末端的持拍运动与投掷运动均需要具备较强的爆发力以及重复的肌肉动作。不管是网球发球的分解动作,还是投掷的分解动作,均为向心的肌肉动作或离心的肌肉动作。因此,网球运动和投掷运动的运动损伤恢复的计划都需要重点突出两种肌肉的运动形式。除此之外,这些动作的重复性同样是关键性内容,必须保证较低阻力以及高重复性训练,进而保证肌肉耐力水平能够符合运动需求。图 9-3 说明了在最大重复性训练中,发展肌肉应当采用哪些方式安排每组练习的重复次数(RM)。

RM 负荷	3	6	10	12	20	25
力量/功率		力量/功率		力量/功率		力量/功率
高强度耐力		高强度耐力		高强度耐力		高强度耐力
低强度耐力		低强度耐力		低强度耐力		低强度耐力

最大功率输出 ◄─────────────► 最小功率输出

图 9-3

在提升成绩以及恢复性训练过程中,为有效调整训练强度以及训练量,RM 训练计划属于首要的最佳选择。应用 RM 系统能够对负荷阻力训练的具体强度与具体量形成有效控制。训练者在恢复训练时期,严禁采取会造成疼痛的训练手段,同时要密切关注正在痊愈的组织。在该时间段内,采取 10 ~ 15 次 RM 的训练是比较适宜的计划,其不仅不会造成逐步恢复的组织承受过重负荷,同时对训练者耐力水平的提升有积极作用。

四、损伤恢复的机能进展

对于恢复过程而言,该训练时期的一般性描述往往是机能的进展。在运动员损伤或治疗结束后的恢复性训练,运动员参与的机体训练,一定要慢慢提升训练的功能性与针对性。这里以部分特殊技术与测试为例,来详细论述上肢末端或下肢末端的向心与离心这两种运动形式为主要内容的运动损伤康复的进展。

（一）运动员上肢的恢复与进展

对于需要完成头上动作的运动员来说,肩部受伤是极为常见的。针对此类情况,在恢复训练过程中应当严格遵循进一步发展与提高的原则,但必须保证不存在损伤风险,有效增加训练强度。在网球发球动作与投掷动作中,必须对肩部和臂部的各部位特征以及周边肌肉群的工作方式形成清晰认识。以头上的发球动作与投掷动作为例,肩部抬高至90°～100°,即大体是肩部的水平。当投掷的出手点与发球的击球点在头上时,肩部大体维持90°或100°的位置。肩上动作往往是在身体侧弯的情况下达到的(图9-4)。

图9-4

在训练过程中,应当把有效提升运动员关键性运动部位的力量与耐力作为重要目标,所以必须通过训练来有效强化肩背力量与屈腕力量。在训练中,可以将肩部置于和运动时比较相似的位置来训练,但严禁使支撑肩部的组织与肌腱发生损伤。在图9-5中,举例说明部分训练案例,通过这些方式可以使棒球运动员以及网球运动员的转腕力量与耐力得到有效强化,不但对运动性损伤的恢复有积极作用,而且有助于提升运动成绩。

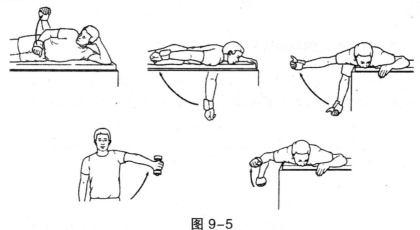

图 9-5

1. 侧躺外旋

不参与训练的一侧侧躺,参与训练的手臂弯曲 90°。训练手臂肘部做弯曲动作且保持固定,随后抬起手臂且外旋。然后逐渐放下,再次重复该项训练。

2. 肩部伸展

在台子上做俯卧动作,训练手臂悬垂对地板。拇指朝向外侧,伸直手臂并朝臀部后面伸展,在此之后缓缓放下,然后重复完成该项训练。

3. 水平诱导

在台子上做俯卧动作,完成手臂悬垂对地板的训练。拇指朝向外侧,手臂侧平举且和地面形成平行的位置关系,随后缓缓放下,然后重复完成该项训练。

4. 体侧抬臂

站立、肘部伸直、拇指朝下。在肩平面内做抬臂动作,进而和身体产生 30° 的夹角。随后用较慢速度放下,最后重复完成该项训练。

5. 屈臂 90° 屈臂外旋

俯卧在台子上,一臂屈 90° 支撑身体,另一臂肘屈成 90°。使肩和肘固定,手臂外旋,再慢慢放下,重复。

在训练肌肉组织的过程中,要想有效提升局部肌肉的耐力水平,安排比较高的训练量是必不可少的,通常建议安排 3 组 10 ~ 15 次的重复训练。这些训练是针对肩袖肌肉的专门训练,能够向肩部奠定稳固的力量基础。除此之外,坐在平衡球上面的训练,不仅能对训练者平衡水平形成检验作用,也能使训练者躯干肌肉的运动负荷获得大幅度提升。这些训练是机体完成挑战性更高训练的首要条件。

在尚未返回功能性活动以及各种形式的负重训练前,常常会推荐训练者同时训练已经受伤的肩袖和未受伤的肩部。在临床上,相关人员往往会安排等动力控制仪器来对卷腕力量与肌肉的平衡水平做进一步测量。这种测试对于医疗队决定受伤后接受治疗的运动员何时能够返回到更高一级训练非常有用。倘若未安排该项测试,则运动医疗队必须保障运动员在无痛的基础上做完制定的各项训练内容,并且要保障运动员在向所有方向移动肩部与肘部时,均没有产生相关症状。

除此之外,间歇训练法还能够应用在运动员重返网球活动与投掷活动时。在表 9-4 中,列举的网球间歇训练法属于临床医生针对损伤结束或治疗结束后制定的。不管是哪种类型的间歇训练,训练者训练活动需要隔天完成是最为基础的原则。训练者在两次训练中间往往拥有一个额外休息时间。毋庸置疑,在所有训练尚未开始之前均需要完成热身运动与拉伸运动,在所有训练结束之后均需要完成拉伸练习与放松练习。

以棒球运动为例,在投掷间歇训练过程中,控制运动强度往往会以投掷的实际距离作为主要依据。在开始阶段,运动员投掷距离只需达到 30 ~ 45 英尺;在末尾阶段,投手和垒手分别需要投掷 120 英尺以及 150 ~ 180 英尺。训练者症状表现以及损伤情况是其康复训练实际进展的决定性因素。通常情况下,在更高负荷的训练尚未开始之前,做完 1 ~ 2 次成功的无痛实验是相当必要的。在投掷间歇训练的过程中,当投掷距离发生变化时,重复次数以及量的增加往往会随之变化。训练尚未开始之前,不仅要测试训练者实际活动水平,还要测试训练者实际承受水平。

表 9-4 是网球运动间歇训练计划,是以做完简单地击球作为开端的,此类喂球能够有效降低手臂需要承受的冲击力,进一步强化训练者对击球动作与移动动作的控制能力,训练者参与训练的过程往往是由操作性最强的练习逐步过渡到有队员参与,同时训练量与训练强度会逐步增加。当顺利做完正手击球动作与反手击球动作之后,方可再做发球运动与肩上运动,原因在于这些动作会对训练者肩部产生明显作用,同时必须保障转腕的安全性。

表 9-4　网球间歇训练计划

原则	起始阶段有医生的指导
	出现关节疼痛时停止训练
	在训练前后经常拉伸肩、肘和腕关节
	训练结束后冷敷
	在连续击球练习中注意休息，此时不宜进行记分比赛
	建议请持美国网球协会认证的专业教练评价抽球动作
	建议隔天训练，在连续的训练中间插入休息日进入下一训练阶段前重复前阶段的训练，如出现疼痛和过度疲劳则不宜进入下一阶段
初级阶段	用泡沫球进行 20 到 25 次的正手和反手击球练习，开始球可以有同伴从网上送到位
阶段 1	A 同伴从网上为 20 个正手反弹球，球要求有弧线，与腰同高
	B 同伴从网上为 20 个反手反弹球，球要求有弧线，与腰同高
	C 休息 5 分钟
	D 重复 A 和 B 的练习
阶段 2	A 开始时采用阶段 1 中 A 和 B 的练习
	B 和同伴的底线正反手反弹球回合练习，击球 50 到 60 次
	C 休息 5 分钟
	D 重复 B 练习
阶段 3	A 完成 15 分钟底线反弹球回合练习
	B 休息 5 分钟
	C 击打 10 次正手和反手空截球，击球点必须在体前
	D 底线 15 分钟回合练习
	E 击打 10 次正手和反手空截球
	发球前的间歇（此练习在第 4 阶段前）
	A 持拍拉伸后做 10 到 15 次徒手发球动作
	B 使用泡沫球讲求效果地发 10 到 15 次球
阶段 4	A 完成 20 分钟击球练习，其中 70% 的反弹球和 30% 的空截球
	B 完成 10 次发球
	C 休息 5 分钟
	D 发 10 到 15 次以上球
	E 以 10 到 15 分钟的反弹球结束训练

续表

阶段5	A 重复 4A 和 4B 的练习，然后发 20 到 25 次球
	B 休息之前，抽同伴喂来的上手短球 5 到 10 次
	C 以 10 到 15 分钟的反弹球结束训练
阶段6	完成 1 到 5 阶段的训练没有痛感和过度疲劳则可进入阶段 6 的比赛训练，否则不能进级

　　针对此类间歇训练的计划安排，已经被应用在排球运动和游泳运动等上肢运动的项目中。这个基本模式涵盖隔天训练以及安全进展，对于对抗性运动与竞争性运动则需要适度减少对抗性动作的次数。分析不得不强化上肢力量训练的运动员可知，以往常用的上肢力量负重训练有可能发生肩部损伤以及手臂损伤。当处于恢复训练阶段时，适度调整负重训练手段是极为必要的，其可以使训练者肩袖肌肉群以及肩部支撑肌肉组织的压力得到很大程度的缓解。在表 9-5 中，具体推荐了一些切实可行的方法，这些具体手段是对以往上肢负重训练的进一步完善。

表 9-5　恢复训练的调整辅助练习

练习	调整练习
卧推	窄握杠铃，手臂半屈
胸前飞鸟	站姿胸前飞鸟，为减小肩带压力手臂不必充分展开
军式推举	斜躺在板凳上，窄握杠铃，上举时杠铃与下颌平行即可
肱三头肌上推	代替站姿肘在体侧的肱三头肌下推练习
单双杠练习	代替站姿肘在体侧的肱三头肌下推练习
滑轮高拉	体前胸部高拉练习

　　训练者在参与间歇训练以及以往的上肢力量训练过程中，认真完成肩袖肌群训练以及恢复性训练是必不可少的。发挥关键性作用的运动肌肉附近以及肩袖肌群肌肉之间往往是通过胸肌、三角肌以及斜方肌来保持平衡状态的。倘若训练者舍弃肩袖肌群以及上肢背部的加固型训练而直接参与训练，则意味着训练者需要承担再次受伤的风险或者运动水平出现大幅度下滑的情况。

（二）运动员下肢的恢复与进展

　　对于运动员下肢恢复性训练计划而言，这里不再对跑步或篮球训练计划中的全部变化进行赘述，但包括跑步以及篮球运动在内的实际训练进程和训练理念往往存在较大差异。由于上肢运动检测手段绝大多数均是在临床等动力测验范围之内，所以下肢运动中常常会应用几项上肢运动检测手段。这些测试不仅能向运动专家以及教练员提供有重要作用的信息，也能对训练者下肢产生力量的水平、分散力量的水平以及运动员侧向移动水平、变向移动水平发挥检验作用。

和之前涉及的相似，对于恢复训练的重要阶段，为对训练者身体负重形成有效控制，水上训练或有效减少负重的器械训练，可以不定期组织训练者参与运动量与运动强度都很大的无氧训练和有氧训练，从而有效避免各项消极作用，最终实现保护训练者安全的目标。

当训练者身体处于功能性发展阶段时，训练者要想有效提升自身训练能力，必须循序渐进地增加受伤部位的实际负荷。正确应用不同种类的球鞋、矫正术以及跑步，不但对提升训练者运动成绩有积极作用，而且对有效减缓和运动关节存在密切联系的关节需要承受的力学上的补偿效应也有积极作用。例如，频繁应用右侧膝盖往往会大幅度增加出现右臀损伤或左下肢损伤的可能性，原因在于右臀或左下肢往往会受到右膝运动造成的影响。不管是运动医生，还是运动学专家以及教练员，均需要承担监控全部负重活动生理机制的责任。

图 9-6 反映的是一名训练者完成简单的单腿蹲训练的过程中。在图 9-6a 中，训练者完成下蹲训练的过程中，脚站在半截口泡沫塑料滚轴上，可以使两腿处于平衡状态。该滚轴应用在机能恢复活动中的次数比较多，原因在于其比站在平台上参与训练对身体平衡以及本体感受系统的要求更高。在图 9-6b 中，训练难以使身体处于平衡状态，具体原因可能有肌肉疲劳、四头肌稳定性较差、臀部稳定性较差等。从本质来分析，该阶段有效防止疼痛训练是相当必要的，该阶段能够为下肢恢复性训练发展打下良好基础。

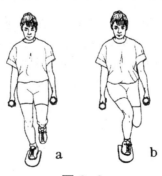

图 9-6

在下肢恢复过程中，采取机能性测验同样是一项关键性问题。当部分测验处在非临床状况时,往往会以此对下肢力量展开测验。针对没有受伤的一侧展开剖析式典型下肢测试。没有受伤肢体的具体数据充当受伤肢体测评的基线,可以相对公正地测评,该测评可以对恢复期安排训练进程产生指导性作用。

恢复期经常采取的测试有单腿跳和六角形测试,这里主要对后者展开阐析。六角形测试的优势是存在变向与急停两种内容。表 9-6 罗列了六角形测试中的男子标准化数据以及女子标准化数据。需要注意的是,六角形测试是针对两条腿而设计的,分别只用一条腿来完成,随后对两条腿的具体成绩做对比。

表 9-6　六边形测试标准

年龄 / 性别	优秀	良好	中点	需要提高者
成年男性	<12.00	12.00 ~ 12.10	12.10 ~ 12.40	>12.40
少年男性	<10.48	10.48 ~ 11.70	11.70 ~ 12.30	>12.30
成年女性	<11.80	11.80 ~ 13.00	13.00 ~ 13.50	>13.50
少年女性	<11.10	11.10 ~ 11.80	11.80 ~ 12.70	>12.70

对于恢复训练计划而言,这里论述的测试手段是监控运动员具体进程。当运动员发生运动损伤之后,一定要科学调整上肢训练手段与下肢训练手段,严禁对运动员韧带修复产生消极作用或使运动员膝关节承受太大压力。积极运用表 9-7 中调整手段,能够在一定程度上保障运动员安全做完很多传统下肢训练。

表 9-7　下肢恢复训练的调整练习

练习	调整练习
伸膝练习	为保护受伤的髌骨,采用膝关节 0° 到 30° 或 90° 到 60° 的短弧伸展练习
伸膝练习	为保护受伤的前交叉韧带,采用膝关节 90° 到 60° 的短弧伸展练习
半蹲 / 弓箭步	膝关节角度小于 60° 到 90°
跳上台阶	用 3 到 6 英寸的台阶代替 8 到 12 英寸的台阶,以减小受伤膝关节的角度和髌骨的压力

选择表 9-7 中罗列的传统训练步骤的训练手段,能够保障运动员完成训练的过程中不存在疼痛和补偿性动作。明确掌握运动员的运动目标或训练目标,不仅对制定训练计划的间歇训练循环有关键性意义,同时对

安排有氧训练与无氧训练中的运动量也有关键性意义。对于模仿性训练以及利用具备弹力的衣物来增加负荷的训练,可以对专项运动的具体要求展开模仿。相关研究证实,踝关节和膝关节扭伤等下肢损伤中发生平衡丧失与本体感受丧失的现象比较常见。

不同形式的专项训练之间必须存在关联,并且有维持基础性的恢复性训练,这些训练能减少损伤后肌肉力量方面的缺陷。

第三节　体能训练的测试

一、有氧适能的测试

有氧适能也叫有氧工作能力,具体是人体对氧气摄取、运输以及利用的能力。有氧适能水平不但能体现人体心血管系统功能水平,而且能体现人体呼吸系统功能水平,另外能体现肌肉组织功能水平。通常情况下,身体发育状况、体质强弱、运动训练水平都能够通过心肺功能体现出来。测定人体有氧适能就是测定人体心肺功能。

在现阶段,定量负荷试验法是对心肺功能展开测定的常见方法,其对于测定心肺功能有关键性意义,属于科学规范的手段之一。原因在于向运动者机体提供定量负荷时,机体在心搏量、肺通气量、吸氧量等方面的需求会大幅度增加,进而反映心肺功能水平的难度比较小。有氧适能的测试手段包括以下几种。

（一）心血管机能试验

1. 一次负荷试验

（1）30秒20次蹲起

测试方法:让受测者静坐10分钟,测量安静时心率和血压,然后令其30秒匀速蹲起20次。下蹲时足跟不离地,两膝要深屈,两上肢前平举,起立时恢复站立时姿势。蹲起至20次结束后立即测10秒的脉搏,紧接着在后50秒内测血压。如此连续测3分钟。

评价标准:倘若运动员完成相关负荷后脉搏上升幅度比较小,血压中等升高,3分钟血压以及脉率大体恢复至安静状态的水平,则可以评定该运动员机能较佳;倘若运动员完成相关负荷后脉搏上升幅度比较大,血压上升幅度不易察觉或很容易察觉,3分钟脉搏与血压都没能恢复至安静状态的水平,在可以评定该运动员机能比较不理想。

（2）原地 15 秒快跑

测试方法:首先测定受试者处于安静状态下的脉搏和血压,然后令其以 100 米赛跑的速度原地跑 15 秒后,立即测 10 秒的脉搏,紧接着在后 50 秒内测血压。连续测试 4 分钟。

评价标准:在具体测定时,将运动员完成相关负荷后心率升降幅度、血压升降幅度以及实际恢复时间作为重要依据。一般情况下,已经常见的类型有正常反应、紧张性增高反应、梯形反应、紧张性不全反应和无力性反应。在具体测试中,必须依照实际情况展开详细分析,同时必须在多次重复测定的情况下才能评定最终的试验结果。

2. 联合机能试验

联合机能试验是由原地高抬腿跑、30 秒 20 次蹲起和 15 秒快跑三部分组成的。具体特征是负荷强度大、试验时间长,适宜用来评价心血管系统机能。详细步骤是:第一,利用一次负荷试验的具体手段,对运动员安静状态下的血压与心率进行测量;第二,遵循先后顺序完成三组一次负荷试验。

（1）原地慢跑 3 分钟（男）或 2 分钟（女）,速度为每分钟 180 步。跑后测量 5 分钟恢复期心率和血压。

（2）30 秒 20 次蹲起做完后测量恢复期的心率和血压,共测 3 分钟。

（3）15 秒原地快跑要求以百米赛跑进行,跑后测量恢复期心率和血压,共测 4 分钟。

评价标准:以 15 秒快跑一次负荷试验的五种反应类型作为参照标准,就运动员心血管系统机能水平展开科学评定。针对联合机能试验,20 次蹲起能够充当长期坚持参与体育锻炼的运动员的准备活动,原地快跑和原地慢跑分别用来表示速度负荷与耐力负荷。实施联合机能试验,不但能够体现运动员心血管系统对速度的适应水平,而且能够体现运动员心血管系统对耐力的适应水平。

（二）呼吸系统机能试验

1. 肺活量测试

人体尽最大可能深吸气后在努力呼出气体的总量,就是肺活量。肺活量是一项体现人体通气的重要指标。

测试步骤及方法:受试者面对肺活量计站立,先做一两次深呼吸,再吸一口气后将气尽量呼出,直到不能再呼气为止。测量 3 次,取最大值。

呼气时要保持身体直立,不许弯腰和换气。测量肺活量用的吹嘴要消毒,一个吹嘴只能允许一人使用。据调查,我国男子肺活量正常值约为3 500 ～ 4 000 毫升,女子约为 3 000 ～ 3 500 毫升。

2.5 次肺活量试验

不间断地完成 5 次肺活量测试,每次测试间隔时间是 15 秒(包含吹气时间),对 5 次测试的测试结果进行记录。完成各项测试后,对测试结果进行统计,5 次肺活量值差异较小或逐渐增加的运动者表明其呼吸机能比较好。倘若运动者 5 次测试结果呈现出逐步下滑趋势,特别是第 4 次与第 5 次下降幅度明显的运动者表明其机能状态不好,存在机体疲劳或者某些疾病等。

3. 肺活量运动负荷试验

先测安静状态下的肺活量,然后作定量负荷(如 30 秒 20 次蹲起、1 分钟台阶试验或 3 分钟原地高抬腿跑等),运动后立即测肺活量,每分钟一次,共测 5 次,记录结果。如果 5 次肺活量结果呈现出逐步增加趋势或始终维持安静状态的水平,则表明机能较佳;如果 5 次肺活量结果呈现出逐步下降趋势,截至第 5 分钟依旧没能恢复到负荷前水平,则表明系统机能需要有效改善。

(三)最大吸氧量的测试

当运动员做剧烈运动的过程中,包括循环与呼吸在内的内脏机能可以到达的最高水平,每分钟摄入同时被机体消耗的最大氧量。最大吸氧量不仅是人体最大有氧代谢能力的具体体现,还是人体心肺功能转运氧能力的具体体现,也是人体肌肉吸收和利用氧的能力的具体体现。

(四)个体乳酸阈值的测试

乳酸阈也被称之为无氧阈。乳酸阈被提出的依据是血乳酸浓度值与运动强度间变化的相互关系。通过个体乳酸阈值的测定,能够对运动员有氧适能做出准确测定,能够对运动员在有氧代谢能力方面的实际情况做出对比与判定,由此密切联系运动员实际情况制定出切实可行的训练计划。

对于递增负荷运动而言,伴随着运动强度的增加,血乳酸浓度会逐步从缓慢过渡到快速升高。在逐步加速过程中,血乳酸浓度存在快速积累的起点(OBLA),1981 年该点被加拿大学者定义成每升 4 毫摩尔,该点用以反映长期运动中血乳酸浓度维持稳定水平的最大有氧代谢能力。因为在该点血乳酸积累速率和血乳酸清除速率相等,所以该点充当着评判有氧耐力的灵敏指标,不仅体现了"中枢"的呼吸循环系统的供氧水平,同时体现了运动肌肉利用氧的实际水平。

通过多种手段都能够测试乳酸阈,但基本原理均为乳酸—功率曲线,同时通过逐级递增负荷的手段来加以测试。由此可知,通过不同手段测试得出的乳酸阈值均存在高度的相关性。测试乳酸阈值的详细步骤和内容是第一,所用的测功仪应当和专项运动性质相统一,如运动员用跑台;第二,在测试开始时,必须先完成大约5分钟的准备活动,休息片刻之后再做递增负荷运动;第三,乳酸阈负荷测试中选择强度可以参照表9-8;第四,将各级血乳酸值和对应的功率(瓦或米/秒)在坐标纸上画出乳酸—功率曲线,找出对应于4毫摩尔/升的功率值,即乳酸阈强度或跑速;第五,乳酸阈值测试结果分析。对乳酸阈的评价采用的评定标准见表9-9。需要说明的是,对起始负荷和递增负荷有决定性作用的因素是受试者性别、受试者年龄、受试者训练程度。

表9-8　递增负荷测试的强度选择表

功率器	性别	起始负荷	递增负荷	持续时间	间歇
功率车	男	50 ~ 100 瓦	10 ~ 50 瓦	3分钟	不间歇
	女	50 瓦	40 ~ 50 瓦	3分钟	不间歇
跑台	男	3.0 ~ 3.5 米/秒	0.5 米/秒	3分钟	30秒
	女	2.5 ~ 3.0 米/秒	0.5 米/秒	3分钟	30秒
手控测功器	男	30 瓦	40 瓦	3分钟	不间歇
	女	30 瓦	30 瓦	3分钟	不间歇

表9-9　乳酸阈评定标准

受试者耐力训练水平	乳酸阈值(跑速:米/秒)
训练	3.0 ± 0.5
低水平	3.5 ~ 4.0
中等水平	4.0 ~ 4.7
较高水平	4.8 ~ 5.2
高水平	5.3 ~ 5.6

二、人体肌适能的测试

肌肉力量与肌肉耐力是人体肌适能的常见内容。

肌肉在收缩过程中产生的最大力量,即肌肉力量。力量属于完成所有身体活动的关键基石,不管是在日常生活中,还是在日常工作中,对抗阻力几乎是必不可少的。以肌肉收缩形式为重要依据,能够把肌肉力量划分成静力性力量与动力性力量两种类型。性别、年龄、神经系统调控水平、肌纤维种类等均会对力量产生作用。肌肉维持长时间收缩的能力,即肌肉耐力。肌肉耐力不但对人们完成各项工作有重要影响,而且对运动员获取理想成绩也有重要影响。

以测试目标为划分依据,能够将人体肌肉适能的测试划分成一般力量测试和专门力量测试。一般力量测试的常见目标是清晰掌握受试者机体重要部位的肌肉力量发展状态;专门力量测试的常见受试者是各类运动项目的运动员、神经肌肉系统存在疾病等特殊群体,常见测试方法是特异性。需要说明的是,等长肌力测试、等张肌力测试、等速肌力测试是一般力量测试和专项力量测试的内容。

(一)等长肌力的测试

对于肌肉力量而言,等长肌力是其众多表现形式中的一种。等长肌力不仅在运动训练、体育活动、日常活动中发挥着重要作用,也是被频繁使用的肌肉力量评价手段以及评价指标。

一般来说,等长肌力测定往往指针对最大等长肌力的测试,常见测试有握力测试、臂力测试、背力测试、腿部测试。在正常情况下,不仅能用握力计和背力计实施测试,也能用自动化程度与集成化程度比较高的专门肌肉力量测试系统,等速肌力测试系统与力传感器实施测试的做法比较常见。

简便易操作、节省时间、不需要价格高昂的设备、实际检测结果和利用其他手段取得检测结果存在一致性,是等长肌力测试的主要优势。通常情况下,等长肌力测试的测试次数是 2 ~ 3 次,取最佳成绩。

(二)等张肌力的测试

对于动态肌力而言,等张肌力是其众多表现形式中的一种,因为等张收缩而被提出。在竞技体育肌肉力量评价和康复医学肌肉力量评价中,最大等张肌力、肌耐力、肌肉功率是常见类型。

1. 最大等张肌力测试

最大等张肌力由卧推、屈臂、蹬腿、负重蹲起等形式组成。最大等张肌力往往将一次可以顺利完成的最大重量,一般通过 1 次重复重量(1—

RM）来反映。在测试最大等张肌力的过程中，测试各个肌群的起始重量往往比 1—RM 重量稍低一些，做完该负荷测试之后，可以安排 2 ~ 3 分钟的休息时间，然后完成新的重量，直至达到 1—RM 重量。

2. 肌耐力测试

通常来说，将负荷重量设定成特定百分比（70%）的 1—RM，指导受试者依照规定次数来做完练习，准确记录练习次数，从而反映出肌肉耐力实际水平。除此之外，肌耐力测试能够采取的练习还包括俯卧撑、仰卧起坐、单杠引体向上等。

3. 肌肉功率测试

肌肉功率测试具体是指最大肌肉功率的测试，常见测试手段有纵跳摸高和小球掷远等。除此之外，还能利用简便仪器与设备完成测试，如利用快跑台阶完成下肢功率试验。

（三）等速肌力的测试

等速肌力测定是一种关节运动速度恒定而外加负荷阻力呈顺应性变化的动态运动概念和动态肌力评价的方法。在现阶段，该测试在现代体育科学、康复医学和临床医学等学科的肌肉力量测试和评价过程中得到了大范围应用。快等速测定与慢等速测定是比较常见的测试方法。

1. 快等速测试

一般情况下，快等速测定以 180°／秒以上的关节运动角速度进行，高水平运动员可采用 240°／秒或 300°／秒。运动员在运动过程中，因为肢体部位承受的运动负荷阻力相对小些，同时运动速度比较快，所以往往被用在动态肌肉功能的检测和评价过程中。输出功率与肌肉耐力是快等速测试的常见测试指标。

（1）输出功率

与慢等速测试相比，快等速测试能够更加准确地体现肌肉输出功率。受峰力矩、运动幅度、力矩曲线形态这三项因素都会对肌肉输出功率产生作用。

（2）肌肉耐力

肌肉耐力等速测试主要有耐力比测试和 50% 衰减试验两种方案。

①耐力比测定

以 180°／秒关节运动角速度连续做最大收缩 25 次，计其末 5 次（或 10 次）与首 5 次（或 10 次）做功量之比。

② 50%衰减试验

以 180°／秒或 240°／秒关节运动角速度连续做最大收缩,直到有 2 ~ 5 次不能达到最初 5 次运动平均峰力矩的 50%时为止,以完成的运动次数作为肌肉耐力评价的参数。

2. 慢等速测试

选择等速测力系统用 30°／秒 ~ 60°／秒关节运动角速度开展的动态肌肉力量测试,即慢等速测试。当处于慢速运动的状态下,加载在肢体部位的负荷阻力相对大些,所以慢等速测试更加适用于对最大动态肌力检测和评价。峰力矩、峰力矩角度、总做功量、屈伸肌力矩比和力矩加速能是慢等速测试的常见测试指标。

(1)峰力矩指标

力矩曲线最高点所代表的力矩值,单位为牛顿·米(N·M)。每千克体重的峰力矩称峰力矩体重比。

(2)峰力矩角度指标

峰力矩出现时关节所处的角度,即峰力矩角度,是关节的最佳用力角度。

(3)屈伸肌力矩比指标

通常以慢速运动时的峰力矩计算,也可在不同速度及特定角度时计算。

(4)总做功量指标

指 1 次或一定次数运动后所做功的总量。单位为焦耳(J),也可以用其单位体重比值表示。

(5)力矩加速能指标

指力矩产生开始 1/8 秒内的做功量。

三、人体柔软度的测试

(一)常用的人体柔软度测试方法

受测者赤足坐于垫上,两腿并拢,膝关节伸直,脚尖朝上(布尺拉于两腿之间)。受测者足跟底部与布尺 25 厘米记号平齐。测试过程中,受试者身体上半部分必须朝前方伸展,两手努力朝前方伸展,中指和布尺接触后需要暂停 1 ~ 2 秒,这样有助于准确记录。人体柔软度测试的测试次数是 3 次,把 3 次测试中的最好成绩当成评价根据,测试结果的具体数值越高,则表明受试者柔韧度越好。

（二）坐位体前屈测试方法

受测者准备好坐位体前屈箱、垫子及记录表，两人一组，受试者赤足，面对箱子坐在垫子上，脚掌抵住箱子底板，双腿与肩同宽，伸直（不可屈曲）。双手拇指可互扣，中指重叠，放于箱子上面，以指尖慢慢向前移动。保持直膝，移至最远的位置并保持 1 秒（表 9-10），便可完成。允许同伴用手按住受测者膝部，进而促使受测者充分伸直。当受试者暂停 1 秒钟时，同伴读取和记录测试结果。受试者需要完成 3 次坐位体前屈动作，取3 次测试中的最佳成绩。读数越高，不仅反映出受试者腰背和大腿后肌柔软度越高，同时也能降低受试者出现腰背痛和运动损伤的可能性。

表 9-10 坐位体前屈测试表（单位：厘米）

性别	年龄	欠佳	尚可	一般	良好	优异
男	< 20	≤ 18	19 ~ 30	31 ~ 24	35 ~ 39	≥ 40
	20—29	≤ 21	22 ~ 28	29 ~ 32	33 ~ 36	≥ 37
	30—39	≤ 18	19 ~ 26	27 ~ 31	32 ~ 34	≥ 35
	40—49	≤ 15	16 ~ 23	24 ~ 27	28 ~ 31	≥ 32
	50—59	≤ 12	13 ~ 21	22 ~ 25	26 ~ 28	≥ 29
	≥ 60	≤ 10	11 ~ 18	19 ~ 22	23 ~ 28	≥ 29
女	< 20	≤ 32	33 ~ 37	38 ~ 39	40 ~ 41	≥ 42
	20—29	≤ 28	29 ~ 34	35 ~ 37	38 ~ 41	≥ 42
	30—39	≤ 26	27 ~ 32	33 ~ 35	36 ~ 39	≥ 40
	40—49	≤ 23	24 ~ 29	30 ~ 32	33 ~ 36	≥ 37
	50—59	≤ 22	23 ~ 29	30 ~ 32	33 ~ 35	≥ 36
	≥ 60	≤ 18	19 ~ 25	26 ~ 28	29 ~ 32	≥ 33

第四节 体能训练效果的评价

一、数据评价法

以体能训练生理学指标测量取得的数据作为依据，利用计算方法来评价运动员体能训练效果，即数据评价法。

（一）标准体重的计算方法

男子标准体重（千克）＝ 50＋[身高（厘米）–150]×0.75＋（年龄 –21）÷5

女子标准体重（千克）＝ 50＋[身高（厘米）–150]×0.32＋（年龄 –21）÷5

（二）身高与体重关系指数的计算方法

指数＝身高（厘米）–[100＋ 体重（千克）]

5 ～ 8 和 3 ～ 5 分别是男女标准指数。当指数比 1 小时，则表明身体过度肥胖；当指数比 15 大时，则表明身体过度细长，肌肉的力量比较小。

（三）体格指数的计算方法

体重和身高之比加上胸围和身高之比，能够对人体纵轴密度、横轴密度、组织密度进行明显体现，同时和心肺机能、呼吸机能之间存在密切联系，是十分有效的评价体质和体格状况的指数。

指数＝{[体重（千克）＋胸围（厘米）]÷ 身高（厘米）}×100

对于女子来说，指数大于 82.5 表明其体格发育状态较好，指数处于 81.5 ～ 82.4 中间表明其体格发育状态一般，指数小于 81.5 表明其体格发育状态较差；对于男子来说，指数大于 85 表明其体格发育状态良好，指数处于 84 ～ 84.9 中间表明其体格发育状态一般，指数小于 84 表明其体格发育状态较差。

（四）标准体型的计算方法

标准体型的计算方法见表 9–11。

表 9–11　标准体型的计算方法

女子	男子
胸围长约等于臀围长	胸围长约等于臀围长
腰围长比胸围长或臀围长约小 25 厘米	腰围长比胸围长或臀围长约小 13 ～ 18 厘米
大腿围比腰围长约小 25 厘米	大腿围比腰围长约小 20 ～ 25 厘米
小腿围比大腿围长约小 15 厘米	踝围长比小腿围长约小 15 ～ 18 厘米
上臂围长约两倍于手腕围长	上臂围长约两倍于手腕围长

（五）健美体型的计算方法

健美体型的计算方法见表9-12。

表9-12　健美体型的计算方法

女子（单位：厘米）	男子（单位：厘米）
胸围长＝身高×0.515	胸围长＝1.60～1.65
胸底围长＝身高×0.432	上臂围长＝2.80～3.00
腰围长＝身高×0.340	大腿围长＝1.80～2.00
腹围长＝身高×0.457	腰围长＝1.50～1.55
臀围长＝身高×0.542	颈围长＝上臂围长＝小腿围长

（六）全身肌肉群均衡发展的计算方法

计算受试者两上臂围差、两大腿围差和两小腿围差。当计算出的差值越小，则证实受试者身体各个部位比例更加协调、更加匀称，同时证实受试者肌肉发展更加均衡、更加健美。

二、整体评价法

对于体能训练而言，整体评价又叫外部检查。整体评价法往往用来对运动动作外部表现做出评价，常见评价内容反映在以下几个方面。

（一）动作的准确性评价

与竞技比赛相比，虽然体能训练动作的准确性和规范性比较差，但依旧需要拥有一定准确性。当动作符合准确性要求，方可有效促使身体各个部位获得充分活动。判断动作是否准确可以从两个方面入手：一方面，由动作形式来判断是否和动作技术要求吻合；另一方面，由动作目的性来判断动作准确程度。

（二）动作的协调性评价

运动练习有关方面的和谐，就是协调，协调动作往往会让人体会到美感和轻盈。各个动作要素间的协调、身体各个动作的协调、身体动作和内部器官活动间的协调是体能训练动作协调的主要内容。

（三）训练的实用性评价

体能训练要求应当努力和职业特征统一，和身体疾病的康复相吻合，和生活劳动动作相互补充。

（四）训练的安全性评价

在对体能训练方式进行挑选与运用的过程中，不但要高度重视安全性，而且要高度重视训练的弹性与缓冲性。动作的弹性与缓冲性不仅能使器材作用力或地面作用力得到减缓，同时还能有效降低发生运动损伤的可能性。

三、体能测量评价法

体能测量评价属于人体运动学测定，是在完成部分规范性运动项目的前提下，利用测定工具来得出专门数据，以部分标准作为重要依据，进而对身体能力发展情况以及实际水平做出准确评价。利用体能测定，不仅能清晰把握运动员体能发展状况以及锻炼成效，也能由此实施切实可行的措施，从根本上战胜薄弱环节，推动身体能力实现协调发展。体能测量评价方法包括以下几种。

（一）力量测评法

1. 背力

测评目的：背力测定用来对背肌力量做出评价。

测量工具：背力计。

测评方法：受试者站在背力计底盘上，两脚尖分开约15厘米，膝关节伸直不动，上体前倾约30°。两手正握背力计的把柄，伸直背上体抬起，由缓慢用力至全力拉。测两次，取最好成绩。

2. 仰卧起坐

测评目的：仰卧起坐用来对腹肌力量进行有效锻炼和准确评价。

测量工具：体操垫（或代用物）。

测评方法：将体操垫（或代用物）铺放平坦，受测者仰卧于垫上，两腿伸直，两手置于体侧或相交紧贴脑后，下肢不动，然后上体前屈坐起为1次。

（二）速度测评法

1. 短距离跑

测评目的：短距离跑用来对身体位移速度进行有效锻炼和准确评价。

测量工具：秒表、发令枪。

测评方法：受试者听到"预备"口令后，形成站立式起跑姿势。当受试者听到鸣枪声之后，用最短时间顺着跑道线跑出，及时记录过终点线的详细时间，详细时间以秒为单位，精确到小数点后 1 位。

2. 反应时

测评目的：反应时用来对中枢神经系统反应水平以及神经肌肉协调水平做出评价。

测量工具：反应尺。

测评方法：受测者坐在桌旁，受测臂放松平放在桌子上，手指伸出桌边约 10 厘米，拇指与食指上缘呈同一水平，做好准备。检测人员抓住反应尺的上端，置反应尺的下端于受测者拇指与食指之间（不要碰到手指），反应尺的零点线与拇指上缘呈同一水平。受测者两眼凝视反应尺的下端，听到"预备"口令后，反应尺下落时急速将反应尺捏住，记录拇指上缘处反应尺的刻度。记录以秒为单位，精确到小数点后 2 位。反应时测试的测试次数应达到 5 次，剔除一个最高值和一个最低值，算出中间 3 个测试结果的平均值。

（三）耐力测评法

1. 定距离跑

定距离跑测试比较简便和灵活。美国学者库珀的 2400 米跑是最具代表性的定距离跑。分析我国学生体质测验可知，男子 1500 米跑和女子 800 米跑最为常见。室内跑道和室外跑道都可以作为测试地点。

测量工具：计时器。

测评方法：受试者完成各项准备活动后，拼尽全力用最大力量快跑，努力用最短时间跑完预定距离。以时间为依据，来对受试者耐力水平做出评价。

2. 定时跑（12 分钟跑）

通过长时间定时跑，不仅能充分锻炼运动员耐力水平，同时也能对其耐力水平做出有效测定。美国学者库柏的 12 分钟跑使用次数最为频繁。

室内跑道或室外跑道都能够进行 12 分钟跑。

测量工具：计时器。

测评方法：受试者首先完成各项准备活动，尤其要有效活动下肢关节。当测试开始之后，受试者必须在 12 分钟内用自身最大力量跑（或走到交替）到终点，同时对受试者可以达到的最大距离进行准确记录，记录结果以米为单位。需要注意的是，尽可能采取匀速跑完全程。倘若受试者在跑的过程中觉得呼吸困难，则允许其略微放慢速度，进而让呼吸恢复到正常状态。在评价受试者耐力水平时，应当以对应评分表作为依据。

（四）柔韧性测评法

1. 坐位体前屈

测量工具：坐位体前屈测量计。

测评方法：受测者坐在平坦垫物上，两腿伸直，脚跟并拢，脚尖分开约 10 ～ 15 厘米，踩在测量计平板上，然后两手并拢，两臂和手伸直，渐渐使上体前屈，用两手指尖轻轻推动标尺上的游标前滑，直到不能继续前伸。记录结果以厘米为单位，精确到小数点后 1 位。连续完成两次坐位体前屈测试，取成绩最好的测试结果。

2. 站立体前屈

测量工具：平面方凳、刻度尺。

测评方法：在平面方凳侧面安装一把刻度尺，台面处刻度"0"，往上 25 厘米，往下 40 厘米。受试者双脚靠拢站立于方凳上，两腿伸直，上体前屈，两手臂尽量下伸，两手指尖（要齐）伸向标尺，努力使指尖触到最下端的刻度。如指尖达不到"0"点，则其成绩前加负号。精确到小数点后 1 位，记录其最好成绩。

参考文献

[1] 袁守龙,刘爱杰.高水平竞技体能训练[M].北京:北京体育大学出版社,2006.

[2] 杨海平,廖理连,张军.实用体能训练指南[M].广州:广东高等教育出版社,2012.

[3] 张建强.大众体育体能训练理论与实践研究[M].北京:人民出版社,2012.

[4] 曹青军.运动训练理论与实践[M].北京:北京理工大学出版社,2010.

[5] 田麦久,刘大庆.运动训练学[M].北京:人民体育出版社,2012.

[6] 王向宏.体能训练理论与方法[M].北京:北京航空航天大学出版社,2010.

[7] 全国体育院校教材委员会审定.冰雪运动[M].北京:人民体育出版社,2004.

[8] 李德祥,王泽.武术擒拿格斗[M].北京:北京师范大学出版社,2013.

[9] 马鸿韬.现代健美操训练方法[M].北京:北京体育大学出版社,2005.

[10] 刘亚云.游泳运动[M].长沙:湖南师范大学出版社,2007.

[11] 全国体育院校教材委员会.游泳运动[M].北京:人民体育出版社,2001.

[12] 许琦.现代游泳训练方法[M].北京:北京体育大学出版社,2007.

[13] 陈岩.游泳运动学与练[M].北京:人民体育出版社,2011.

[14] 谭成清,李艳翎.体能训练[M].长沙:湖南师范大学出版社,2012.

[15] 吴东明,王健.体能训练[M].北京:高等教育出版社,2005.

[16] 张钧,张蕴琨.运动营养学(第2版)[M].北京:高等教育出版社,2010.

[17] 王金灿. 运动选材原理与方法 [M]. 北京：人民体育出版社，2005.

[18] 夏培玲，王正树. 大学生体能锻炼指南 [M]. 大连：大连理工大学出版社，2012.

[19] 胡振浩，张溪，田翔. 职业体能训练 [M]. 北京：高等教育出版社，2008.

[20] 张英波. 现代田径运动训练方法 [M]. 北京：北京体育大学出版社，2006.

[21] 谷崎. 体能训练的基本理论与方法 [M]. 西安：西北工业大学出版社，2010.

[22] 邓树勋，王健，乔德才. 运动生理学 [M]. 北京：高等教育出版社，2005.

[23] 张蕴琨等. 运动生物化学 [M]. 北京：高等教育出版社，2006.

[24] 臧海波. 田径训练实用教程 [M]. 武汉：武汉大学出版社，2016.

[25] 王卫星. 高水平运动员体能训练的新方法 [M]. 北京：北京体育大学出版社，2013.

[26] 范丽萍. 关于体能训练的发展趋势与我国竞技体育体能训练中存在的问题探讨 [J]. 当代教育实践与教学研究，2015（04）.

[27] 陶永仲. 浅谈现代体能训练发展趋势及训练体系的创新 [J]. 运动训练学，2016，15（06）.

[28] 陈小平，褚云芳，纪晓楠. 竞技体能训练理论与实践热点及启示 [J]. 体育科学，2014，2（34）.

[29] 王丙振. 田径运动体能训练 [M]. 北京：化学工业出版社，2016.

[30] 王平. 现代田径运动竞训发展探究 [M]. 长春：东北师范大学出版社，2015.